知识产权
通识教程

张维 李丽辉 郭继勇 常冬 等◎编著

上海社会科学院出版社
SHANGHAI ACADEMY OF SOCIAL SCIENCES PRESS

编著说明

本书由张维组织编著,李丽辉、郭继勇和常冬分别主持分编编著,各位作者编写了初稿,具体如下:

概论,张维。

第一编由李丽辉负责该编框架设计和指导,其中各部分作者如下:

第一章,王朋文;

第二章,李雪肖;

第三章,郭子恒;

第四章,徐舒。

第二编由李丽辉负责该编框架设计和指导,其中各部分作者如下:

第五章,赵馨;

第六章,娄淑贤。

第三编由郭继勇负责该编框架设计和指导,其中各部分作者如下:

第七章,沐倩;

第八章,杨潇;

第九章,李源;

第十章,刘应顺。

第四编,张维。

附件,常冬。

初稿完成后,由张维、李丽辉、郭继勇、常冬分编对初稿进行补充和完善,最后由张维定稿。

序　言

中国高度重视知识产权保护工作，进入 21 世纪以来，先后颁布了多项有关知识产权的政策和法律法规。2008 年印发的《国家知识产权战略纲要》提出，到 2020 年把中国建设成为知识产权创造、运用、保护和管理水平较高的国家。根据世界知识产权组织发布的《全球创新指数报告》显示，中国在创新领域的全球排名由 2013 年的第三十五位升至 2021 年的第十二位，位居中等收入经济体之首，连续九年稳步上升，是世界上进步极快的国家之一，而知识产权保有量是其中一项重要的评价指标。中国已成为名副其实的知识产权大国，《国家知识产权战略纲要》的既定目标得到了很好的完成。中国知识产权制度虽然建立较晚，但国际化进程较快，目前与发达国家知识产权差距不在于制度本身，而在于制度的运用能力和水平。2021 年印发的《知识产权强国建设纲要（2021—2035 年）》既是对《国家知识产权战略纲要》的有效衔接，也是针对中国知识产权信息利用能力不强、知识产权转化率不高、服务转化能力不足的现状，指明将知识产权和市场紧密结合，最终转化成生产力，使中国迈入知识产权高质量发展强国。

加强知识产权人才培养，构建区域知识产权人才培养体系，协力推进知识产权强国建设，是深入贯彻知识产权强国战略的举措。近年来，昆明知识产权发展成效显著，2020 年入选国家知识产权运营服务体系建设重点城市，知识产权创造、运用、保护、管理和服务能力全面提升，知识产权对创新驱动的引领支撑作用进一步显现。至 2021 年，昆明拥有有效注册商标 26.3 万件，发明专利有效量 14 492 件，地理标志商标和保护产品 25 件，逐渐形成了"一个枢纽、两个园区、两大工程、三个平台、五个产业运营中心"的建设体系。知识产权运营相关培训是上述体系重要的组成部分，利用培训体系的建立，培养一批有理论、擅实务，融会贯通专业技术、商业市场、法律权利等知识的复合型知识产权运营人才，能够有效提升区域知识产权运用能力，完善知识产权体系，为打造辐射南亚、东南亚的知识产权高地奠定坚实的人才基础。

目前涉及知识产权概论、知识产权法务、知识产权诉讼案例、专利布局、专利分析和专利挖掘的专业教程很多，但专门针对区域特色，围绕发展中地区（特别是昆明），源于知识产权又不限于知识产权，集商标法、著作权法、专利法、计算机软件保护、集成电路布图设计保护等知识产权法律保护制度，无形资产评估和知识产权转移转化于一体的教材，面向应用型知识产权相关人才的通识性教程还较少，在实际培训过程中，许多学员反映除专题辅导外，亟需一本能够体现区域特色的实用教程指导理论学习和实务操作。

本教程正是基于上述背景，从云南（昆明）知识产权转化中的供需矛盾明显、转化率低与有效知识产权供给不足并存出发，从已建有专利转化信息网络平台但由于转化标的特殊性，网上发布信息不能满足一对一交易模式下各方对知识产权信息需求等特殊情况出发，从知识产权概论开始，分别介绍商标法、著作权法、专利法等知识产权法律制度保护的传统三大组成部分，及植物新品种、集成电路布图设计、域名等其他知识产权保护类别，商业秘密和知识产权资本化等基础知识，在此基础上对无形资产评估和知识产权转移转化等相关概念和实务进行介绍。

  本教程的相关内容，来自云南省科学技术情报研究院技术转移中心、昆明理工大学法学院、资产管理公司、大学科技园和国际技术转移团队的长期实践积累，主要用于昆明市知识产权人才培养基地的专题辅导培训和继续教育，具备一定的理论性和实务性，也可用于从事技术转移、成果转化相关工作的科技管理部门、企事业管理人员以及相关人员的工作参考。

  本教程的出版得到了昆明市知识产权运营服务体系建设项目（知识产权服务人才培养，编号：KMZCYY21002）经费支持，在此表示感谢。

编　者
2023 年 9 月

目 录

序 言 / I

概 述 / 001

 一、知识产权的概念和定义 / 002

 二、知识产权的特性 / 009

 三、知识产权制度 / 011

第一编 知识产权基础知识

第一章 商标权 / 018

 一、商标及商标法概论 / 018

 二、商标权的概念 / 022

 三、商标权的取得、续展与变更 / 022

 四、商标权的保护 / 027

 五、商标权的终止及无效 / 031

 六、商标的管理 / 033

第二章 著作权 / 035

 一、著作权的客体 / 035

 二、著作权的主体 / 039

 三、著作权的内容 / 039

 四、著作权的使用与限制 / 042

五、著作权的保护 / 044

第三章　专利权 / 046

一、专利权概述 / 046

二、专利权的内容和限制 / 048

三、专利权的取得与丧失 / 051

四、专利权的保护 / 056

第四章　其他知识产权 / 060

一、植物新品种权 / 060

二、集成电路布图设计权 / 066

三、域名权 / 071

第二编　知识产权运用基础

第五章　商业秘密 / 076

一、商业秘密概述 / 076

二、商业秘密保护 / 078

第六章　知识产权资本化 / 086

一、知识产权资本化概述 / 086

二、知识产权质押融资 / 088

三、知识产权证券化 / 090

四、知识产权信托 / 093

五、知识产权基金 / 095

六、知识产权保险 / 096

第三编　无形资产

第七章　无形资产与无形资产评估 / 100
一、无形资产概述 / 100
二、无形资产评估概述 / 105

第八章　无形资产内容 / 113
一、知识产权价值影响因素 / 113
二、专有技术价值影响因素 / 118

第九章　无形资产评估方法 / 121
一、成本法 / 121
二、收益法 / 133
三、市价法 / 140
四、其他方法 / 144

第十章　无形资产评估风险及防范 / 147
一、无形资产评估风险 / 147
二、无形资产评估风险防范 / 153

第四编　知识产权转移转化

第十一章　知识产权和科技成果转化 / 158
一、科技成果和科技成果转化 / 158
二、科技成果与专利的区别 / 161
三、技术转移 / 164

第十二章　技术成熟度及其应用 / 169

一、技术成熟度的起源和应用 / 169

二、技术成熟度在中国的应用 / 172

第十三章　知识产权转化的主要形式 / 182

一、直接转化 / 182

二、间接转化 / 185

三、转化形式的选择 / 190

参考文献 / 195

相关附件 / 199

主要缩略语简称、全称对照 / 291

概 述

"知识产权"是人们基于自己的智力活动创造的成果和经营管理活动中的标记、信誉而依法享有的权利。17世纪中叶法国学者卡普佐夫最早提出这一概念，将一切来自知识活动领域的权利概括为"知识产权"。比利时法学家皮卡第对卡普佐夫的概念进一步发展，提出知识产权是一种特殊的权利范畴，不同于对物的所有权。

一、知识产权的概念和定义

知识产权作为法律用语一般认为来自英文"Intellectual Property"的意译，目前已成为国际通用的法律术语。日本曾用名为"无体财产权"，现用名为"知的所有权"。中国在20世纪70年代末至80年代初，在民法理论中曾用名为"创造成果权"。1986年《中华人民共和国民法通则》正式将其命名为"知识产权"并沿用至今。在实际工作中，无形财产权、非物质财产权、准物权、符号财产权、信息权、创造性劳动权，都可以指代知识产权。

（一）知识产权概念

一般来说，狭义的知识产权可以分为两个类别：一类是文学产权（Literature Property），包括著作权及与著作权有关的邻接权；另一类是工业产权（Industrial Property），主要是专利权和商标权。

1. 文学产权和工业产权

文学产权是关于文学、艺术、科学作品和传播者所有的权利，将具有原创性的作品及传播这种作品的媒介纳入其保护范围，从而在创作者"思想表达形式"的领域内构建了知识产权保护的独特领域。

工业产权则是指工业、商业、农业、林业和其他产业中具有实用经济意义的一种无形财产权，确切地说工业产权应称为"产业产权"。以工业产权一词来概括产业领域的智力成果专有权，最初始于法国，即法文中的"Propriete Industrielie"。1789年的法国《人权宣言》(即《人权和公民权宣言》)将思想作为精神财产，视为"自然和不可废除的人权"，并确认"自由传达思想和意见是人的最宝贵的权利之一"。根据《人权宣言》的精神，法国国民议会于1791年通过该国第一部专利法，即《关于有用发明及保护有用发明产权手段》。该法案起草人德布孚拉认为，"特权"或"垄断权"等英法对专利的提法可能会遭到当时立法会和反封建特权的人民的反对，因而提出了"工业产权"的概念。之后，"工业产权"逐渐为世界各国所接受，并以此作为专利、商标等各种专有权的统称。

2. 工业版权

20世纪60年代起，知识产权在进行了文学产权和工业产权的基本分类之后，由于工业产权与著作权(版权)长期渗透和交叉，又出现了给予工业产品以类似著作权保护的新型知识产权，即工业版权。工业版权的出现纠正了工业品外观设计享有专利法和著作权法重叠保护的弊端。之后，部分国家为填补某些工业产品无法保护和弥补单一著作权保护的不足，将集成电路布图设计等纳入工业版权客体的范畴。工业版权突破了以往关于著作权与工业产权的传统分类，吸收了两者部分内容，形成"交叉权利"，其特点是：受保护对象必须具有新颖性（专利法要求）和独创性（著作权法要求）；实行工业产权法中的注册保护制和较短保护期；专有权人主要享有复制权和发行权，但没有著作权主体享有的那种广泛权利。

3. 无形财产权

部分西方国家在很长时间使用的无形财产权（又称无体财产权，Intangible Property），是知识产权在精神领域的另一称谓。这种提法是基于以知识产权名义所统领的各项权利，并非全部来自知识领域，也并非都基于智力成果而产生。同时，从权利本源来看，它主要发生于智力创造活动与工商经营活动；从权利对象来看，它由创造性知识及商业性标记、信誉所构成。因此，以客体的非物质性作为权利分类的标准，概括出区别一般财产所有权的精神权利，无形财产权较知识产权具有更大的包容性。在知识产权提法为世界广泛接受后，部分西方国家仍沿用以无形财产权指代知识产权。

对应于经济学关于"无形资产"的类别划分，法律制度意义上的无形财产权可以包括三类：

一是创造性成果权，包括著作权、专利权、商业秘密权、集成电路布图设计权、植物新品种权等。该类权利保护的对象是人们智力活动创造的成果，一般产生于科学技术、文化等知识领域，客体具有一定程度的创造性是其取得法律保护的必要条件。

二是经营性标记权，包括商标权、商号权、产地标记权、其他与制止不正当竞争有关的识别性标记权等。该类权利保护的对象为标示产品来源和厂家特定规格的区别标记，主要作用于工商经营活动之中。可区别性是该类客体的基本特征,法律保护的目的是防止他人对此类标记的仿冒。

三是经营性资信权,包括特许专营权、特许交易资格、商誉权等。其权利保护的对象系工商企业所获得的优势及信誉,这种专营优势与商业信誉形成了特定主体高于同行业其他一般企业获利水平的超额盈利能力。该类权利客体所涉及的资格或信誉,包括明显的财产利益因素,但也有精神利益的内容。

(二)知识产权列举式定义

知识产权的列举,是指通过列举知识产权的种类和范围来界定知识产权的外延。其中最具代表性的是两个国际公约的规定:其一是《成立世界知识产权组织》(WIPO),其二是《与贸易有关的知识产权协定》(TRIPS)。

1. WIPO 定义

1967 年缔结的 WIPO 第 2 条第 8 款对于知识产权的概念进行了规定,即知识产权包括:

与文学、艺术及科学作品有关的权利;

与表演艺术家的表演活动、与录音制品及广播有关的权利;

与人类创造性活动的一切领域内的发明有关的权利;

与科学发现有关的权利;

与工业品外观设计有关的权利;

与商品商标、服务商标、商号及其他商业标记有关的权利;

与防止不正当竞争有关的权利;

一切其他来自工业、科学及文学艺术领域的智力创作活动所产生的权利。

2. TRIPS 定义

1993 年缔结的 TRIPS 协议第 1 条第 2 款是关于知识产权的可获得性、范围和行使标准的一个设定，具体如下：

版权与邻接权；

商标权；

地理标志权；

工业品外观设计权；

专利权；

集成电路布图设计权；

对未披露信息的保护。

3. 中国相关法律的定义

《中华人民共和国民法典》第一百二十三条【知识产权的定义】民事主体依法享有知识产权。知识产权是权利人依法就下列客体享有的专有权利，包括：

作品；

发明、实用新型、外观设计；

商标；

地理标志；

商业秘密；

集成电路布图设计；

植物新品种；

法律规定的其他客体。

（三）知识产权概括式定义

通过对保护对象的概括抽象的描述，知识产权可以抽象地从权利的"属加种差"来定义，主要从关注点和侧重点不同来定义。

1. 概括式定义的类型

概括式定义的类型主要分为四个关注点和一个其他角度和侧重点。

（1）关注创造成果。知识产权是基于创造成果和工商业标记依法产生的权利的统称，注重"创造成果"的概念，使之与"劳动成果""智慧、智力"及"创造活动"划清界限，并排除了"非创造性成果"，同时，依据各自获得财产手段的不同将知识产权对象分为创造成果与工商业标记两类。

（2）关注智力成果。知识产权指的是人们可以就其智力创造的成果依法享有的专有权利。这一定义把知识产权的对象，包括商业标记，都归纳为具有创造性的智力成果。

（3）关注创造成果权。知识产权是人们对其智力活动创造的成果和经营管理活动中的标记、信誉依法享有的权利。这种表述考虑到"创造成果权"用以解释工商业标记权时存在障碍，故刻意进行了区分，但其关于经营管理活动中的标记、信誉的用语，使其范围较工商业标记的用语显得更为宽泛。

（4）关注支配属性。知识产权是民事主体依据法律的规定，支配其与智力活动有关的信息，享受其利益并排斥他人干涉的权利。这种定义揭示出知识产权的支配性属性，表明其具有支配权的一般属性和特点，便于与债权等请求权相区别。

（5）其他角度和侧重点。从不同角度和侧重点对知识产权作出概括性界定，如基于知识产权的产生过程，知识产权法是规范知识产权产生、获得、使用和维护的法律；基于描述知识产权规制对象的角度，知识产权是人们对于其智力创造成果和工商业标记依法产生的权利的总称；基于理论抽象之后的规制对象，它是智力劳动者应对其知识产品享有的财产权。知识产权是指自然人、法人对其在科学技术、文学艺术领域内创造的精神财富，依据法律规定享有的专有权。

2. 概括式定义的理解

理解知识产权概括式定义，需要从其与传统所有权的区别和法定之权两个维度展开。

（1）区别传统所有权。知识产权是区别于传统所有权的另类权利，是基于创造成果与工商业标记所产生的权利。从权利来源来看，知识产权主要发生于智力创造活动与工商经营活动的领域；从权利对象来看，其由创造成果、工商业标记所构成。知识产权不等于创造成果权，以知识产权名义所统领的各项权利并非都基于创造成果而产生。

同时，虽然专有性是知识产权的特征，但物权、人身权都具有这种属性。物权是对物直接支配并排除他人干涉的权利，人身权是专属于权利人不可分离的没有直接经济内容的权利，甚至不能转让和继承。知识产权、物权和人身权，虽然各自产生的法律事实前提不同，所产生的利益内容也有区别，但它们对各自利益的专有属性却是一样的。在知识产权与物权、人身权发生冲突时，知识产权是处于第二顺位的，要让位于物权与人身权。所有权的独占性是绝对的，即所有人行使对物的权利，既不允许他人干涉，也不需要他人积极协助，在所有物为所有人控制的情况下，无地域和时间的限制。

（2）法定之权。一方面，并非所有的知识产品都可以成为知识产权对象。在不同历史时期的不同国家与地区，受经济、科技、文化等因素影响，知识产权保护的范围也有所差异；另一方面，法定之权意味着并非所有施加于知识产权对象上的行为都会受到知识产权法律的规制。例如购书网站在图书征订下方关于该图书目录以及内容的介绍，就不构成知识产权上的意义。

值得注意的是，由于知识产品的无形性，决定了它本身不能直接产生知识产权，而必须依照专门的法律确认或授予才能产生知识产权，例如中国专利、商标有授权审查程序，而著作权和商业秘密则不需要国家批准授权。在部分国家商标权还可以通过使用取得。

二、知识产权的特性

知识产权的特性主要表现为无形性、专有性、地域性、时间性和可复制性等五个方面。

（一）无形性

知识产权的无形性是在与有形性对比中体现的，可以从五个方面进行理解。一是有形财产权的一般特性为对某种有形物的占有，而知识产权一般表现为对某项权利的占有，两者表现形式不同；二是有形财产权的标的是有形物本身，是有形的，知识产权的标的是某种权利，是无形的；三是有形财产权的利用和转移一般表现为有形物的消耗和转移，知识产权的利用和转移一般并不引起相关有形物的消耗和转移；四是知识产权的标的具有可分别利用性，即在同一时间、不同地点可由多人分别按各自的方式加以利用，对于有形财产权的同一有形标的物而言，则不具有可分别利用性;五是对有形财产权的侵害行为直接、明显易辨,而对于知识产权的侵害行为不一定都很直接、明显,既有直接的,也有间接的,情况多种多样,比较复杂,给侵权的判定增加了难度。

(二)专有性

知识产权的专有性包括两层含义:其一是知识产权具有排他性,在权利的有效期内,未经知识产权所有者的许可,在规定的区域内,任何人不得利用此项权利;其二是对于一项智力成果,国家所授予的某一类型的知识产权应是唯一的,不能再对同一智力成果授予他人同一类型的知识产权。

(三)地域性

知识产权的地域性主要表现在五个方面:一是一项智力成果能否取得知识产权保护,或者说一项知识产权能否产生,依各国相关法律的不同而不同,在一个国家取得知识产权保护的智力成果,在另一个国家未必能取得知识产权保护;二是对于同一项智力成果的知识产权保护水平、保护内容因国家不同而异;三是任何一项智力成果的知识产权,仅在其依法产生的地域内有效;四是一项智力成果的知识产权在某一国家的失效,即该项智力成果在该国内由"专有领域"进入"公有领域",并不意味着该项知识产权在另外一个国家也已失效;五是对于侵犯知识产权行为的判定,依各国法律的不同而异,在一个国家被认定为侵权的行为,在另外一个国家未必也被认定为侵权。

(四)时间性

知识产权有法定的保护期限,在法定的保护期限内权利有效,超过了保护期限权利终止。经批准或注册的专利权、商标权或著作权等仅在一定的法定期限内有效，受到保护，超过法定期限则自动失效。各国对知识产权的法定保护期限不尽相同。商标可以无数次延展，如不续展则到期终止。著作权的保护期一般比专利的长，比商标的短。中国一般文字作品的保护期是作者有生之年和去世后 50 年，德国的《版权法》对一般文字作品的保护期是作者有生之年和去世后 70 年。中国发明专利的有效期为从申请日起至 20 年，实用新型和外观设计专利的有效期限为从申请日起至 10 年。超过上述法定期限，几种权利均失效，成为社会财富，任何自然人、法人都可以无偿使用，不构成侵权行为。

（五）可复制性

知识产权可复制性，又称为工业再现性，是指知识产权保护的客体可以固定在有形物上，并可以重复再现、重复利用的特性。如专利权的专利必须体现在可复制的产品上或是制造产品的方法上，著作权必须体现在作品上。

三、知识产权制度

知识产权制度是保护科学技术和文化艺术成果的重要法律制度，其建立和发展是科技成果商品化、产业化和国际化的结果，已经成为当今国际科技经济合作的基本环境条件之一。

（一）知识产权制度的起源

知识产权制度起源于 13 世纪，最早由封建领主赐予工匠或商人的类似于专利的垄断特权，为后来知识产权制度的形成打下了基础，如 1474 年威尼斯共和国发布《专利法》，第一次明确申明专利的私权属性。进入 17 世纪后，英国的《垄断法》(1623

年)和《版权法》(1710年)、法国的《商标法》(1857年)等相继出现。至19世纪末绝大多数西方国家都建立了包括专利、商标、版权的知识产权制度。西方国家建立并完善知识产权制度,是知识产权制度最早的推行者,也是最大的受益者。如英国作为近代欧洲工业革命的发源地,同时也是知识产权制度的发源地之一,1623年颁布的《垄断法》,是世界上第一部较为完善的专利法,这部法律的施行极大地推动了当时英国采矿、冶炼、运输、手工业制造等各个产业的发展。1723年前后,英国知识产权制度实施100年,所创造的物质财富是英国建国十几个世纪的总和。

1851年英国发起并主办第一届世博会,展示了英国最新的工业成就,包括珍妮纺织机、蒸汽机车等以专利形式存在的技术发明,充分展示了制度创新对科技创新所起到的作用,而其他国家展示的则是农产品、手工业制品。中国当时参展的唯一产品是茅台酒。1709年英国颁布的《安娜法令》为世界上第一部版权法,该法确立了近代意义的版权思想,对世界各国后来的版权立法产生了重大影响。目前世界上约有180个国家已经建立了知识产权制度。1900年前45个较发达的国家通过建立知识产权制度,使个人兴趣支撑的零散技术创新活动,变为由利益驱动的有组织的技术创新活动,整个世界工业面貌发生了变化。

中国进入近代才有了知识产权制度。十九世纪末二十世纪初,清政府先后颁布《振兴工艺给奖章程》《商标注册试办章程》以及《大清著作权律》,是中国近代史上第一部专利法、商标法和版权法,比西方国家晚了将近200年,比巴西、印度等发展中国家也晚了近100年。虽然中国知识产权制度建立较晚,但国际化进程较快，目前与发达国家知识产权差距不在制度本身，而在制度的运用能力和水平上。

（二）知识产权制度的发展和深化

19世纪下半叶，知识产权制度进入了深化阶段。西方国家知识产权制度在原有基础上通过不断修订逐渐完善，随着国际知识产权制度（1883年的《巴黎公约》和1886年的《伯尔尼公约》）的建立，各国知识产权制度呈现从"各行其是"逐步走向国际化和现代化的特点。在此背景下，各国又签订了数量更多的知识产权国际条约，数量达数十个，使得知识产权保护对象逐步增多，知识产权的种类也有所增加。至1970年世界知识产权组织（WIPO）成立时，各国的知识产权制度已登上了一个新的台阶。

进入20世纪，知识产权制度在西方国家外的更多国家得到施行。20世纪后期，苏联和东欧国家也都制定了专利法、商标法、版权法等。此外，第二次世界大战结束后广大已经取得独立的发展中国家为了发展民族经济也都实行了专利等知识产权制度。20世纪80年代起，中国也开始进行知识产权立法，加入现代世界知识产权制度国家的行列。当然，当时在许多方面发展中国家与发达国家的知识产权制度存在着一定的差异，如苏联和部分东欧国家实行发明人证书制度和专利制度混合的发明保护制度（即所谓的"双轨制"），规定取得发明人证书后，发明权归国家所有，发明人只取得一定奖励，不能拒绝国家批准的其他人使用该发明。又如部分发展中国家实行"输入专利"（Patent of Importation）和"确认专利"（Patent of Confirmation）等制度，由于这类专利是在外国（原宗主国）有效专利的基础上授予的，本国专利局一经登记即可确认并获得。这种专利制度带有很大的依赖性,实际上并没有建立本国完全独立的专利制度。

20世纪末,知识产权制度进入与贸易挂钩的阶段。随着科技的发展,国际贸易中商品知识、技术含量增加,各国尤其是发达国家为了取得和保持市场优势地位,开始重视国际贸易中的知识产权保护问题。一些国家不仅注意提高本国知识产权立法和执法水平,同时还设法利用国内立法以及签订或修改国际公约、条约来迫使其他国家提高知识产权保护水平。这一阶段最引人注目的发展是以美国为首的发达国家极力推动订立的《关税与贸易总协定》体系(1995年起为世界贸易组织所替代)内的《与贸易有关的知识产权协议》。它的诞生,不但进一步扩大了知识产权保护对象的范围,而且还提出了世界贸易组织成员必须达到的最低保护要求,这在相当大的程度上使得原来差异较大的各国知识产权制度统一到了同一个最低保护标准上,对之后世界知识产权制度乃至各国经济贸易关系的进一步发展产生了极其深刻的影响。

(三)知识产权制度对创造的保护和激励功能

知识产权制度使知识产权受到法律的保护。没有权利人的许可,任何人都不得擅自使用其智力成果。知识产权制度对推动科技进步、经济发展、文化繁荣具有积极作用,实施知识产权制度可以激励创新,保护智力劳动成果,并促进其转化为现实生产力。

知识产权制度依法授予知识产权的创造者或知识产权拥有者一定期限内的排他独占权,并保护这种独占权不受侵犯,侵权者要受到法律的制裁。有了这种独占性,知识产权的创造者或拥有者就可以通过转让或实施生产取得经济利益、收回投资,这样才有继续研究开发的积极性和物质条件,从而调动创造者的积极性。知识产权制度具有调节公共利益的作用:知识产权制度虽然保护知识创造者的利益,但并不等于垄断。

知识产权制度有两大功能:一是保护功能,这使知识创造者的正当权益得到保护,从而调动了人们从事创造活动的积极性;二是公开功能,也就是知识创造者在申请知识产权保护的同时,要向社会公开自己创造的内容。知识产权制度还具有保护投资的作用,有利于促进国际间经济、技术交流与合作。

(四)重要国际公约原则和中国的知识产权制度框架

目前有关知识产权的重要国际公约主要有《巴黎公约》、《伯尔尼公约》、TRIPS 以及 WIPO 近年通过的新公约(如 WCT、WPPT),还有正在起草、讨论、修改的新公约(如数据库公约等)。其中,巴黎公约的基本原则包括:国民待遇、优先权、工业产权的独立、工业产权必须保护的客体、临时性保护、宽限期和强制许可;伯尔尼公约的基本原则包括:国民待遇、自动保护、版权独立性;TRIPS 的基本原则包括:国民待遇,保护公共秩序、社会公德、公众健康,对权利合理限制,权利的地域性独立,专利、商标申请的优先权,版权自动保护。新提出的保护知识产权的基本原则包括:最惠待遇、透明度、争端解决、对行政终局决定的司法审查和复查、承认知识产权为私权。

中华人民共和国成立后的知识产权保护制度之建立和发展经历了一个曲折的过程:1949 年通过的、起临时宪法作用的《中国人民政治协商会议共同纲领》和 1954 年的《宪法》均规定,奖励科学的发明、发现,普及科学知识,奖励优秀的社会科学著作和优秀的文学艺术作品。1950年政务院公布《保护发明权与专利权的暂行条例》，并批准实施《商标注册暂行条例》。1963年国务院批准实施《商标管理条例》，并发布实施《发明奖励条例》和《技术改进奖励条例》。20世纪80年代以来，中国先后加入了一些重要的保护知识产权的国际公约，如《巴黎公约》《伯尔尼公约》《世界版权公约》《商标国际注册马德里协定》《专利合作公约》《关于集成电路的知识产权条约》《与贸易有关的知识产权协定》等。目前中国知识产权制度体系已初步形成，但仍在不断发展和完善。

中国现行的广义的知识产权制度框架包括宪法、知识产权相关法律、所缔结的国际公约和与有关国家签订的知识产权协议。其中，宪法是根本大法，知识产权相关法律是民事法中的一些法律制度，所缔结的国际公约等是保护体系的重要组成部分。狭义知识产权制度的基本框架主要完成于20世纪80年代，分别于1982年、1984年、1990年和1993年，颁布了《商标法》《专利法》《著作权法》和《反不正当竞争法》，并于2019年和2020年密集地做了最新修订。每一项法律都有特定的保护对象，如《商标法》保护商标专用权，同时要求商标所有人保证商品质量、维护商家信誉，以保障消费者的利益；专利制度是依据《专利法》通过授予专利权来保护和鼓励发明创造，国家通过行政与司法程序针对侵犯专利权的行为采取相应措施，保障专利权人实际享有的权利；《反不正当竞争法》禁止不正当竞争，禁止垄断行为，保护公平竞争，倡导商业道德，保护经营者和消费者的合法权益。这样，知识产权法律通过国内和国际基本体系的构建，以及与其他制度的结合构成了知识产权制度体系。

# 第一编

知识产权基础知识

第一章　商标权

随着社会经济的迅速发展、商标产业的逐渐壮大、现代传媒的不断进步，人们在日常生活中也越来越关注商标等相关产业。

一、商标及商标法概论

商标是商品或服务的提供者为了将自己的商品或服务与他人提供的同种或类似商品或服务相区别而使用的识别性标记。商标法是调整因商标的注册、使用、管理和保护而发生的各种社会关系的法律规范的总和。

（一）商标的功能和分类

1. 商标的功能

商标的功能包括识别来源、品质保障和广告宣传。其中识别来源为其核心功能，也是商标的本质特征和进行商标注册的前提条件。

（1）识别来源功能。商标的首要功能是区分商品或服务的来源，亦即使消费者通过商标将相同或类似商品或服务的提供者区分开来。

（2）品质保障功能。商标的品质保障功能是指商标向消费者传递了这样一种信息：使用相同商标的商品或服务具有相同的品质。

（3）广告宣传功能。商标具有的识别来源功能也使商标成为营销手段，商标权人很容易利用商标进行广告宣传，亦即在广告中突出商标的地位，使人们对商标产生强烈的印象，从而通过商标选择其提供的商品或服务。

2. 商标的分类

商标按不同标准分为制造商标与销售商标、证明商标和集体商标、商品商标和服务商标，等等。

（1）制造商标与销售商标。制造商标又称为生产商标，制造商标是产品的生产、加工或制造者为了将自己与其他生产者区别开而使用的文字、图形或其组合标记。销售商标是指商品销售者为了保证自己所销售商品的质量而使用的文字、图形或其组合标记。该种商标的使用者并不生产商品，而是将采购来的商品用上自身的商标，或采取定牌委托生产企业加工，然后用销售商的商标统一出口或销售，以经销者的信誉担保产品质量的可靠性。使用该种商标一般以外贸企业居多。

（2）证明商标和集体商标。证明商标是指对提供的商品或服务的来源、原料、制作方法、质量、精密度或其他特点具有保证意义的一种标志。集体商标是指由社团、协会或其他合作组织，用以表示联合组织及其成员身份的标志。

（3）商品商标和服务商标。根据商标识别对象的不同，可将商标划分为商品商标和服务商标。商品商标用于识别商品提供者，而服务商标用于识别服务提供者。

（二）商标的构成

商标由四个要素和四个构成条件组成，明确商标的构成是学习商标法律保护的首要工作。

1. 商标的构成要素

《商标法》第八条规定，任何能够将自然人、法人或者其他组织的商品与他人的商品区别开的标志，包括文字、图形、字母、数字、三维标志、颜色组合和声音等，以及上述要素的组合，均可以作为商标申请注册。其中，通过人们的视觉可以观察感知到的商标，包括平面商标（文字、图形、字母、数字）、立体商标和颜色商标，是商标的最常见构成要素，被称为可视性商标。

（1）平面商标。平面商标是指用文字、图形、字母、数字、颜色及上述要素的组合而形成的能为视觉所辨认的标记。这类商标是最常见的、各国普遍使用的商标，主要有以下几种表现形式：

一是文字商标。文字商标是指不含任何图形或符号，单纯由文字构成的商标。文字可以是中文、外文。中文文字包括汉字、汉语拼音、少数民族文字，外国文字包括单词及词组。中国文字商标以汉字为主。除商品的通用名称和商标法明文规定不得使用的文字外，商标使用人可以自由选择文字商标。

二是图形商标。图形商标是指由纯图形构成的商标。构成商标的图形范围很广，可以是人物形象、山川河流、花鸟虫鱼、飞禽走兽等，且图形可以是具体的、实在的，也可以是抽象的、虚构的。只要其符合商标的显著性特征，便于识别，就可以作为商标使用。图形商标不受语言文字限制，无论在哪个国家或地区，使用何种语言文字，都可以凭借图形商标识别商品或服务。图形商标形象鲜明，易于辨认，不受国家、地区、语言的限制。

三是字母商标。字母商标是指用拼音字母或注音符号的最小书写单位，包括拼音、外文字母（如英文字母、拉丁字母）等所构成的商标。

四是数字商标。数字商标是指单纯以数字表示的商标，一般用阿拉伯数字表示，如"555"牌电池、"999"牌药品等。以数字为商标，更容易记忆，利于迅速扩大知名度。

（2）三维标志。三维标志又可称为三维空间标志，就是指可以用长、宽、高三种度量来衡量的主体形状的标志，也就是立体商标，是指以产品的外形或产品的立体包装作为商标。并非所有立体标志都能申请注册商标，《商标法》第十二条规定："以三维标志申请注册商标的，仅由商品自身的性质产生的形状、为获得技术效果而需有的商品形状或者使商品具有实质性价值的形状，不得注册。"即此种立体标志不具有实用性功能。

（3）颜色组合。颜色组合即不同色彩的组合。单纯的颜色是商标的辅助构成要素，不能作为商标。颜色组合商标必须具有显著性，或者通过使用具有显著性，便于识别，方可取得注册。

（4）声音商标。凡是能够区别商品或服务来源之声音都可以作为商标的构成要素，例如，简短的歌曲、旋律、说话的声音、钟声、铃声或者动物的叫声等。

另外，还有地理名称等叙述性名词。这是指特定的行政区划、地区、地理位置或者地域范围的称呼，属于当地公众共同拥有的一种公共资源，应当由某一特定地域范围内的生产经营者或者服务提供者共同享有，不应该被垄断使用，否则有悖于公平竞争规则和商标法的立法宗旨。

除此以外，还有组合商标。组合商标是指由文字、图形、字母、数字、颜色等组合构成的商标。组合商标的特点是图文并茂，鲜明生动，兼具纯文字与纯图形商标的优点，摒弃其缺点。因此，组合商标在国际上普遍采用。

2. 商标的构成条件

商标主要有四个构成条件：

一是不得违背《商标法》规定的禁用条款。

二是不得与他人的在先权利相冲突。

三是不得与他人的注册商标相冲突。

四是禁止恶意抢注。

二、商标权的概念

广义的商标权是指注册所有人依法对注册商标享有的专有权，以及未注册商标所有人在法律规定条件下对未注册商标享有的专用权。狭义的商标权是指商标所有人依法对其注册商标所享有的专有权利，这是由国家商标管理机关依照法律规定的程序，通过核准注册赋予注册商标所有人的一种排他性的法律权利，受到国家强制保护。

三、商标权的取得、续展与变更

商标权的取得方式、注册原则、条件、申请以及注册申请的审查和核准等构成商标相关的基础知识。

（一）商标权取得的方式

商标权的取得有原始取得和继受取得两种方式，区别在于商标专用权的取得是否以原商标注册人的商标专用权及其意志为依据。

1. 原始取得

商标权的原始取得,是指既非基于他人既存的权利,又不以他人的意志为根据取得的商标权。

从国际上看,商标权的原始取得主要有三种立法例,分别是:

(1)注册取得。

(2)使用取得。

(3)折中方式。折中方式是上述两种方式的折中适用,即注册取得与使用取得并行,通过注册或使用都可获得商标权。

2. 继受取得

继受取得又称传来取得,是指通过受让、继承、承继等方式取得他人已经存在的商标权。继受取得的发生主要有以下情况:

(1)商标转让。

(2)继承。

(3)承继。承继指在企业合并、分立的情况下,合并后的企业取得被合并企业的商标权,或者分立后的企业取得分立前的企业的商标权。

(4)强制执行。强制执行指在商标权成为生效的法律文书(如判决书、仲裁裁决书、行政决定书等)确定的执行标准时,他人可以借助执行程序获得商标权。

(二)商标注册的原则

商标注册遵循自愿注册、申请在先、同日申请先使用和优先权的原则。

1. 自愿注册原则

自愿注册原则,是指自然人、法人或者其他组织需要取得商标专用权的，应当向商标局提出商标注册申请，经商标局核准注册的商标为注册商标，产生专有权，受法律保护。

2. 申请在先原则

申请在先原则，是指两个或两个以上的申请人，在同一种商品或类似商品上分别就相同或近似的商标申请注册的，初步审定并公告申请在先的商标。

3. 同日申请先使用原则

《商标法实施条例》第十九条规定了同日申请先使用原则。我国《商标法实施条例》第十九条规定，两个或者两个以上的申请人，在同一种商品或者类似商品上，分别以相同或者近似的商标在同一天申请注册的，各申请人应当自收到商标局通知之日起30日内提交其申请注册前在先使用该商标的证据。同日使用或者均未使用的，各申请人可以自收到商标局通知之日起30日内自行协商，并将书面协议报送商标局；不愿协商或者协商不成的，商标局通知各申请人以抽签的方式确定一个申请个人，驳回其他人的注册申请。商标局已经通知但申请人未参加抽签的，视为放弃申请，商标局应当书面通知未参加抽签的申请人。

4. 优先权原则

优先权原则是《巴黎公约》确立的一项对工业产权国际保护的重要原则，主要体现在工业产权保护的申请程序上。按照《巴黎公约》的规定，在申请专利或者商标等工业产权时，各缔约国要相互给予对方国民优先权，即申请人在某一成员国第一次提出工业产权申请日起一定期限内，又就相同主题在其他成员国提出工业产权申请的，则以第一次提出的申请日为其在该成员国的工业产权申请日，即优先权日。

（三）商标注册的条件

申请商标注册包含主体条件和客体条件。

1. 主体条件

申请商标注册的主体可以是自然人、法人或者其他组织，对申请人并无其他限制。

2. 客体条件

（1）显著性，也称为识别性。商标必须具有显著特征，便于识别。具有显著性是对商标最基本的要求。

（2）合法性，并非任何符号皆可作为商标，经营者在选择商标时，必须遵守法律的规定。

（四）商标注册申请

商标注册申请是申请人向商标注册机关做出的希望注册商标的意思表示。申请商标注册，一般要经历两个程序：

一是商标查询。为了避免因重名等被驳回，商标在申请之前，一般都需要进行在先商标的检索查询。

二是申请的提交。国内申请人可以自行到商标局办理，也可以委托代理人到商标局办理。

1. 应提交的文件

商标注册申请应提交的文件主要有以下几个，分别是：

（1）申请书。

（2）商标图样。

（3）申请人身份证明。

（4）申请文件的形式。即商标注册申请等有关文件，应当打印或者印刷。

（5）如有委托需提交委托书。

2. 注册的流程

流程包括三步：

（1）申请人提交法律规定的申请材料。

（2）主管部门在9个月内审查完毕，对符合规定的予以初步审定公告。

（3）自初步审定公告之日起3个月内，对于符合规定的，予以核准注册，发给商标注册证，并予以公告。

（五）商标注册申请的审查和核准

在商标注册申请之后，商标局要对注册申请进行形式审查和实质审查，在初步审定和公告后，商标注册才被核准。

1. 形式审查

形式审查，主要是审查商标注册申请是否符合法律规定的形式要件和手续，从而确定是否受理申请。

2. 实质审查

在形式审查之后，商标局要对申请注册的商标进行实质审查，从而决定其能否初步审定并予以公告。

3. 商标注册的初步审定和公告

商标局对商标注册申请进行审查以后，认为符合商标法的各项规定，做出初步审定，并在《商标公告》上予以公告。

4. 商标异议

商标法规定的异议，是指对初步审定的商标依法提出反对意见，认为该公告的商标不符合商标法的规定而不应予以注册。

5. 商标注册的核准

初步审定并公告的商标，公告期满无异议或异议不成立的，由商标局核准注册，将核准注册的商标和核定使用的商品在《商标注册簿》上登记、编号。

（六）注册商标的期限、续展和终止

经核准后，注册商标有一定保护期限，到期可以进行续展，也可以选择终止。

1. 注册商标的期限

注册商标的保护期限，是指商标注册人享有的商标专用权的有效期限。《商标法》第三十九条规定："注册商标的有效期为十年，自核准注册之日起计算。"

2. 注册商标的续展

注册商标的续展，是指商标注册人在注册商标有效期届满前后的一定时间内，依法办理一定的手续，使其注册商标得以存续的制度。《商标法》第四十条规定："注册商标有效期满，需要继续使用的，商标注册人应当在期满前十二个月内按照规定办理续展手续；在此期间未能办理的，可以给予六个月的宽展期。每次续展注册的有效期为十年，自该商标上一届有效期满次日起计算。期满未办理续展手续的，注销其注册商标。"

商标管理部门应当对续展注册的商标予以公告。

四、商标权的保护

根据《商标法》第三条规定："商标注册人享有商标专用权，受法律保护。"当前对于商标权的保护主要有司法保护、行政保护

和自我保护。

（一）商标权保护

商标权保护，实际上就是对注册商标专用权的保护，是指以法律手段制止、制裁侵犯注册商标专用权的行为，以保护商标权人对其注册商标所享有的专有权利。商标权保护可以分为三种：司法保护、行政保护和自我保护。

1. 商标权司法保护

商标权司法保护，是指商标权人请求司法机关依法裁判对商标侵权行为给予惩处的救济方式。

2. 商标权行政保护

全国县级以上（包括县级）的工商行政管理机关都建立了商标行政执法机构，行政执法人员的素质有了很大的提高。工商系统行政执法人员充分发挥行政执法程序简捷、迅速、灵活的特点，有力地维护了商标专用权人和消费者的合法权益。中国商标专用权的行政保护是中国商标法律制度的特色，也是中国商标专用权保护制度的优势。

3. 商标权自我保护

商标权自我保护，是指商标专用权人采取必要措施保护其商标权不受他人侵犯。

（二）侵害商标权的表现形式

商标法能保护消费者和鼓励公平竞争，确保消费者能够将注册商标与其所指示的商品或服务来源正确联系到一起，防止消费者对商品或服务的来源产生混淆。

根据《商标法》第五十七条规定，有下列行为之一的，均属侵犯注册商标专用权：未经商标注册人的许可，在同一种商品上使用与其注册商标相同的商标的；未经商标注册人的许可，在同一种商品上使用与其注册商标近似的商标，或者在类似商品上使用与其注册商标相同或者近似的商标，容易导致混淆的；销售侵犯注册商标专用权的商品的；伪造、擅自制造他人注册商标标识或者销售伪造、擅自制造的注册商标标识的；未经商标注册人同意，更换其注册商标并将该更换商标的商品又投入市场的；故意为侵犯他人商标专用权行为提供便利条件，帮助他人实施侵犯商标专用权行为的；给他人的注册商标专用权造成其他损害的。

（三）商标侵权行为的法律责任及执法措施

商标侵权要承担法律责任，同时也有相应的司法保护措施。

1. 执法措施

包含行政执法措施、诉前临时措施和证据保全。

（1）行政执法措施。主要包括以下情况：现场检查；查阅、复制有关资料；向有关人员调查、了解有关情况。

县级以上工商行政管理部门对涉嫌侵权活动进行查处时，对确有根据证明是侵犯他人注册商标专用权的物品，有采取查封或者扣押等行政强制措施的权力。

（2）诉前临时措施和证据保全。商标注册人或者利害关系人有证据证明他人正在实施或者即将实施侵犯其注册商标专用权的行为，如不及时制止，将会使其合法权益受到难以弥补的损害的，可以在起诉前向人民法院申请采取责令停止有关行为和财产保全的措施。为制止侵权行为，在证据可能灭失或者难以取得的情况下，商标注册人或者利害关系人可以在起诉前向人民法院申请保全证据。

2. 法律责任

法律责任按照责任的大小分为民事责任、行政责任和刑事责任。

（1）民事责任。侵权行为是民事责任的，责令停止侵权行为，赔偿损失。

（2）行政责任。侵权行为是行政责任，侵犯注册商标专用权行为引起纠纷的，由当事人协商解决；不愿协商或者协商不成的，商标注册人或者利害关系人可以向人民法院起诉，也可以请求工商行政管理部门处理。

（3）刑事责任。侵权行为是刑事责任的，可依据情节判处假冒注册商标罪，销售假冒注册商标商品罪，伪造、擅自制造他人注册商标标识罪。

（四）驰名商标及其保护

驰名商标是指在市场上享有较高声誉，为相关公众知悉并且具有较强竞争力的商标。

驰名商标的主要认定依据是相关公众对该商标的知晓程度，该商标使用的持续时间，该商标的任何宣传工作的持续时间、程度和地理范围，该商标作为驰名商标受保护的记录，该商标驰名的其他因素。

驰名商标的保护主要包括：对未注册的驰名商标予以保护，放宽驰名商标注册的显著性条件，扩大驰名商标的保护范围，驰名商标所有人享有特别期限的排他权，禁止驰名商标用作广告。

五、商标权的终止及无效

商标权终止是由于法定事由的发生，注册商标权人丧失其商标专用权；商标权无效是商标不具备注册条件但取得注册的，依法定程序使商标权归于消灭。两者有所不同。

（一）商标权终止

商标权的终止，也就是商标权的灭失，是指商标权因法定事由的存在或者出现而绝对消灭。商标权的终止大致有三种情形：

（1）因注册商标被商标局或者商标评审委员会宣告无效而终止。

（2）因注册商标使用方式违法或者注册商标退化为其核准使用的商品的通用名称被商标局撤销商标注册而终止。

（3）因商标权人放弃商标权或者因商标权人死亡且无人继承或者承受其权利义务而终止。

（二）注册商标无效宣告概述

注册商标的无效宣告，是指对不符合商标法规定注册条件的商标被核准注册后，依照商标法规定的程序将其宣告无效的补救制度。

1. 无效宣告主要包括四种情况：

（1）违反禁用条款注册商标的无效宣告。

（2）违反诚信原则注册商标的无效宣告。

（3）缺乏显著性注册商标的无效宣告。

（4）侵犯他人在先权利注册商标的无效宣告。

2. 注册商标被宣告无效，都有以下特征：

（1）自违反禁用条款注册、违反诚信原则注册、缺乏显著性注册、侵犯他人在先权利注册商标被核准注册之日起，任何时候都可以被宣告无效，没有时间限制。

（2）不仅商标局可以依职权宣告该注册商标无效，而且其他单位或者个人也可以请求商标评审委员会宣告该类注册商标无效。

上述类型注册商标一经宣告无效，视为自始即不存在。

（三）注册商标无效宣告的事由

注册商标因法定事由的出现而被宣告无效。此法定事由分为绝对事由与相对事由。

1. 绝对事由

《商标法》规定了宣告注册商标无效的绝对事由。宣告注册商标无效的绝对事由可以分为三种类型：一是注册商标中含有法律禁止用作商标的标志；二是本身缺乏显著特征，又没有通过注册人的实际使用获得彰显商品来源的"第二含义"而被法律禁止注册为商标的标志；三是注册人在申请注册商标时采取了欺骗手段或者其他不正当手段。

2. 相对事由

《商标法》规定了宣告注册商标无效的相对事由。相对事由多涉及私人的权利和利益，与公共利益或者公共秩序关系不大。

（四）注册商标无效宣告的程序与效力

申请人可以是任何人，商标局也可依职权予以撤销。申请时限：由于侵犯他人已有的在先权利或者合法权益的注册不当商标，在先权利人或者利害关系人提出撤销请求的期限限于自该商标核准注册之日起 5 年内；恶意注册的，驰名商标所有人不受 5 年的时间限制。

宣告无效的效力，被依法撤销的不当注册商标，其商标权被视为自始即不存在。撤销注册商标的决定或者裁定作出之前，人民法院作出并已执行的商标侵权案件的判决、裁定，工商行政管理机关作出并已执行的商标侵权案件的处理决定，以及已经履行的商标转让或者许可合同，不具有追溯力。但是，因商标注册人的恶意给他人造成损失的，应当予以赔偿。

（五）注册商标无效宣告的法律后果

商标评审委员会或者商标局宣告注册商标无效的行为会对当事人的权利义务状态发生影响，此种影响称为宣告注册商标无效的法律后果。注册商标的无效宣告由商标局以"决定"、由商标评审委员会以"裁定"的法律文书形式做出。

六、商标的管理

商标管理是指商标管理机关依法对注册商标和未注册商标的有关事务进行的行政管理，也即商标管理机关对商标使用、商标注册、商标标识印制等有关事务进行管理。

（一）商标管理机关

中国对商标管理实行集中注册、分级管理的制度，设有专门的商标管理机关来进行商标管理。

（二）商标使用的管理

商标使用管理分为对注册商标的使用和未注册商标的使用进行管理两种情况。

1. 对注册商标使用的管理

注册商标是经国家商标主管机关依法核准注册的商标，受商标法保护。但是，注册商标的使用也应符合《商标法》的规定，接受商标管理机关的管理。

2. 对未注册商标使用的管理

未注册商标是指未经商标局核准注册而直接投放市场使用的商标。未注册商标没有取得商标专用权。

（三）商标印制的管理

商标印制是指印刷、制作商标标识的行为。商标印制行为包括以印刷、印染、制版、刻字、织字、晒蚀、印铁、铸模、冲压、烫印、贴花等方式制作商标标识的行为。

1. 商标印制管理

商标印制管理是指商标管理机关依法对上述商标印制行为进行监督检查，并对非法印制商标标识的行为予以查处的具体行政行为。

2. 商标印制单位

商标印制单位是指依法登记从事商标印制业务的企业和个体工商户。

3. 商标印制单位的商标印制管理制度

商标印制单位建立、健全商标管理制度，是具体贯彻和落实《商标印制管理办法》、规范商标印制行为的具体措施。

第二章　著作权

著作权是指著作权人对文学、艺术和科学作品依法享有的专有性权利。著作权法是指调整因著作权的产生、传播、利用和管理而发生的社会关系的法律规范的总和。

一、著作权的客体

作品是文学、艺术和科学领域内具有独创性并能以一定形式表现的智力成果。著作权客体是指著作权法保护的对象，也是著作权主体的权利和义务所共同指向的对象。

（一）著作权法保护的作品

《著作权法》保护的作品有九种主要类型。

1. 文字作品

文字作品是最常见的一类作品，是指小说、诗词、散文、论文等以文字形式表现的作品。这里的文字包含盲文、数字、符号等，因此，统计报表、盲文读物等也都是文字作品的表现形式。

2. 口述作品

口述作品是指以口头语言形式创作和表达的，未以任何物质载体固定的作品，是经口头表达出来的，在预先没有准备的情况下，由口述者临时、现场创作的。

3. 音乐、戏剧、曲艺、舞蹈、杂技艺术作品

音乐作品,是指歌曲、交响乐等能够演唱或者演奏的带词或者不带词的作品。其基本表现方式为旋律和节奏,如交响乐、歌曲等。

戏剧作品,是指话剧、歌剧、地方戏等供舞台演出的作品。戏剧作品指的是剧本,而不是以舞台演出形式存在的综合艺术,戏剧演员的舞台表演属于邻接权范畴。

曲艺作品,是指可供说唱演出的作品,它可以文字形式表现,也可以品述形式表现,如相声、大鼓、琴书、弹调、评书等。

舞蹈作品,是指通过连续的动作、姿势、表情等表现思想情感的作品。通常指的是对舞蹈动作的设计,通常以舞谱的形式记载,也可以以其他形式固定下来。

杂技艺术作品,是指杂技、魔术、马戏等通过形体动作和技巧表现的作品。

4. 美术、建筑作品

美术作品,是指绘画、书法、雕塑等以线条、色彩或者其他方式构成的有审美意义的平面或者立体的造型艺术作品。

建筑作品,是指以建筑物或者构筑物形式表现的有审美意义的作品。建筑作品不包括建筑设计图、建筑物模型,后者属于独立的作品类型。建筑物的构成材料和建筑方法不受《著作权法》保护。

5. 摄影作品

摄影作品,是指借助器械在感光材料或者其他介质上记录客观物体形象的艺术作品。

6. 视听作品

视听作品指电影作品和以类似摄制电影的方法创作的作品，也称影视作品，是指摄制在一定介质上，由一系列有伴音或者无伴音的画面组成，并且借助适当装置放映或者以其他方式传播的作品。其他运用类似摄制电影的方法创作的作品，是指利用光、电、磁等记录、传送和接收装置，使用类似摄制电影的手法，将系列的图像和声音组合制成的各类影视片，并且是制作完成的母片、母带或母盘等。

7. 图形作品和模型作品

图形作品，是指为施工、生产绘制的工程设计图、产品设计图，以及反映地理现象、说明事物原理或者结构的地图、示意图等作品。

模型作品，是指为展示、试验或者观测等用途，根据物体的形状和结构，按照一定比例制成的立体作品，如建筑模型等。

8. 计算机软件

计算机软件，是指计算机程序及其有关文档。

9. 符合作品特征的其他智力成果

法律、法规规定的其他作品。

（二）不受著作权法保护的对象

有些对象虽然具备作品的条件，但是为了国家或公众的利益，不给予著作权法保护。《著作权法》规定的这种情况有三类：

1. 法律、法规及官方文件

具体是指法律、法规，国家机关的决议、决定、命令和其他具有立法、行政、司法性质的文件，及其官方正式译文。

2. 单纯事实消息

具体指通过报纸、期刊、广播电台、电视台等媒体报道的单纯事实消息。

3. 历法、通用数表、通用表格和公示

另外，欠缺作品实质要件的对象也不受著作权法保护。这些对象具备作品形式条件，但因其形式往往具有唯一表达的特点，不具备独创性而不予以《著作权法》保护。

（三）著作权客体的保护期限

著作权的客体是无形财产，这意味着它不会随着时间的流逝而减损，或发生物理的灭失。著作权的存续期限完全取决于法律的规定。我们可以依据保护期限的长短，将作品分为两种类型。

1. 在作者终生及其死后 50 年受保护的作品

主要包括三类：

（1）公民的作品。

（2）合作作品（保护期至最后一个合作作者死亡后 50 年）。

（3）作者使用假名、笔名等发表的作品或者是未署名发表的作品。

2. 保护期至作品首次发表后 50 年的作品

主要包括四类：

（1）作者使用假名、笔名等发表的作品或者是未署名发表的作品。

（2）法人或其他社会组织的作品。

（3）电影作品和以类似摄制电影的方式创作的作品。

（4）摄影作品。

其中，后面这三种作品，自创作完成后50年内未发表的，其著作权不再受保护。

以上两种类型中所指的"50年"，均是指截至第50年的12月31日。以上所说的权利的期限，包括发表权和著作财产权的保护期。而作者的署名权、修改权、保护作品完整权的保护期不受限制。

二、著作权的主体

著作权主体即作者和其他权利人，是《著作权法》的重要制度构成。著作权主体，也称著作权人，是指依法对文学、艺术和科学作品享有著作权的自然人、法人或者非法人组织。

以取得方式为标准，著作权主体分为原始主体和继受主体。

1. 原始主体

是指在作品创作完成后，直接根据法律规定或者合同约定而对作品享有著作权的人。一般情况下，原始主体为作者。

2. 继受主体

是指通过转让、继承、受赠或法律规定的其他方式取得全部或者部分著作权的人。继受主体的语义表明，其权利取得源自原始主体的转移。

三、著作权的内容

著作权的内容是指著作权人依照法律享有的专有权利的总和，根据《著作权法》，著作权内容包括著作人身权和著作财产权。

（一）著作人身权

著作人身权，又称精神权利，是与著作财产权或经济权利相对的一个概念。作者对作品享有的与人身利益密切相关的权利就是著作人身权。

1. 发表权

发表权是指作者享有的决定是否将其作品公之于众，于何时、何处公之于众，以及以何种形式公之于众的权利。公众是否实际知悉或关注被发表的作品，无关紧要。

2. 署名权

署名权，是指作者在其创作的作品及其复制件上表明作者身份，标记作品来源的权利，也称姓名表示权。《著作权法》第十二条规定："在作品上署名的自然人、法人或者非法人组织为作者，且该作品上存在相应权利，但有相反证明的除外。"

3. 修改权

修改权，即作者修改或者授权他人修改作品的权利。修改权可以由作者本人行使，也可以授权他人行使。

4. 保护作品完整权

保护作品完整权，即保护作品不受歪曲、篡改的权利。

（二）著作财产权

著作财产权是指作者和其他著作权人所享有的使用作品、取得报酬的权利。

1. 复制权

复制权，即以印刷、复印、拓印、录音、录像、翻录、翻拍、数字化等方式将作品制成一份或者多份的权利。

2. 发行权

发行权，即以出售或者赠予方式向公众提供作品的原件或者复制件的权利。

3. 出租权

出租权，即有偿许可他人临时使用视听作品、计算机软件的原件或者复制件的权利，计算机软件不是出租的主要标的的除外。

4. 展览权

展览权，即公开陈列美术作品、摄影作品的原件或者复制件的权利。如果只是将作品陈列在一个私人空间，只有特定的人才能欣赏，则不构成《著作权法》上的"展览"。

5. 表演权

表演权，即公开表演作品，以及用各种手段公开传播作品的表演的权利。表演权又称"上演权"或者"公演权"。

6. 放映权

放映权，即通过放映机、幻灯机等技术设备公开再现美术、摄影、视听作品等的权利。放映权所针对的是利用机械设备公开再现作品的行为。

7. 广播权

广播权，即以有线或者无线方式公开传播或者转播作品，以及通过扩音器或者其他传送符号、声音、图像的类似工具向公众传播作品的权利。

8. 信息网络传播权

信息网络传播权，即以有线或者无线方式向公众提供，使公众可以在选定的时间和地点获得作品的权利。

9. 摄制权

摄制权，即以摄制视听作品的方法将作品固定在载体上的权利，又称"电影摄制权"。若要将现有小说拍成电影，则需要对小说作品进行改编，形成剧本，在剧本的基础上拍成电影，这些对原作品的新创作都需要获得原作者的许可。

10. 改编权

改编权，即改变作品，创作出具有独创性的新作品的权利。改编是指以原作品即首次出现的作品为基础，对原有形式进行解剖与重组，创作新的作品形式的行为。

11. 翻译权

翻译权，即将作品从一种语言文字转换成另一种语言文字的权利。翻译权可以由作者本人行使，也可以授权给其他人行使。

12. 汇编权

汇编权，即将作品或者作品的片段通过选择或者编排，汇集成新作品的权利。

最后，还包括应当由著作权人享有的其他权利。

四、著作权的使用与限制

著作权的使用是指著作权人对于其所享有的著作权的实现。著作权人必须对其作品加以利用，通过转让、许可等方式来获取报酬，以最终实现其著作权。

（一）著作权转让

著作权转让，是指著作权人将其作品财产权或者全部权利转移给他人所有的法律行为。著作权的转让需要签订转让合同。著作权转让合同是著作权转让的实现方式。著作权转让合同一般采用书面形式。

（二）著作权许可

著作权许可，是指著作权人将自己享有的著作财产权中的部分或全部，在一定的期限及地域范围内授权给他人行使的民事行为。著作权许可使用合同既可以采取口头形式，也可以采取书面形式或其他形式，但以书面形式为常见。

《著作权法》规定，订立著作权许可使用合同，应当明确被许可人取得的是专有使用权还是非专有使用权。实践中，根据许可使用的权利性质不同，著作权许可使用可以分为两种类型：

一是专有许可，也称"排他性许可"，即著作权人仅许可被许可方以某种方式使用自己的作品，在约定的期限及地域范围内不再向其他人发放同样的许可，著作权人自己也不得以相同的方式利用作品。

二是非专有许可，也称"普通许可"，即在合同约定的期限及地域范围内，被许可人只是获得了以非独占的方式使用作品的权利，而著作权人仍可以自己或许可其他人以相同的方式使用作品。

（三）著作权限制

著作权限制，通常是指对著作权人依法享有的著作财产权的限制。著作权限制是为了公共利益，但并未否定个体利益。

1. 作品的合理使用

合理使用，是指在特定的条件下，法律允许他人适当使用受著作权保护的作品，而不必征得权利人的许可，也不必向其支付报酬的合法行为。《著作权法》规定，在法律规定的情况下使用，可以不经著作权人许可，不向其支付报酬，但应当指明作者姓名或者名称、作品名称，并且不得影响该作品的正常使用，也不得损害著作权人的合法权益。

2. 法定许可

法定许可，是指使用人根据《著作权法》的规定，可以不经著作权人许可而以一定方式使用其享有著作权的作品，但须向著作权人支付报酬的法律制度。

3. 强制许可

强制许可，是指在特定条件下，由著作权主管机关根据某人申请，将对已发表作品进行特殊使用的权利授予申请人使用的制度。在国际著作权公约中，被称为强制许可证，属于非自愿许可的范畴。中国现行的《著作权法》没有规定强制许可制度，但由于已经加入《伯尔尼公约》和《世界版权公约》，故公约中有关强制许可的规定也可适用。

五、著作权的保护

著作权的保护，就是依据法律规定对侵犯著作权的行为进行惩处，以保护著作权人的合法权益。

（一）著作权侵权行为

著作权侵权行为主要包括以下几类：

（1）擅自发表他人的作品。

（2）歪曲、篡改他人的作品。

（3）侵占他人的作品。

（4）强行在他人作品上署名。

（5）擅自使用他人作品。

（6）侵犯获得报酬权。

（7）剽窃他人作品。

（8）侵犯专有出版权和版式设计权。

（9）制作、出售假冒他人署名的作品。

（10）侵犯相关权利。

（11）其他侵权行为。

（二）著作权侵权责任

侵犯著作权的法律责任，是指侵权行为人对他人著作权造成侵害时依法应承担的法律后果。按照《著作权法》的规定，侵权责任的主要形式有以下三种：

1. 民事责任

知识产权法是民法的一个组成部分，著作权属于民事权利范畴。因此，法律规定侵权行为人对受害人承担主要以赔偿损失为目的的民事责任。

2. 行政责任

行政责任，是指国家著作权行政管理机关依照法律规定，对侵犯著作权行为人给予的行政处罚。对著作权侵权行为给予行政处罚的机关只能是国家著作权行政管理部门，其他任何机关都无权行使这种权利。

3. 刑事责任

刑事责任，是指侵权行为人因其侵犯著作权的行为，触犯刑法，依照刑法而应承担的法律后果。现行的《著作权法》没有规定刑事责任条款，但中国刑法规定了侵犯著作权罪。

第三章 专利权

专利是指经主管机关依照法定程序审查批准的、符合专利条件的发明创造。作为专利的发明创造必须经专利主管机关依照法定程序审查确定，在未经审批以前，任何一项发明创造都不是专利。

专利法是对发明创造进行保护的专门法律。

一、专利权概述

专利权是指法律赋予公民、法人或者其他组织获得专利的发明创造在一定的期限内依法享有的专有权利。

（一）专利权的特征

专利权具有专有性、地域性和时间性三个特性。

1. 专有性

专利权的专有性也称"独占性"，是指发明创造被授予专利权以后，除专利法另有规定以外，任何单位或个人未经专利权人许可，都不得实施其专利。

2. 地域性

专利权的地域性，是指专利权一般只在授予其权利的国家或地区的区域范围内有效，对其他国家或地区没有法律约束力。

3. 时间性

专利权的时间性，是指专利权人对其发明创造所拥有的权利只在法律规定的时间内有效，届满之后，任何人均可自由地使用该发明创造的专利技术。

（二）专利权的客体

专利权的客体，也称为专利法保护的对象，是指依法应授予专利权的发明创造。专利法的客体包括发明、实用新型和外观设计三种。

1. 发明

专利法意义上的发明，可以分为产品发明和方法发明。产品发明是人们通过研究开发出来的关于各种新产品、新材料、新物质等的技术方案。

方法发明，是指人们为制造产品或解决某个技术问题而研究开发出来的操作方法、制造方法以及工艺流程等技术方案。

2. 实用新型

实用新型是指对产品的形状、构造或者其结合所提出的适于实用的新的技术方案，专利法中对实用新型的创造性和技术水平较发明专利低，但实用价值大。在这个意义上，实用新型有时会被人们称为小发明或小专利。

3. 外观设计

外观设计是指对产品的形状、图案、色彩或者其结合所做出的富有美感并适于工业上应用的新设计。

（三）专利权的主体

专利权的主体即专利权人，是指依法获得及享有专利权，并承担相应义务的人或单位。

1. 职务发明创造的专利权主体

职务发明创造的专利申请权和取得的专利权归发明人或设计人所在的单位。发明人或设计人享有署名权和获得奖金、报酬的权利。

2. 发明人或者设计人

发明人或者设计人包括两类：非职务发明创造的发明人或者设计人，以及职务发明创造的发明人或者设计人。

3. 合作或委托完成的发明创造的专利权主体

两个以上单位或者个人合作完成的发明创造、一个单位或者个人接受其他单位或者个人委托所完成的发明创造，除另有协议约定的以外，申请专利的权利属于完成或者共同完成的单位或者个人；申请被批准后，申请的单位或者个人为专利权人。

二、专利权的内容和限制

专利权是一种财产权，法律规定权利人有权禁止他人擅自实施专利技术，可见专利权是一种禁止权，但专利权同时是有限制的。

（一）专利权的内容

根据《专利法》的相关规定，专利权的内容是指专利权人根据专利法所享有的各项权利。

1. 专利权的内容

（1）制造权。专利权人拥有自己生产制造专利文件中记载的专利产品的权利。

（2）使用权。包括对专利产品的使用权和对专利方法的使用权。

（3）许诺销售权。指为销售专利产品，以做广告、在商店橱窗中陈列或者在展销会上展出等方式作出的销售商品的意思表示。

（4）销售权。销售是指售卖专利产品的行为，这与一般意义上的买卖一样，是将产品的所有权按市场价格转移给另一个单位或个人。

（5）进口权。指专利权人享有的自己进口，或者禁止他人未经允许、为生产经营目的进口由该专利技术构成的产品，或进口包含该专利技术的产品，或进口由该专利方法直接生产的产品的权利。

（6）禁止未经许可的实施。任何单位或者个人未经专利权人许可，都不得实施其专利。

（7）许可实施。任何单位或者个人实施他人专利的，应当与专利权人订立实施许可合同，向专利权人支付专利使用费。被许可人无权允许合同规定以外的其他单位或者个人实施该专利。

（8）转让。专利申请权和专利权可以转让。

（9）标记权。专利权人有权在其专利产品或者该产品的包装上标明专利标识。

2. 发明和实用新型专利权的内容

发明和实用新型专利权被授予后，除专利法另有规定的以外，任何单位或者个人未经专利权人许可，都不得实施其专利，即不得以生产经营为目的制造、使用、许诺销售、销售、进口其专利产品，或者使用其专利方法以及使用、许诺销售、销售、进口依照该专利方法直接获得的产品。

3. 外观设计专利权的内容

外观设计专利权被授予后,任何单位或者个人未经专利权人许可,都不得实施其专利,即不得以生产经营为目的制造、许诺销售、销售、进口其外观设计专利产品。

(二)专利权的限制

专利权限制,是指现行法律允许第三方在法定情况下,可以不经专利权人的许可而实施其专利,且其实施行为并不构成侵权的一种法律制度。专利法保护专利权人的独占权,但是,为了平衡专利权人与国家和社会之间的利益,各国专利法都在不同程度上对专利权人的权利作了限制性的规定。中国对专利权的限制主要表现为不视为侵犯专利权的行为和专利实施的强制许可。

1. 专利强制许可

专利强制许可是指国务院专利行政部门依照法律规定,不经专利权人同意,直接允许其他单位或个人实施发明创造的一种许可方式。专利强制许可包括:无正当理由不实施或未充分实施导致的强制许可,为消除或减少垄断行为导致的强制许可,基于公共健康目的的强制许可,特殊情况下的强制许可,基础性专利的强制许可。

2. 专利指定实施

国有企业事业单位的发明专利,对国家利益或者公共利益具有重大意义的,国务院有关主管部门和省、自治区、直辖市人民政府报经国务院批准,可以决定在批准的范围内推广应用,允许指定的单位实施,由实施单位按照国家规定向专利权人支付使用费。

3. 不视为侵犯专利权的行为

不视为侵犯专利权的行为，也称为合理使用，是指在法定条件下，未经专利权人许可使用其专利，不构成专利侵权的行为。包括：权利用尽、先用权、临时过境、为科学研究和实验而使用有关专利的、药品或医疗器械的例外情形。

三、专利权的取得与丧失

专利权不能自动取得，要通过申请获得。专利权的法律效力因保护期届满或在期限届满前基于法律规定的事由而归于消灭。

（一）专利申请及审查

申请人必须履行专利法所规定的申请手续，向国务院专利行政部门提交必要的申请文件，经过法定的审批程序，最后审定是否授予专利权。

1. 专利申请原则

专利申请原则是申请专利的过程中需要遵循的原则，根据中国专利法的规定，主要有以下原则：形式法定原则、先申请原则、单一性原则、优先权原则。

2. 专利申请文件

专利申请文件是发明创造取得专利权的基础文件，也是专利主管部门审批的依据。

（1）发明或实用新型的专利申请文件。《专利法》第二十六条第一款规定，申请发明或者实用新型专利的，应当提交请求书、说明书及其摘要和权利要求书等文件。

① 请求书。申请人向国务院专利行政部门表示请求启动受理

专利法律程序，以及表达请求授予专利权意愿的文件。

② 说明书。对发明或实用新型的内容作出说明的文件。

③ 权利要求书。记载发明或者实用新型的技术特征，限定要求专利保护范围的文件。

④ 说明书摘要。简要说明发明或者实用新型的技术要点的文件。

（2）外观设计的专利申请文件。《专利法》第二十七条第一款规定，申请外观设计专利的，应当提交请求书、该外观设计的图片或者照片以及对该外观设计的简要说明等文件。

① 请求书。申请外观设计的请求书，在性质上与申请发明或者实用新型专利的请求书是一样的。

② 图片或者照片。申请人提交的有关图片或者照片应当清楚地显示要求专利保护的产品的外观设计。

③ 简要说明。用于解释图片或者照片所表示的产品的外观设计的文件。

3. 专利审批程序

专利申请并不是提交了就能获得授权，需要经过国务院专利行政部门的审查和批准。

（1）发明专利申请的审批程序。

① 受理申请。申请人就一项发明要求获得专利权的，应当根据专利法及其实施细则的规定，向国务院专利行政部门提出专利申请，并提交专利申请文件。

② 初步审查。在初步审查程序中，应当遵循保密原则、书面审查原则、听证原则、程序节约原则等。

③ 公布申请。根据规定，国务院专利行政部门收到发明专利申请后，经初步审查认为符合专利法要求的，自申请日起满十八个月，即行公布。

④ 实质审查。国务院专利行政部门根据申请人的请求或依职权对申请专利的发明进行新颖性、创造性和实用性以及其他要件的审查。

⑤ 授权公告。发明专利申请经实质审查没有发现驳回理由的，由国务院专利行政部门作出授予发明专利权的决定，向申请人发送"授予专利权通知书"以及"办理登记手续通知书"。

（2）实用新型或外观设计的审批程序。包括受理申请、初步审查、授权公告。

（二）专利授权的实质条件

专利授权的实质条件，因发明、实用新型和外观设计的不同而有所区别。

1. 发明或者实用新型的授权条件

根据《专利法》第二十二条第一款的规定，授予专利权的发明和实用新型，应当具备新颖性、创造性和实用性。

（1）新颖性。发明或者实用新型不属于现有技术，也没有任何单位或者个人就同样的发明或者实用新型在申请日以前向国务院专利行政部门提出过申请，并记载在申请日以后公布的专利申请文件或者公告的专利文件中。

（2）创造性。与现有技术相比，该发明具有突出的实质性特点和显著的进步，该实用新型具有实质性特点和进步。

（3）实用性。发明或者实用新型能够在产业上制造或者使用，并且能够产生积极效果。

2. 外观设计专利的授权条件

（1）新颖性。授予专利权的外观设计，应当不属于现有设计；也没有任何单位或者个人就同样的外观设计在申请日以前向国务院专利行政部门提出过申请，并记载在申请日以后公告的专利文件中。

（2）区别性。授予专利权的外观设计，与现有设计或者现有设计特征（设计要素）的组合相比，应当具有明显区别。

（3）不得与他人在先取得的权利冲突。授予专利权的外观设计，不得与他人在申请日以前已经取得的合法权利相冲突。

（三）专利权的丧失

专利权丧失指对原取得专利权的发明创造，法律不予保护。

1. 专利权的期限

专利权的期限是专利权效力存续期，指被授予的专利权从发生法律效力到失效之间的这段时间。

《专利法》第四次修改，就涉及对专利权期限的修改。现行《专利法》规定，发明专利权的期限为二十年，实用新型专利权的期限为十年，外观设计专利权的期限为十五年，均自申请日起计算。

此外，为了弥补发明专利审批周期过长以及新药上市审批占用的时间，专利法也对专利权期限补偿进行了规定。

2. 专利权的终止

根据中国专利法的规定，专利权终止的类型主要有以下三种：

一是专利权期限届满终止。它是一种自然终止。

二是没有按照规定缴纳年费。缴纳年费是维持专利权有效的必要条件，如果在规定的时间内没有正当理由而拒绝缴纳专利年费，其专利权就会在期限届满前终止。

三是专利权人以书面声明放弃其专利权的。对专利权的处分是专利权人依法享有的权利。基于种种主客观原因，专利权人要求放弃其专利权，只要不违背法律规定，就应该是允许的。

3. 专利权的无效宣告

专利权的无效宣告，是指已被授予的专利权因不符合专利法的规定，根据有关单位或者个人的请求，由国务院专利行政部门进行审查后宣告专利权无效的制度。

（1）无效宣告请求的理由。根据《专利法实施细则》第六十五条的规定所称无效宣告请求的理由，具体而言，包括以下几个方面：

属于不授予专利权的对象范围；

专利权人无权申请和取得专利权；

不满足授予专利权的条件；

专利申请文件不满足规定；

申请文件的修改超出了规定的范围。

（2）无效宣告请求的程序。自国务院专利行政部门公告授予专利权之日起，任何单位或者个人认为该专利权的授予不符合本法有关规定的，可以请求国务院专利行政部门宣告该专利权无效。

国务院专利行政部门对宣告专利权无效的请求应当及时审查和作出决定，并通知请求人和专利权人。宣告专利权无效的决定，由国务院专利行政部门登记和公告。

（3）无效决定的效力。专利权被宣告无效后，其效力溯及该专利权被授予之时，即该专利权被视为自始即不存在。

宣告专利权无效的决定，对在宣告专利权无效前人民法院作出并已执行的专利侵权的判决、调解书，已经履行或者强制执行的专利侵权纠纷处理决定，以及已经履行的专利实施许可合同和专利权转让合同，不具有追溯力。但是因专利权人的恶意给他人造成的损失，应当给予赔偿。对于不返还专利侵权赔偿金、专利使用费、专利权转让费者，明显违反公平原则的，应当要求全部或者部分返还。

四、专利权的保护

专利权的保护是国家通过行政程序和司法程序，对专利权人取得专利权的发明创造独占性地行使制造、使用、许诺销售、销售、进口等权利的制度。

（一）专利权的保护范围

专利权的保护范围，是专利权人行使专利权的边界。

1. 发明和实用新型专利权的保护范围

《专利法》第六十四条第一款规定："发明或者实用新型专利权的保护范围以其权利要求的内容为准，说明书及附图可以用于解释权利要求的内容。"

2. 外观设计专利权的保护范围

《专利法》第六十四条第二款规定："外观设计专利权的保护范围以表示在图片或者照片中的该产品的外观设计为准，简要说明可以用于解释图片或者照片所表示的该产品的外观设计。"

（二）专利侵权认定

专利侵权是指在专利权的有效期内，行为人未经专利权人许可而实施他人专利的行为。侵权行为的构成应当具备三个条件：一是被侵害的对象为有效的专利。二是侵权人应当具有生产经营的目的。三是必须有侵害行为的发生。

1. 专利侵权认定的原则

（1）全面覆盖原则。在认定侵犯专利权时，被控侵权物包含权利要求书中的每一项技术特征时，侵权行为成立。

（2）等同原则。将被控侵权的技术构成与专利权利要求书中记载的技术特征相比较，不存在实质性的不同。

（3）禁止反悔原则。这是对专利权的保护范围的一种限定，是指在专利审批、撤销或者无效宣告的过程中，专利权人为了使申请专利的技术满足新颖性、创造性和实用性的要求，通过书面声明或者修改专利文件的方式对专利权的保护范围作出限制承诺或者放弃部分权利要求。在后期的专利侵权诉讼中，专利权人不得将其已被限制排除或者已经放弃的权利要求再次纳入专利权的保护范围。

（4）现有技术抗辩原则。对于现有技术以及从现有技术中以显而易见的方式得到的技术，专利权人不应享有任何独占性质的权利。即在专利侵权纠纷中，被控侵权人有证据证明其实施的技术或者设计属于现有技术或者现有设计的，不构成侵犯专利权。

2. 直接侵权与间接侵权

专利侵权可以分为两大类：直接侵权与间接侵权。

直接侵权行为主要有以下几种表现形式：

未经专利权人许可实施其专利的侵权行为。

直接侵权包括：假冒专利，即在没有被授予专利权的产品或者其包装上标注专利标识；在专利失效后继续使用该标识；销售前述产品及其他使公众混淆、将未被授予专利的技术或者设计误认为专利技术或者专利设计的行为。

《专利法》没有对间接侵权加以规定，但是法院在处理专利纠纷案件的过程中已经作出了认定间接侵权成立的判决。间接侵权主要有以下两种形式：

未经专利权人许可，以生产经营为目的制造、出售专门用于生产专利产品的关键部件或者专门用于实施专利方法的设备或材料；

未经专利权人授权或者委托，擅自许可他人或者委托他人实施专利。

（三）专利侵权责任

专利侵权的责任类型有民事责任、行政责任和刑事责任。

1. 民事责任

专利权是一种财产权，专利法对专利侵权主要追究侵权人的民事责任。在司法实践中，人民法院在处理专利侵权案件时，主要采取责令停止侵权和赔偿损失等措施。

（1）停止侵权，是保护专利权最有效的措施。在一般情况下，停止侵权是在认定侵权行为成立以后采取的，专利权人为防止侵权行为给自己造成更大的损失，可以向法院申请责令停止侵权，人民法院也可以依职权作出责令停止侵权的决定。

（2）赔偿损失。侵权人应赔偿因其侵权行为而致使专利权人所遭受的损失。专利侵权中的赔偿裁定需要三个构成要件：存在损害事实，侵权行为与损害结果之间有因果关系，侵权行为人存在主观过错。

2. 行政责任

专利侵权的行政责任即行政处罚方式包括由专利行政主管部门责令改正并公告、没收违法所得、处以罚款等。

3. 刑事责任

中国专利法对专利侵权行为主要追究侵权行为人的民事责任，刑事处罚只有在发生假冒他人专利等情节严重的行为时才适用。中国专利法规定了假冒他人专利、泄露国家秘密等两种可以适用刑事处罚的侵权行为。

（四）专利侵权诉讼

1. 诉讼管辖

由于专利侵权诉讼具有很强的技术性和法律性，审理难度较大，最高人民法院《关于审理专利纠纷案件适用法律问题的规定》第二条规定，因侵犯专利权行为提起的诉讼，由侵权行为地或者被告住所地人民法院管辖。

2. 诉讼时效

《专利法》第七十四条规定，侵犯专利权的诉讼时效为三年，自专利权人或者利害关系人知道或者应当知道侵权行为以及侵权人之日起计算。

3. 举证责任

一般来讲，侵犯专利权诉讼的举证责任分配遵循民事诉讼"谁主张、谁举证"的原则，但是在侵犯方法专利权的诉讼中，则实行"举证责任倒置"的原则。

第四章 其他知识产权

一、植物新品种权

植物新品种是指经过人工培育的或者对发现的野生植物予以开发，具备个体适格性、新颖性、特异性、一致性和稳定性（如该植物品种具有抗旱性、对土地条件的适应性、高产性、花叶或果实有特殊的颜色或味道等），并有适当命名的植物品种。

植物新品种具有以下特征：一是植物新品种的产生源于人们对植物的人工培育或者对野生植物的开发；二是高产优质的植物新品种，既可提高农业、园艺和林业的质量和生产能力，又能降低对环境的压力；三是植物新品种的保护，有助于植物新品种的开发和培育。

植物新品种权，简称品种权，是植物新品种育种人对其研发和培育的新品种所享有的一种专有权。依据这种权利，其他人利用受保护的植物新品种及其有关的行为，须事先得到品种权人的许可。它是一种独立的、自成一类的、专门用于植物新品种的保护形式。

品种权的主体称为品种权人。根据《植物新品种保护条例》第六条，植物新品种权属于完成育种的单位或个人，即对新品种培育做出创造性贡献的人，而不包括仅负责组织管理工作、为物质条件的利用提供方便或者从事其他辅助工作的人。品种权的归属一般有职务育种、委托育种、合作育种和涉外育种四类。

品种权的客体是植物新品种。品种权是育种者对于植物新品种所享有的专有权。任何单位或者个人未经品种权人许可，不得以商业目的生产或者销售该授权品种的繁殖材料，不得以商业目的将该授权品种的繁殖材料重复使用作为生产另一品种的繁殖材料。

（一）植物新品种权的取得、终止和无效

在中国，获取植物新品种权需要一定的条件，经审批机关受理审查通过后方可取得品种权。

1. 植物新品种权的取得条件

根据《植物新品种保护条例》的规定，一项植物新品种要获得品种权，必须同时具备6个条件，即客体适格性、新颖性、特异性、一致性、稳定性，并具备适当的命名。

（1）客体适格性。获得植物新品种权的植物品种应当属于国家植物品种保护名录中列举的植物的属或种。此植物品种保护名录由审批机关确定和公布。

（2）新颖性。指在申请日前，申请品种权的植物新品种繁殖材料未被销售，或者经育种者许可，在中国境内销售该品种的繁殖材料未超过1年；在中国境外销售藤本植物、林木、果树和观赏树木品种的繁殖材料未超过6年，销售其他植物品种的繁殖材料未超过4年。

（3）特异性。指申请品种权的植物新品种应当明显区别于在递交申请之前已知的植物品种。

（4）一致性。指申请品种权的植物新品种经过繁殖，除可以预见的变异外，其相关的特征或者特性与新品种一致。如此，才能保证确实形成了一个新的植物品种，而非只是个别植株产生了变异。

（5）稳定性。指申请品种权的植物新品种经过反复繁殖后或者在特定繁殖周期结束后，其相关的特征或者特性保持不变。获得授权的植物品种才能作为一种新植物而长久存续下去，对此植物新品种给予一段较长时间的品种权保护也才有实际意义。

（6）具备适当的命名。授予品种权的植物新品种还应当具备适当的名称，并与相同或者相近的植物属或者已知品种的名称相区别，该名称经注册登记后即为该植物新品种的通用名称。

2. 植物新品种权的取得程序

植物新品种培育完成后，虽然具备新颖性、特异性、一致性和稳定性，但并不能自动取得品种权。在中国，取得品种权要向审批机关即国务院农业、林业行政部门提出申请，受理、审查通过后才能取得。

（1）申请。品种权申请是指植物新品种权申请人就某项植物新品种向国务院农业、林业行政部门（以下简称"品种权审批机关"）提出的请求对其植物新品种授予品种权的申请。

（2）受理。品种权审批机关收到品种权申请后，对符合规定的品种权申请给予受理，明确申请日、给予申请号，并在收到品种权申请之日起1个月内通知申请人缴纳申请费。如果申请文件不全、缺少请求书、说明书或照片，或者文件不符合规定格式，或者存在其他不合法情形，审批机关将不予受理，并通知申请人。

（3）审批。农业植物新品种权和林业植物新品种权的审查批准分别由农业农村部、国家林业和草原局负责。其审批程序包括初步审查、公布申请、实质审查、批准登记和复审五部分。

3. 品种权的期限、终止和无效

植物新品种权有明确的保护期限。在中国，植物新品种的保护期自授权之日起，藤本植物、林木、果树和观赏树木为 20 年，其他植物为 15 年。

（1）植物新品种权的终止。在品种权的保护期限内，如出现以下情形之一，则品种权在其保护期届满前终止：品种权人以书面声明放弃品种权的；品种权人未按规定缴纳品种权维持费的；品种权人未按审批机关的要求，提供检测所需要的该授权品种的繁殖材料的；经检测，该授权品种不再符合被授予品种权特征和特性的。品种权的终止，由审批机关登记和公告。

（2）植物新品种权的无效。自审批机关登记授予品种权之日起，植物新品种复审委员会可以依据职权或依据任何单位、个人的书面请求，对不符合《植物新品种保护条例》所规定的客体适格性、新颖性、特异性、一致性、稳定性和具备适当的命名的植物新品种，宣告品种权无效。对不符合名称规定的可以更名。宣告品种权无效或者更名的决定由审批机关登记和公告，并通知当事人。品种权人或者无效宣告请求人对植物新品种复审委员会的决定不服的，可以自收到通知之日起 3 个月内向人民法院提起诉讼。

（二）植物新品种权的限制、侵权与保护

植物对人类的生存和发展有重要意义，因此，各国对植物新品种采取相应限制条件，并予以保护。

1. 植物新品种权的限制

在保护植物新品种的同时，莫不基于社会公共利益的考虑，对品种权加以限制。

（1）合理使用制度。合理使用制度是指在某些情况下利用植物新品种，可以不经品种权人许可，不向其支付使用费，但不得侵犯品种权人的其他权利的制度。

（2）强制许可使用制度。强制许可使用制度是指为了国家利益或者公共利益，可以不经品种权人许可，对授权品种进行推广使用的制度。

2. 植物新品种权的侵权行为

侵犯植物新品种权的行为指未经品种权人许可，以商业目的生产或销售授权品种的繁殖材料以及将该授权品种的繁殖材料重复使用于生产另一品种的繁殖材料的行为。此行为具有违法性。如果行为人的行为符合法律规定，例如属于合理使用的情形，或者具有审批机关颁发的强制许可证，则构成法定豁免事由，不属于侵权行为。

实践中，以下行为可以认定为假冒授权品种行为：①使用伪造的品种权证书、品种权号或者其他品种权标记；②使用已经被终止或者被宣告无效的品种权的品种权证书、品种权号或者其他品种权标记；③以非授权品种冒充授权品种；④以此种授权品种冒充他种授权品种；⑤其他足以使他人将非授权品种误认为授权品种的行为。

侵犯植物品种权，行为人应当根据具体情况，承担相应的民事、行政或刑事责任。

（1）民事责任。侵权行为人应停止侵权行为，赔偿损失。

（2）行政责任。省级以上人民政府农业、林业行政部门依据各自的职权处理品种权侵权案时，为维护社会公共利益，可以责令侵权行为人停止侵权行为，没收违法所得，封存或扣押与案件有关的植物品种的繁殖材料，查阅、复制或者封存与案件有关的合同、账册及有关文件等，并处违法所得五倍以下的罚款。

3. 植物新品种权的保护

（1）植物新品种的国际保护。1961年12月2日，比利时、丹麦、法国等国家在巴黎签订了《保护植物新品种国际公约》。该公约于1968年开始生效，随后历经1972年、1978年及1991年三次修订。根据该公约的规定，成员国可以自由选择专门法或专利法或二者并用的方式为植物新品种提供保护。以《保护植物新品种国际公约》为基础，国际植物新品种保护联盟（简称UPOV）正式成立，它是一个政府间组织，总部设在瑞士日内瓦。1994年通过的《知识产权协定》第27条第3款第2项也规定，缔约方应以专利方式或者一种专门的制度或者两者的结合为植物新品种提供保护。其所确立的保护模式与UPOV公约基本一致，该协议的缔结表明，国际范围内对植物新品种提供保护的法律体系已基本形成。

（2）中国植物新品种保护状况。目前主要采取专门法保护模式，现行《专利法》第二十五条规定，植物品种被排除于专利保护范围外，但植物品种的生产方法则可授予专利权。1997年，国务院发布了《植物新品种保护条例》，对符合条件的植物新品种授予植物新品种权，由完成育种的单位和个人对其授权品种享有独占的权利。1999年3月，中国正式加入《保护植物新品种国际公约》。1999年，中国又分别由农业农村部、国家林业和草原局制定了《植物新品种保护条例实施细则》农业部分和林业部分，初步做到了使中国的植物新品种保护有法可依并与国际接轨。国务院新闻办公室2005年4月21日发表的《中国知识产权保护的新进展》白皮书指出，中国近年来不断加强植物新品种保护，从2001年开始，选择12个省市开展植物新品种保护执法试点，并逐步在全国展开。

二、集成电路布图设计权

集成电路（Integrated Circuits）英文简称IC，又称半导体芯片，是以半导体材料为基片，将至少有一个是有源元件的两个以上元件和部分或者全部互联线路集成在基片之中或者基片之上，以执行某种电子功能的中间产品或者最终产品。

（一）集成电路布图设计权

集成电路布图设计权是一项独立的知识产权，是权利持有人对其布图设计进行复制和商业利用的专有权利。布图设计权的主体是指依法能够取得布图设计专有权的人，通常称为专有权人或权利持有人。

1. 集成电路布图设计产品

集成电路布图设计产品，指的是集成电路生产过程中的布图设计这一中间产品。布图设计是制造集成电路产品中非常重要的一个环节，其开发费用一般要占集成电路产品总投资的一半以上，对于设计者来说，将几十万甚至上亿个元件布置在一小片半导体硅晶片上，要花费不少心血。不法厂商抄袭他人的布图设计，就能仿造相同的集成电路产品，而其成本却比原开发者少得多。运用知识产权法律手段保护集成电路布图设计产品设计人的智力成果，不仅可行，而且必要。

2. 集成电路布图设计权

在知识产权领域，集成电路布图设计权是一种新类型权利，是权利人对集成电路布图设计享有的复制和进行商业利用的排他性权利。

集成电路布图设计专用权通过确认权利人对集成电路布图设计享有的专有权利，来实现对集成电路产品的知识产权保护，不同于专利权、著作权、商标权。

3. 集成电路布图设计权的内容

集成电路布图设计权的主体又称布图设计专用权利人，是依法对布图设计享有专有权的自然人、法人或者其他组织。

集成电路设计权的客体是集成电路布图设计，又称拓扑图。作为一种智力成果形态，集成电路布图设计不同于专利权的客体和著作权的客体。

集成电路布图设计权的内容可分为两大类：复制权和商业化利用权。复制权是指布图设计专有权人复制其布图设计的全部或者其中任何具有独创性部分的权利；商业化利用权又称商业实施权，是指布图设计专有权人将其受保护的布图设计、含有该布图设计的集成电路或者含有该集成电路的物品投入商业利用的权利。

（二）集成电路布图设计权的取得和限制

按照法律的规定，受保护的布图设计应当具有独创性，即布图设计是创作者独创的智力劳动成果，并且在其创作时，该布图设计在布图设计创作者和集成电路制造者中不是公认的常规设计。

应该注意的是，布图设计的"独创性"与《著作权法》中对作品所要求的"独创性"含义不同，实际上是著作权法的创造性和专利法的创造性的结合。

1. 集成电路布图设计权的取得程序

布图设计权的取得方式主要有以下几种：自然取得、登记取得以及使用与登记取得。根据《集成电路布图设计保护条例》的规定，布图设计专有权应当按照下列程序登记取得：

（1）申请。向国家知识产权局申请布图设计登记的，申请人应当提交布图设计登记申请表和该布图设计的复制件或者图样；布图设计在申请日以前已投入商业利用的，还应当提交含有该布图设计的集成电路样品。

（2）初审。国家知识产权局收到布图设计登记申请后，对申请进行初步审查，而且主要是形式审查，基本不涉及其实质内容。

（3）登记并公告。布图设计登记申请经初步审查，未发现驳回理由的，由国家知识产权局予以登记，发给登记证明文件，并予以公告。

（4）复审。布图设计登记申请经初步审查，不符合法定要求的，国家知识产权局予以驳回。布图设计登记申请人对国家知识产权局驳回决定不服的，可以自收到通知之日起三个月内，向国家知识产权局专利复审委员会申请复审。专利复审委员会进行复审后，作出决定，并通知申请人。申请人对复审决定仍不服的，可以自收到通知之日起三个月内向人民法院提起行政诉讼。

2. 集成电路布图设计权的期限和撤销

集成电路布图设计权的保护期限一般为 10 年，如发现登记的布图设计不符合规定，专利复审委员会有权撤销该布图设计专有权。

（1）集成电路布图设计权的保护期限。关于布图设计权的保护期限，各国法律一般都规定为 10 年。《华盛顿条约》的最低要求是不低于 8 年，TRIPS 协定将保护期设定为 10 年。中国的布图设计专有权保护期为 10 年，自登记申请之日或在世界任何地方首次投入商业利用之日起计算，以较前日期为准。但是，无论是否登记或者投入商业利用，布图设计自创作完成之日起 15 年后，不再受保护。

（2）集成电路布图设计权的撤销。布图设计获准登记后，发现该登记不符合规定的，由专利复审委员会撤销该布图设计专有权，通知布图设计权利人，并予以公告。这些情形主要包括：不属于集成电路或者集成电路布图设计；不具备权利主体资格；不符合独创性条件；客体属于思想、处理过程、操作方法或者数学概念等；布图设计自创作完成之日起已满 15 年；布图设计自其在世界任何地方首次商业利用之日起 2 年内，未向国家知识产权局提出登记申请。被撤销的布图设计专有权视为自始即不存在。

（三）集成电路布图设计权的限制、侵权和保护

与其他知识产权一样，集成电路布图设计权也存在限制、侵权和保护。

1. 集成电路布图设计权的限制

为了平衡权利人和社会公众之间的利益，促进科学技术进步，

集成电路布图设计专有权有一定的限制，这些限制主要有合理使用、反向工程、独立创作、权利用尽、善意买主和强制许可等。

2. 集成电路布图设计权的侵权行为

侵犯集成电路布图设计权的行为分为两种：一是未经布图设计权人许可，复制受保护的布图设计的全部或者其中任何具有独创性的部分的行为；二是未经布图设计权人许可，以商业目的进口、销售或者以其他方式提供受保护的布图设计、含有该布图设计的集成电路或者含有该集成电路的物品的行为。

3. 集成电路布图设计权的保护

（1）国际保护概况。1989年世界知识产权组织在美国华盛顿召开专门会议，并通过《保护集成电路知识产权条约》。该条约对布图设计的客体条件、保护的法律形式、缔约国之间的国民待遇、专有权保护范围、获权程序以及保护期限等做了具体规定。1994年的《知识产权协定》专门规定了集成电路布图设计的保护，并要求各成员国确认按照有关规定对布图设计给予保护。至此，对集成电路布图设计提供保护已经成为世界贸易组织所有成员的义务。

（2）中国集成电路布图设计保护概况。为了配合加入世界贸易组织，中国先后制定了《鼓励软件产业和集成电路产业发展的若干政策》《集成电路布图设计保护条例》《集成电路布图设计保护条例实施细则》等相关政策和法规。其中，2001年通过的《集成电路布图设计保护条例》是保护集成电路布图设计的基本法律规范。

三、域名权

在由若干计算机互联而形成的互联网上，每个主机（Host）或局域网都被分配一个独一无二的地址，该地址依据互联网协议分配，被称为互联网协议地址（简称 IP 地址）。但 IP 地址难以记忆，不利于互联网的应用和推广，域名因此应运而生。域名由文字、数字和连接符（-）等字符、符号组成，与 IP 地址相对应。互联网用户只要输入一个域名，计算机就会将其自动解析成与之相对应的 IP 地址，并自动在互联网上寻找该 IP 地址所代表的计算机，从而实现互联。

域名是数据传输时对计算机的定位标识，也是一种识别性标记。域名是经过人的构思、选择创造性劳动产生的，是人类的智力成果，因此是一种新型的知识产权。域名具有以下特征：

一是域名只能由文字、数字组成，包括中文、拼音、外文域名，至少包括顶级域名和三级域名两个部分。顶级域名是用以识别域名所属类别、应用范围、注册国等公用信息的代码。

二是域名从整体上看具有唯一性，而且是全球范围的唯一性，这一特点使之与商标截然不同。

三是域名与商标一样，它是互联网上区别经营者的标记，有表达作用，也代表商品或服务，具有识别功能。

（一）域名权的概念

域名权，是指域名持有人对其注册的域名依法享有的专有权。这样的权利主要是专有使用权。域名权具有以下特征：

一是域名权的主体是符合法定条件的组织，个人不能成为域名权的主体。

二是域名权的内容主要是指权利人对域名的专有使用权，也就是域名持有人将域名进行技术意义上的使用，并排除他人干扰的权利。

三是域名权的效力范围具有特殊性。与商标权的效力范围相比，域名权的效力并不以在相同或类似的商品使用相同或近似的商标为限，域名系统要求域名在全球范围内都是唯一的，不可能存在完全相同的域名。

（二）域名权的取得、变更与注销

域名权的取得、变更与注销与其他知识产权相似。

1. **域名权的取得**

（1）申请。要取得域名权必须由申请人提起申请。在中国，受理 .cn 级域名申请的组织是国务院信息化工作领导小组办公室以及中国互联网络信息服务中心（CNNIC）工作委员会。其他级别域名受理机构则根据逐级授权的方式确定相应的管理单位。

（2）审批。若申请注册的域名和提交的申请文件符合《中国互联网络域名注册暂行管理办法》的规定，域名管理单位应当在收到完整申请文件之日起的 10 个工作日内，完成批准注册和开通运行，并发放域名注册证。

2. **域名权的变更和注销**

（1）域名权的变更。注册域名可以变更，注册域名持有人申请变更注册域名或者其他注册事项的，应提交域名注册申请表和本单位介绍信、承办人身份证复印件以及本单位依法登记文件的复印件，并且交回原域名注册证。经域名管理单位核准后，将原域名注册证加注发还，并且在10个工作日内予以开通。

（2）域名权的注销。注册域名可以注销，申请注销注册域名的，应当提交域名注册申请表和本单位介绍信、承办人身份证复印件以及本单位依法登记文件的复印件，并且交回原域名注册证。

（三）域名权的法律保护

在互联网发展早期，并无特定的组织管理域名注册体系。早在1996年，世界知识产权组织就参与了因特网国际特别协会建立新的域名管理体系的活动。1998年，美国筹组了"互联网名址分配公司"接管美国政府对互联网的管理权。

1997年6月，国务院信息化工作领导小组办公室制定了《中国互联网络域名注册暂行管理办法》，成为中国域名管理的重要的法律规范。依照该规定，国务院信息办是中国互联网域名系统的管理机构，中国互联网络信息中心协助国务院信息办管理域名系统。

第二编

知识产权运用基础

第五章　商业秘密

商业秘密包括：企业现有的以及正在开发或构想之中的产品设计、工具模具、设计程序、产品配方；制作工艺、制作方法、经验公式、试验数据、管理决策；企业的业务计划、产品开发计划、财务情况、内部业务规程、定价方法、销售方法、客户名单、货源情报、产销策略、招投标中的标底及标书内容等。

一、商业秘密概述

《与贸易有关的知识产权协定》将商业秘密界定为"未公开信息"，只要求"其在某种意义上属于秘密，即其整体或者要素的确切体现或组合，未被通常涉及该信息有关范围的人普遍所知或者容易获得；由于是秘密而具有商业价值；是在特定情势下合法控制该信息之人的合理保密措施的对象"。《反不正当竞争法》第十条概括了商业秘密的定义："本条所称的商业秘密，是指不为公众所知悉、能为权利人带来经济利益、具有实用性并经权利人采取保密措施的技术信息和经营信息。"

（一）商业秘密的种类

商业秘密包括经营秘密和技术秘密两种。

1. 经营秘密

未公开的经营信息,是指与生产、经营、销售有关的保密信息,具体说来,包括未公开的产品推销计划、顾客名单、进货渠道、销售网络、管理方法、产品价格、市场调查资料、标底、标书内容等。

2. 技术秘密

未公开的技术信息,指在产品的生产和制造过程中的技术诀窍或秘密技术,有时也被称为非专利技术成果、专有技术。如各种产品、化学制品、元件、食品、药品等的生产方案、产品设计、工艺流程、配方、质量控制管理方面的技术知识等。只要这种信息、技术知识等是未公开的,能给权利人带来经济利益,且已采取了保密措施,均属于技术秘密的范围。

(二)商业秘密的构成要件

也称为商业秘密的特征。根据《与贸易有关的知识产权协定》的规定,商业秘密具有以下三个构成要件。

1. 秘密性

商业秘密的秘密性,是指作为商业秘密的信息是不为公众所知悉的。这一特征所反映的是某种信息的一种客观性状,即处于保密状态,相关领域的技术人员或经营者只能以合法方式与商业秘密持有人签订许可使用协议获取,不能在公共渠道以普通方式获得。

2. 价值性

商业的价值性,是指作为商业秘密的信息能够为权利人带来经济利益。商业秘密是一种相对独立的、完整的,具体针对现实问题的可操作性方案，其本身就包含着商业价值，可以为持有者带来商机，包括现实的和潜在的竞争优势。一方面，如果一项技术或信息能使企业节省开支、降低成本，提高产品质量或能够实现保护环境、安全生产的功效，并能为企业创造利润，增强企业的竞争优势，那么该项技术或信息就是具有价值性的；另一方面，如果企业所拥有的技术或信息为其竞争对手所期待，对方愿意投资去获取，也应该认为该项技术或信息具有价值。从反面观之，那些已经为公众所周知，没有任何保密价值的信息不能被认定为商业秘密。

3. 保密性

商业的保密性，是商业秘密的本质属性，法律意义上的商业秘密，除了要求具备上述两项客观特征外，权利人主观上还必须具有保密意图，即权利人对其所产生的符合商业秘密客观特征的信息，必须采取能够明确显示其主观保密意图的保密措施，才能成为法律认可并保护的商业秘密，如设立保密部门、与员工签订保密协议和竞业禁止协议等。

二、商业秘密保护

自 20 世纪 50 年代以来，以信息的生产、储存、加工和传播为主要内容的信息技术革命方兴未艾，技术的力量使信息的传播超越语言、国界、时间与空间的障碍，信息就是财富的观念已经深入人心，围绕信息、人才和市场的争夺将商业秘密的保护提上日程。在这样的背景下，商业秘密在市场竞争的浪潮中被商品化、价值化，逐渐走出个体经济的狭小圈子，其保护不再是简单秘密地进行嫡系转让。

（一）商业秘密保护及其特殊性

商业秘密保护，是指商业秘密持有人依法对其商业秘密享有的禁止他人非法盗窃、盗用，披露或者不当使用的权利，是法律赋予商业秘密持有人的一项特殊权利。其本质特征是对法律给商业秘密持有人赋予的特殊利益形态。与其他知识产权相比，商业秘密保护具有三个特殊性：

1. 商业秘密持有人的多重性

即同样的技术信息或者经营信息可能同时为多个不同主体所掌握，并且各自均采取了保密措施。同一商业秘密的多个权利主体都可以对其持有的商业秘密进行合法利用，并有权禁止他人的非法侵犯。

2. 保护期限的不确定性

商业秘密的保护期限在法律上没有规定，只要商业秘密不被泄露，商业秘密就一直受到法律的保护。与此不同的是，专利权、集成电路布图设计权、植物新品种权等创造性成果权往往有时间限制，当法定的保护期限届满，该权利即不再受法律保护。

3. 商业秘密保护的自动性

即自商业秘密产生之日自动获得保护。与此不同的是，专利权、集成电路布图设计权、植物新品种权等创造性成果权的取得，往往需要经过国家机关的审批并公告，因为商业秘密不需由国家审批。

（二）商业秘密保护的限制

与其他知识产权一样，商业秘密保护也受限制。下列情形不属于侵犯商业秘密。

1. 反向工程

所谓反向工程,是指通过对终端产品的分析研究,破解该产品的原始配方或者生产方法的过程。商业秘密持有人投放到市场上流通的产品中所蕴含的商业秘密,一旦被竞争对手通过反向工程获取(法律限制的某些特殊产品除外),则其秘密性相对丧失,原拥有者也就丧失了相应的权利。

2. 善意使用或披露

善意第三人的使用。如果第三人不知道所涉信息为他人商业秘密而加以使用或者披露,则因其无过错而不构成《反不正当竞争法》第十条第二款针对第三人所规定的侵犯商业秘密的行为。

3. 自行研发

由于商业秘密保护具有相对性,并且法律也并不排除在同一商业秘密之上有多个利益主体,所以商业秘密保护不能禁止他人自行研究出相同的技术信息或者经营信息,也不能禁止他人对自行研制出来的技术信息或者经营信息获得应有权利。相反,一旦其他人就相同的技术信息或者经营信息获得专利权,与该专利技术相同的商业秘密就转变成公知技术而丧失秘密性,不能再作为商业秘密保护。

(三)商业秘密的侵权和侵权责任

商业秘密保护在1978年美国《统一商业秘密法》和1981年英国《保护秘密权利法草案》中得到确认。20世纪60年代,国际商会首先把商业秘密视为知识产权。此后,《建立世界知识产权组织公约》亦暗示商业秘密可以包含在知识产权之内。至20世纪70年代末，世界知识产权组织草拟的各种知识产权示范法皆规定商业秘密法律制度，《知识产权协定》更是明确规定"未披露信息"应当成为知识产权的保护对象。至此，商业秘密作为权利形态受到了法律保护，得到国际社会的承认。

从立法上看，中国的《民法典》《刑法》和《反不正当竞争法》均明确规定对商业秘密给予保护。1993年通过的《反不正当竞争法》是中国规范商业秘密的一部重要法律，它不仅在第10条界定商业秘密的概念，而且规定了侵犯商业秘密的主要不正当竞争行为，从而填补了商业秘密保护上的空白。2020年通过的《民法典》明确规定签约中的商业秘密保护，同时对技术开发、技术转让等合同中的技术秘密保护作出规范。1997年修订的《刑法》规定了侵犯商业秘密罪的刑事责任。此外，《公司法》《合伙企业法》《个人独资企业法》对竞业禁止进行了规定。2007年6月29日，第十届全国人民代表大会常务委员会第二十八次会议通过的《劳动合同法》也就竞业限制的有关问题作出了更为详细的规定。由此可以看出，中国已基本建立了商业秘密保护体系，基本做到了有法可依，初步形成整体框架，从民事、行政、刑事等各个角度为商业秘密提供法律保护。

1. 侵犯商业秘密的行为

常见的侵犯商业秘密的行为有两种：通过不正当手段获取商业秘密，或违反保密义务而擅自披露商业秘密。通过不正当手段侵犯商业秘密主要有三种表现形式：

一是以盗窃、利诱、胁迫或者其他不正当手段获取权利人的商业秘密。"盗窃"是指以非法占有为目的，以秘密窃取的方式获取权利人的商业秘密。这类行为人既可能是内部知情人员,也可能是外部人员。"利诱"是指行为人以财物、高薪或其他利益引诱商业秘密权利人的雇员、技术人员等,并获得商业秘密。"胁迫"是指行为人通过对商业秘密权利人、知情人本人或其亲属的生命健康、名誉、财产等造成损害相要挟,强迫有关人员透露信息,从而获得商业秘密。"其他不正当手段"是指除上述三种手段以外获取商业秘密的行为,如通过行贿、女色勾引等手段套取权利人的商业秘密。

二是披露、使用或者允许他人使用以前项手段获取权利人的商业秘密。所谓"披露",是指公开散布不当获取的商业秘密;"使用",是指行为人将非法获取的商业秘密直接用于生产经营中;"允许他人使用",是指行为人将非法获取的商业秘密以有偿或无偿的方式提供或转让给他人使用。

三是第三人明知或者应知侵犯商业秘密是违法行为,仍从那里获取、使用或者披露权利人的商业秘密,这是一种间接侵权行为。行为人知悉其为他人的商业秘密,并明知或应知系侵犯商业秘密的情形,依然获取、使用、披露该信息。所以,法律将这种行为也作为侵犯商业秘密的行为来对待。

关于违反保密协议或者违反一般合同而侵犯商业秘密的行为,主要包括:

与权利人有业务关系的单位和个人违反合同约定,违反权利人保守商业秘密的要求下,披露、使用或者允许他人使用其所掌握的权利人的商业秘密;

权利人的职工违反合同约定或者违反权利人保守商业秘密的

要求，披露、使用或者允许他人使用其所掌握的权利人的商业秘密；

当事人在订立合同过程中、订立合同以后，以及合同履行过程中知悉商业秘密，泄露或者不正当使用该商业秘密给对方造成损失的，应当承担损害赔偿责任。

2. 侵犯商业秘密的法律责任

根据《刑法》《民法典》和《反不正当竞争法》等法律规定，侵权人应当承担以下法律责任：

侵权人应停止侵害、消除影响、赔礼道歉；

给权利人造成损害的，应当承担损害赔偿责任；

侵权人应承担受害人因调查侵权行为所支付的合理费用；

监督检查部门，可根据情节轻重处以侵权人1万元以上20万元以下的罚款。

《刑法》规定，违反约定或者违反权利人有关保守商业秘密的要求，披露、使用或者允许他人使用其所掌握的商业秘密的，给商业秘密的权利人造成重大损失的，处三年以下有期徒刑或者拘役，并处或者单处罚金；造成特别严重后果的，处三年以上七年以下有期徒刑，并处罚金。

（四）商业秘密管理

虽然法律赋予受害人的救济途径很充分，但这种被动防御的策略并非上策，在商业秘密法律救济中仍存在一些弊端。

1. 举证责任的分担

虽然法律要求侵害人在侵权行为发生后，应提供使用信息的合法获得途径的证据，但是权利人仍需要证明商业秘密和被使用信息的一致性或相同性，以及获取该商业秘密的条件，这就难免要披露商业秘密，特别是刑事诉讼中，在一定范围公开商业秘密存在风险。

2. 损失挽回困难

商业秘密侵害发生后，权利人很难就实际的损失提供依据。如果商业秘密还未披露，权利人的实际损失可能为零；如果商业秘密已经披露或由第三人申请专利，则权利人的损失可能难以量化。由于商业秘密已经成为不少企业竞争生存的重要利器，且因其特殊性质使然，一旦曝光就有秘密流失、竞争价值消亡的风险，因此借助管理来保护商业秘密，就成为企业的战略选择。商业秘密管理包括针对商业秘密本身的管理、对具有接触商业秘密可能的人员的管理和各种物理措施管理。

3. 商业秘密管理主要措施

（1）针对商业秘密本身进行控制。首先，要确定保密的范围，对于企业内部构成商业秘密的种类、分布加以罗列，并对机密材料区分为机密级、密级、限阅级等；然后公布保密的文件及管制方式，让所有的人员知悉；最后，应制定管理办法及部门控制，设计机密材料的制作、流传、保存借阅及销毁等程序。

（2）对有接触秘密可能的人员加强管理。企业应与员工签订保密协议等合同，加强对离职员工的管理。除要求其办理有关的交接手续，点清该员工处理的机密文件外，还应再次告诫该员工保密责任。能够弄清该员工离职的原因以及去向，并与新雇主联系，告知其新进员工对原公司义务，也是防止公司机密外泄的重要措施之一。另外，建立基本人事资料、写工作日志等，均可同时用来作为商业秘密管理的手段。

（3）采取相关的物理措施。如门卫、设备管理、电脑管理以及废弃物处理等。特别是针对试验室、电脑、传真机、影印机、废弃物等要设置专门的防范措施。

4. 竞业禁止

竞业禁止也称竞业限制，是指企业的职工（尤其是高级职工）在其任职期间以及在任职关系终止或者解除后的一定期限内，不得到生产与原单位同类产品或者经营同类业务的有竞争关系的其他用人单位任职，也不得自己开业生产或者经营与原用人单位有竞争关系的同类产品或者业务。竞业禁止制度的一个重要目的就是为了保护雇主或企业的商业秘密不为雇员所侵犯。

竞业禁止一般可分为两种，即法定竞业禁止和约定竞业禁止。法定竞业禁止是主体承担竞业禁止义务源于法律的直接规定。法定竞业禁止是以规范性法律文件的形式体现，具有强制性，当事人不能以合同约定排除适用。《公司法》《合伙企业法》《个人独资企业法》规定了董事、经理、国有独资公司的董事长、副董事长、董事、经理，合伙企业的合伙人、个人独资企业的投资人委托或者聘用的管理个人独资企业事务的人员具有法定竞业禁止义务。约定竞业禁止是指主体承担竞业禁止义务源于双方的约定，这种约定一般是通过双方签订竞业禁止合同表现。

第六章　知识产权资本化

知识产权资本化是指将知识产权通过在资本市场的运作，实现将知识产权的无形价值转化为流动资本的过程。知识产权资本化的主要方式有知识产权质押融资、知识产权证券化、知识产权信托、知识产权基金、知识产权保险等。

一、知识产权资本化概述

长期以来，由于知识产权的价值并不像有形财产那样容易被发现，虽然对专利、商标、版权等知识产权有所运用，但尚未实现其效益的最大化。充分利用知识产权资源，实现知识产权价值与资本的转换，是知识产权资本化的关键问题。

（一）知识产权资本化的概念与特征

知识产权资本化被誉为知识经济时代一项重要的法律与经济融通制度，是实现知识产权价值的一种有效的方法。

1. **知识产权资本化的概念**

时至今日，对于知识产权资本化的概念仍没有形成统一的认识。比较有代表性的观点是，知识产权资本化是在充分重视并利用知识产权的基础上，将知识产权从产品要素转化为投资要素，并对其进行价值评估，将知识产权作为一种要素投入，参与生产与经营过程，并量化为资本及价值增值的过程。

2. 知识产权资本化的特征

知识产权资本化具有以下特征：

一是时间限制性。知识产权有自身的法律保护期限，在此期限内知识产权受法律保护，到期之后，该权利自行消灭，因此，知识产权资本化就具备了时间限制性。知识产权的法律保护期限越长，则通过知识产权资本化获取的收益就越大；反之，知识产权的法律保护期限越短，通过知识产权资本化获取的收益就越小。

二是高收益性。知识产权在法律保护期限内具有专有性，没有法律的特别规定或未经权利持有人的许可，任何人都不得使用权利持有人的权利。这意味着知识产权持有者在法定期限内能获得高收益。同时，知识产权是一种潜在的生产力，知识产权通过资本化和市场化进入市场，为知识产权个体和企业带来丰厚的经济利益。

（二）知识产权资本化的条件

知识产权要资本化是有条件的，并不是所有的知识产权都能资本化，通常情况下知识产权资本化需要具备以下条件：

1. 知识产权所有者具备合法性

知识产权资本化，需要知识产权所有者具备合法性。这主要体现在两个方面：一是知识产权所有者合法拥有知识产权，并受到严格的法律保护，其他人不能擅自使用该所有者的知识产权；二是对同一项智力成果，不能有两个或两个以上同一属性的知识产权并存。

2. 知识产权的价值可以评估

知识产权通过知识产权资本化转为资本，其前提是知识产权的价值可以评估。而知识产权的价值由于与企业的产品与服务、经营活动、企业规模及市场前景密不可分,其价值会呈现较大的波动性。只有准确评估知识产权的价值,才能使知识产权与货币、实物等有形资产一样发挥效用。

3. 知识产权未来可以获利

知识产权资本化的目的,就是使资本实现收益的最大化,所以并非所有的知识产权都可以进行资本化,只有知识产权具备未来获利的可能性,才能通过资本化转化为自身优势参与到市场竞争当中,使知识产权所有者受益。

(三)知识产权资本化的类型

在知识经济时代下,市场对如何实现知识产权价值与资本的转换进行了不断的尝试和探索,并逐渐形成了一些新的模式。知识产权资本化以资金需求方、供给方和中介服务机构为主体,通过作价出资、质押、证券化、信托和基金等模式完成其投融资的过程,包括利用知识产权进行投资和融资、对知识产权进行保险等。从常见的方式来看,知识产权资本化的类型主要包括:知识产权质押融资、知识产权证券化、知识产权信托、知识产权基金、知识产权保险等。

二、知识产权质押融资

知识产权质押融资,是指企业以合法拥有的专利权、商标权、著作权中的财产权经评估作为质押物从银行获得贷款的一种融资方式。知识产权质押融资是有效盘活企业知识产权的创新融资方式,在欧美等发达地区已十分普遍。随着创新驱动发展战略的实施，中国知识产权质押融资规模也在快速增长。知识产权质押融资为科技型中小企业提供了新的融资渠道，帮助科技型中小企业解决因缺少不动产担保而带来的资金紧张难题。

（一）知识产权质押融资的分类

知识产权质押融资可以按知识产权的类型或是融资方式来进行分类。

1. 按照知识产权的类型分类

《民法典》第四百四十条规定，债务人或者第三人有权处分的可以转让的注册商标专用权、专利权、著作权等知识产权中的财产权可以出质。

因此就知识产权的类型来分类，知识产权质押融资包括专利权质押融资、注册商标专用权质押融资和著作权质押融资等类型。

2. 按照融资方式分类

按照融资方式，知识产权质押融资可分为两类：一类是知识产权直接质押模式，它是面向银行机构的，出质人将知识产权质押给银行并获得贷款；另一类是知识产权间接质押模式，它面向非银行机构进行知识产权质押。

（二）知识产权质押融资的模式

知识产权质押融资需要企业以合法拥有的知识产权中的财产权等经评估作为质押物从银行等金融机构获得贷款，并按期偿还本息。在中国推广知识产权质押融资的实践中，政府和银行发挥了重要的作用，逐步形成了北京的"银行＋企业专利权/商标专用权质押"模式，上海的"银行＋政府基金担保＋专利权反担保"模式，武汉的"银行+科技担保公司+专利权反担保"模式等。目前，质押是知识产权最主要的融资模式，但质押贷款提供金额较小，且多需政府、第三方机构进行担保。

三、知识产权证券化

知识产权证券化，是指发起机构（如创新企业）将其拥有的知识产权或其衍生债权转移到特殊目的机构（Special Purpose Vehicle，简称 SPV），再由此特殊目的机构经过重新包装、信用增强等操作后在市场上发行可流通的证券，以实现融资的操作。在知识产权经济时代，知识产权证券化是结构性融资的新尝试，是一种创新的知识产权运营模式。知识产权证券化对于建设多层次金融市场、发展自主知识产权的金融创新具有重要意义。

（一）知识产权证券化的主要参与主体

知识产权证券化的主要参与主体包括发起人、特殊目的机构（SPV）、信用增级机构、中介服务机构、投资人。

1. 发起人

发起人是知识产权的原始权益人，发起人根据自身的融资目标来构建知识产权资产，并将其出售给 SPV。

2. SPV

SPV 是为资产证券化而特设的独立法律主体，SPV 负责向发起人购买知识产权资产，并以此发行知识产权证券化产品。

3. 信用增级机构

信用增级机构为知识产权证券化产品提供信用支持，以此增加证券评级，降低投资人风险，增强投资人意愿。

4. 中介服务机构

中介服务机构是为知识产权证券化提供服务的机构，包括证券的承销机构、律师事务所、会计师事务所等服务机构。

5. 投资人

投资人是购买知识产权证券的人，通常是银行、保险公司等金融机构。

（二）知识产权证券化的基本运作流程

知识产权证券化的运作流程基于资产证券化，但也有其特殊性。其基本运作流程如下：

1. 确定需求，组建资产池

发起人在明确自身融资需求的情况下确定证券化目标，在此基础上按一定标准对所拥有的知识产权资产进行遴选和估值，组建与融资规模相匹配的知识产权资产池。

2. 成立 SPV，转移知识产权资产

在成立 SPV 时应选择与证券化具体实际相适应的结构，成立 SPV 后，发起人须通过真实出售的方式将知识产权资产池转移至 SPV 以实现破产隔离的目的。

3. 信用增级，完善交易结构

信用增级机构通过内部增级和 / 或外部增级等手段对知识产权证券发行进行相应的信用增级，以及改进证券化的交易结构，以降低证券化交易的整体风险。之后，评级机构对拟发行的证券给出正式的发行评级，并将评级结果向投资者公布。

4. 证券发行，支付对价

在信用评级结果向投资者公布之后，证券发行机构采用包销或承销方式向投资者销售证券。SPV 获取证券发行收入之后，按照知识产权资产转让合同中的规定，向发起人支付对价。

5. 资产管理，偿付本息

证券发行后，由专业服务机构对基础资产池进行管理，负责归集基础资产池的现金流。专业服务机构在向参与证券化运作的机构支付相关费用后，按照规定的期限向证券持有人还本付息。证券本息完全偿付，剩余资产妥善处理后，整个知识产权证券化的过程宣告结束。

（三）知识产权证券化的交易结构

从实践上来看，市场上已发行的知识产权证券化产品的交易结构大致有以下几种：

1. 融资租赁模式

知识产权持有人将自有知识产权转让给融资租赁公司以融入资金，同时通过与融资租赁公司签订租赁合同，获得该知识产权的使用权，并在租赁期内按期向融资租赁公司支付租赁租金，最终于租赁结束时重新获得知识产权所有权。融资租赁公司以其持有的对特定承租人的融资租赁债权作为基础资产发行资产证券化产品。

2. 专利许可模式

融资方与专利被许可人签订专利独占许可合同，被许可人向专利权人一次性支付专利独占许可使用费后，获得专利的独占许可使用权、约定权益及再许可权利。根据被许可人再与专利权人签订的专利独占许可合同，将特定专利授予专利权人作为被许可方实施专利，并由专利权人分期向融资租赁公司支付专利许可使用费。

3. 供应链模式

供应商将其为核心债务人提供知识产权服务而产生的应收账款债权,以签订保理合同的方式转让给保理公司,核心债务人为该债权出具确认文件或进行债务加入,并通过适当增信,保理商以受让的应收账款债权作为基础资产发行资产证券化产品。

4. 质押贷款模式

用知识产权提供质押担保,以知识产权产生的收入作为信托贷款、委托贷款或其他形式贷款债权的还款来源,并以该贷款作为基础资产或基础资产现金流来源发行资产支持证券。

四、知识产权信托

知识产权信托,是指以知识产权为标的的信托,通过权利主体与利益主体的分离,将知识产权转移给具有专业理财能力的信托机构经营管理,由知识产权权利人取得知识产权的收益,信托机构取得相应报酬的一种有效的财产管理方式。中国人民银行2001年制定的《信托投资公司管理办法》,其二十一条规定委托人可以将自己的知识产权等财产委托信托投资公司进行管理、运用和处置。该办法的出台,为中国知识产权信托的发展奠定了基础。

(一)知识产权信托的分类

知识产权信托可以按照知识产权的类型进行分类,也可以根据信托目的进行分类。

1. 根据知识产权类型分类

根据知识产权的类型,知识产权信托分为专利权信托、商标权信托、著作权信托、集成电路布图设计专有权信托、植物新品种权信托等。

2. 根据信托目的分类

根据通常的信托目的，知识产权信托可分为民事信托、商事信托和公益信托。民事信托，其受托人从事事务管理类信托业务，以完成一般的民事法律行为为内容，业务模式是"受托人＋保管人"；商事信托，其受托人以营利为目的，接受委托人委托实施有关知识产权的商事行为，其业务模式是"受托人＋投资管理人＋保管人"。公益信托，是以公益事业为目的的有关知识产权的信托。

（二）知识产权信托的功能

知识产权的无形性，使得知识产权信托管理更加复杂和专业。知识产权信托通常具有以下功能：

1. 资产管理功能

资产管理功能是一切类型信托的首要功能。信托机构接受知识产权权利人的委托，对知识产权进行管理、处分，获得利益归于受益人并从中收取基于管理的报酬。管理的目标包括保值与增值。保值即通过对知识产权的管理避免与防止其价值减少，增值则是通过信托的商业化与产业化设计，利用知识产权获得商业利益。

2. 资产分割功能

信托可以形成独立的资产池，从而发挥资产分割的功能。资产分割既能保护投资者免受债权人的权利主张，又能使特定的信托财产避免因其他财产或因素干扰而消灭或抵消。信托财产一旦进入信托关系，即脱离了委托人、受托人及收益人，形成自身的相对独立的资产池，体现出信托财产独立性的特点。

3. 投融资功能

知识产权的专用性使得其交易成本较高，信托机构在资产管理过程中，可以选择将原本流动性较弱的知识产权资产转换成流动性较强的金融资产，从而降低交易成本，促进知识产权保值增值。

4. 集中管理功能

基于管理成本及管理效率考虑，信托机构可以对个人及中小企业的知识产权进行集中管理。许多中小企业虽然拥有各种类型的知识产权，但欠缺专门机构与人员进行管理，而信托机构可以将众多知识产权集中在一起管理，并进行分类组合，而经过集中整合过的知识产权将具有高度的专业性，因此可以将知识产权的价值最大化，实现原本不可能达到的价值收益。

五、知识产权基金

知识产权基金是一类为知识产权资产研发或运营提供融资，以知识产权资产的授权许可费、诉讼赔偿及转让收益等为回报的专业化私募投资基金。目前在中国，知识产权基金大致可分为两类：由政府资金引导、社会资本参与的知识产权运营基金，主要由企业出资主导的市场型知识产权基金。其中，市场型知识产权基金的出资人及管理人都是市场化投资机构或企业，以实现高收益及风险分散为目标。

（一）市场型知识产权基金的主要运作模式

首先，向企业、科研机构等收购知识产权资产所有权或许可权。

其次，将知识产权资产重新组合，构成保护范围更广、收益更高的投资组合。

最后，向需求方转让或许可使用知识产权资产，取得价差或许可费收益，或向潜在侵权方发起诉讼获取赔偿、和解收益，其中对外许可和诉讼是两种最常见的获利手段。

（二）市场型知识产权基金的运作特点

一是提供股债结合等多种融资方式，满足知识产权资产供给方融资需求，扩大知识产权资产来源，分散风险。

二是提供维权专利池、共同许可专利池等多样化产品，发掘市场需求，增加收益来源。

三是频繁发起侵权诉讼，向潜在侵权方施压，敦促其支付许可费，保障收益。

六、知识产权保险

随着知识经济的不断发展，知识产权拥有的巨大商业利益空间逐渐受到关注，而知识产权侵权问题随之日益严重，知识产权的保护存在着流程慢、费用高、损失大等高风险因素。

知识产权保险就是针对知识产权的高风险属性设计的金融产品，它可以起到降低知识产权维权风险的作用，相当于在现有的知识产权保护体系之上再增加一层强力的防护网。知识产权保险，是指根据合同约定，投保人向保险人交付保险费，保险人对所承保的知识产权及其因侵权所遭受的损失承担赔偿责任的保险。

知识产权保险有多种分类方式，可以按知识产权的类型分类，也可以按知识产权的保险性质分类，还可以按行为主体是否可以自主选择为标准分类。

（一）按照知识产权的类型分类

按照知识产权的类型，知识产权保险主要有专利保险、商标保险和著作权保险。

1. 专利保险

专利保险主要包括：专利诉讼费用保险、专利申请保险和专利许可保险。

2. 商标保险

商标保险主要包括：商标诉讼费用保险、商标注册保险、商标合同保险及海关检查进口假冒商品保险等险种。

3. 著作权保险

著作权保险主要包括：著作权诉讼费用保险、著作权合同保险及海关检查进口盗版产品保险等险种。

（二）按照知识产权的保险性质分类

按照知识产权的保险性质，知识产权保险可分为知识产权执行责任保险和知识产权侵权责任保险。

1. 知识产权执行责任保险

知识产权执行责任保险，是第一人保险，即以被保险人所享有的知识产权为承保标的，以第三人对被保险人知识产权的侵犯为保险事故的保险。此种类型的保险被称为"追击"保险，承保范围是被保险人起诉侵权人时所必须支出的诉讼费用。

2. 知识产权侵权责任保险

知识产权侵权责任保险，是第三人保险，是以被保险人侵犯他人知识产权所应当承担的赔偿责任为保险标的的保险。其承保范围是当被保险人被诉侵权时为其提供法律辩护的资金和被判承担赔偿责任时支付的损害赔偿金，这种保险类型是当今知识产权保险市场最为主要的险种。

（三）按照行为主体是否可以自主选择为标准分类

按行为主体是否可以自主选择为标准，知识产权保险可分为强制性知识产权保险和自愿性知识产权保险。

1. **强制性知识产权保险**

强制性知识产权保险，又称法定性知识产权保险，指根据有关法律法规规定，某些特定的知识产权主体不论愿意与否都必须参加的保险。因为强制性知识产权保险在某种意义上表现为行政权力对知识产权权利主体个人意愿的干预，所以这种类型的保险范围受到严格限制。

2. **自愿性知识产权保险**

自愿性知识产权保险，是指知识产权权利人作为投保人与保险公司在平等互利、等价有偿的原则基础上，通过协商一致，双方完全自愿订立保险合同，共同建立保险关系。

第三编

无形资产

第七章　无形资产与无形资产评估

无形资产评估时，明确无形资产和无形资产评估的概念和特征尤为重要。

一、无形资产概述

国际会计准则第 38 号对无形资产的定义为："无形资产是指为用于商品或劳务的生产或供应、出租给其他单位或行政管理目的而持有的、没有实物形态的、可辨认非货币性资产。"中国在 2006 年颁布的《企业会计准则第 6 号——无形资产》定义为："企业拥有或控制的没有实物形态的可辨认非货币性资产。"

美国财务会计准则委员会（Financial Accounting Standards Board，FASB）1999 年公布的会计准则认为无形资产指没有实物状态的非流动性资产（不包括金融资产），包括商誉。中国资产评估协会 2017 年制定的《资产评估执业准则——无形资产》将无形资产定义为："特定主体所拥有或者控制的，不具有实物形态，能持续发挥作用且能带来经济利益的资源。"可辨认无形资产包括专利权、商标权、著作权、专有技术、销售网络、客户关系、特许经营权、合同权益、域名等。不可辨认无形资产是指商誉。

无论是中国的会计准则和评估准则，还是美国的会计准则，对无形资产的定义都反映了无形资产的"没有实物状态""可辨认"和"非货币性（非金融性）"三大特征，但均没有严格的界定和清晰的列举。

本章涉及的是无形资产评估的相关内容，根据《资产评估执业准则——无形资产》将无形资产定义为："特定主体所拥有或者控制的，不具有实物形态，能持续发挥作用且能带来经济利益的资源。"

无形资产是客观存在的，它有一定的表现形式，之所以称为"无形"，是因为它的存在形式不具有物质实体性。无形资产是社会发展到一定阶段的产物，它代表着一个国家和企业的经济实力，对促进经济增长和社会生产力发展具有重要的作用。

（一）无形资产的特征

无形资产不是有形资产的对立物，而是一系列具有相同特征的资产的总称。无形资产的特征可概括为以下几类：

1. 非实体性

一方面，无形资产是无形的，没有实物形态，通常需要依附于如专利证书和注册商标等有形载体，与有形资产不同，它没有实体性贬值。另一方面，无形资产并不像机器设备和生产线那样直接作用于企业的生产经营过程中，而是通过特殊的形式对企业发挥作用。

2. 效益性

无形资产能够为其拥有者或控制者创造经济利益，这种经济利益在很大程度上属于超额收益。例如企业通过利用自行研发或外购的新专利技术降低人力、物力成本或提高产品产量。

3. 成本的不完整性

无形资产成本的不完整性指的是在计量和记录无形资产成本

时存在信息不完整或不充分的情况。具体来说，我国的会计准则对无形资产的初始计量有明确规定，对于企业自行研发的无形资产，可以分为研究阶段和开发阶段。无形资产研究阶段的支出，全部计入管理费用；开发阶段的支出，对于符合资本化条件的支出，计入无形资产的成本，不符合资本化条件的，计入管理费用。以上情况会造成企业的部分无形资产成本不完整，无形资产的入账价值不真实。无形资产成本的不完整性意味着在计量和记录无形资产成本时存在信息不完整、难以界定和衡量、遗漏和遗忘以及可选择性等问题。

4. 成本与价值的弱对应性

无形资产的形成、研发并不是一蹴而就的，许多专利技术的研究需要经过无数次的尝试与努力，历经无数次的失败才会取得一定的成果，研究本身具有很大的不确定性。但是无形资产的研发支出高，并不代表形成的无形资产价值高。无形资产的研发成本和价值之间并不存在某种既定的联系，成本与价值存在弱对应性。

5. 获利的不稳定性

时代在不断进步，社会也在不断发展，新技术和新工艺不断涌现，旧技术和旧工艺会因跟不上时代的步伐遭到淘汰。如随着 5G 时代的到来，原来的 3G、4G 技术已经不能满足市场需求。无形资产的这种替代性决定了无形资产的获利具有不稳定性。

（二）无形资产价值

无形资产大都是智力劳动的成果，主要是由复杂的脑力劳动创造的。从事无形资产生产的劳动力，正像马克思所说："比普通劳动力需要较高的教育费用，它的生产要花费较多的劳动时间，因此它具有较高的价值。"无形资产是无形的特殊商品，这种商品的价值归根到底在于实现或得到更多的价值，它的价值是由个别劳动时间决定的，并以它所能获得的超额利润来表现。

无形资产不存在"社会必要劳动时间"，所以其价值量也就不能用"社会必要劳动时间"来衡量。无形资产属于特殊商品，这种商品的价值归根到底在于实现或得到更多的价值。尽管无形资产自身是无形的，不具有独立的物质实体，但是一项无形资产可以通过与它相关的有形资产及其他无形资产发挥作用，如专利技术通过工人利用设备生产体现，利用企业的销售网络而在市场上交易创造价值。

（三）无形资产价值的特性

无形资产由于必须通过一定的物质载体才能表现其自身，其价值也与其物质载体的价值有不可分离的关系。无形资产的价值（即带来超额利润的能力）有其自身的特殊性。

1. **价值载体的特殊性**

无形资产的实质是企业通过各种方式得到能够进入市场获得相应利益的特权或关系，但这种特权或关系并不具有物质实体性，它虽然真实并受到法律的保护，但却不能独立存在。例如在商标交易中，购方得到的实质上是注册该商标的产品所拥有的市场销售额。因此交易的目的不是获得商标的某一实体，最终目的是为获得它所能带来的市场份额。

2. **价值具有持久性**

无形资产包括品牌价值、专利、商标、版权等，无形资产的价值往往随着时间的推移而增加，特别是在创新和技术进步的领域。并非任何无形的事物都能成为无形资产，因为无形资产首先是一种资产，那些在持续使用过程中不能带来经济利益的不构成无形资产。

3. 价值的难以计量性

无形资产的绝大多数也同企业所拥有的其他资产一样具有一个账面价值或价格，但这个账面价值或价格并没有反映其真实价值。正如企业自主研发的知识产权，其研究、开发的费用往往直接计入当期费用，而依法申请取得时发生的注册费、律师费等费用，作为依法申请取得的无形资产成本，依此入账，账面上并没有真实地反映无形资产的价值，不利于企业直观看到无形资产的价值，认识无形资产的重要性。

4. 价值的难以实现性

无形资产价值的难以实现性指的是无形资产的价值很难转化为真正的经济利益或现金流。无形资产交易的双方都是为了获取利润，因而在实际企业间的经济活动中无形资产的交易成交率非常低。这是因为卖方要获得高于无形资产的开发费用和其近期所能带来收益的价值才肯出让，而买方又要求所购买的无形资产的效益要高于它所付出的转让费，所以最终以价格表现出的无形资产价值往往与真实价值相互背离。

5. 未来经济效益具有较强的不确定性

无形资产的潜在价值可能很大，也可能很小，这种不确定性和风险性使得无形资产价值的确定很复杂。

二、无形资产评估概述

《资产评估执业准则——无形资产》中将无形资产评估定义为：资产评估机构及其资产评估专业人员遵守法律、行政法规和资产评估准则，根据委托对评估基准日特定目的下的无形资产价值进行评定和估算，并出具资产评估报告的专业服务行为。无形资产评估的内容包括无形资产评估的定义、要素、评估遵循的原则、评估价值影响因素以及评估程序。

（一）无形资产评估的要素

无形资产评估包括若干个要素：无形资产评估的主体、无形资产评估的客体、无形资产评估的目的、无形资产评估的标准、无形资产评估的原则、无形资产评估的方法、无形资产评估的依据、无形资产评估的程序。各个要素之间相互依赖、相互联系、相互制约、缺一不可，构成了一个有机的整体，从而保证了无形资产评估工作的科学性、公正性和可行性。

1. 无形资产评估的主体

无形资产评估的主体是指由谁来对资产进行评估。根据现有资产评估的办法和规定，无形资产评估目前在中国法律制度上并没有明确指定什么机构或团体可以是评估主体，但建议参照中国《国有资产评估管理办法》规定，由具有相关经验或资质的机构或团体作为评估主体较为合适。

2. 无形资产评估的客体

资产评估的客体是指资产评估的对象，是对资产评估内容上的界定。所谓资产是指国家、企业、事业和其他单位所拥有的长期控制的各种财产、债权及其他资产权利。资产可从不同角度分为流动资产、固定资产，有形资产、无形资产等类别。在中国，专利权、商标权、商誉、著作权、计算机软件、技术秘密、专营权、租赁权、信息资源等，均可作为无形资产评估的客体。

3. 无形资产评估的目的

无形资产评估一般有特定目的，无形资产评估是在各种不同的经济行为中以适应种种不同的客观需要如企业兼并、出售、出租、许可、转让、拍卖、联营、合资、合作、股份制、保险、担保、承包、破产清理、结业清理等为目的的经济行为。

4. 无形资产评估的标准

无形资产评估的标准是指资产评估计价所适用的价格标准，或在资产评估中要执行的统一价格标准。目前，国际上通用的计价标准有重置成本标准、资产现值标准、清算价格标准、可变净现值标准等。在中国，有现行市价标准、重置成本标准、收益现值标准和清算价格标准。

5. 无形资产评估的原则

无形资产评估的原则是指在无形资产评估工作过程中必须遵循的准则。具体包括：公平性原则、客观性原则、合理性原则、独立性原则、系统性原则、替代性原则、科学性原则、先进适用性原则、经济效益可靠原则、安全保密性原则。

6. 无形资产评估的方法

无形资产评估方法的选择，必须与评估的特定目的、评估标准相适应。中国通常使用的无形资产评估方法有：现行市价法、重置成本法、收益现值法、清算价格法和符合国家有关规定的合理可行的其他评估方法。

7. 无形资产评估的依据

无形资产评估工作必须遵循有关的政策、法律、制度以及需要借鉴和参考有关的信息资料。法律依据主要是国家或省、自治区、直辖市颁发的资产评估暂行条例和实施细则，以及其他有关的政策性文件。信息资料依据主要是指被评估企业或单位的资金平衡表、利润表、固定资产和流动资产申报表等，另外还包括资产评估机构自身已有的与评估相关的信息资料。

8. 无形资产评估的程序

无形资产评估工作必须按一定的程序进行，否则就会影响评估的质量。严格按照科学的程序进行评估，是减少评估工作中的误差，防止营私舞弊现象，保证评估质量的基本条件。另外，有了统一而明确的程序，才能使评估工作有计划、有步骤、有条不紊地进行，才能提高其工作效率。

（二）无形资产评估遵循的原则

无形资产的特性决定了无形资产评估不但要遵循资产评估共同的原则，即遵循公平性、客观性、合理性、独立性、系统性和替代性原则，而且要遵循自身的独特原则。

1. 适用性原则

适用性是指一项无形资产要发挥出功能所要求的具体条件。评估人员要凭借当时、当地的具体环境，包括自然条件、技术条件、社会条件和经济条件等评估无形资产，要结合这些环境因素考察它的适用性。否则，即使是最先进的无形资产，也不一定带来很好的经济效益。

2. 先进性原则

先进性是指无形资产在技术工艺等方面具有领先的水平。在对技术型无形资产评估时，应该通过相关先进技术经济指标进行考察，来反映评估对象能够对劳动生产率提高的贡献程度大小。无形资产利用效果指标，主要通过无形资产利润率、超额利润率、无形资产投资回收期和投资报酬率四个指标来反映。

3. 可靠性原则

可靠性是指所评估的无形资产技术成熟，在应用中能够发挥出预期的效益。无形资产不可靠，将会给使用者带来重大浪费和损失。因此，在对某些无形资产评估时，应看该项无形资产是否经过运用，其运用的效果如何，以便增强评估的准确性。

4. 安全性原则

安全性是指无形资产的使用应该安全、稳定、保密。首先要符合国家有关法律规定，合法而无害。其次无形资产涉及的技术秘密、商业秘密等极易扩散，且一经扩散就失去了生命力。所以要求评估人员必须严守秘密，遵守职业道德和行业纪律。

5. 科学性原则

科学性是指对无形资产评估的结果要符合客观实际，不能造成评估的任意化和主观化。

（三）无形资产评估价值影响因素

评估人员在深入了解无形资产评估价值影响因素后才能更好地估量无形资产的实际价值。无形资产评估价值影响因素有无形资产的形成成本、无形资产的寿命期限、无形资产的使用价值和无形资产的科学价值等。

1. 无形资产的形成成本

与有形资产一样,无形资产的形成也具有成本,只是其成本不像有形资产那样清晰、容易计算。一般来说,无形资产的形成成本是指无形资产的设计、科研、试制成本,申请法律保护支付的费用及其他费用。

2. 无形资产的寿命期限

无形资产的寿命期限是指无形资产在法律上享有的保护期限或对某一企业可利用的期限。如专利权、版权、商标权可指定为法律上享有的保护期,也可指在许可、转让时针对某一企业可利用的期限。对于专有技术、专营权、土地使用权、厂商名称、租赁权等通常适用于后者,也就是许可给某一企业可利用的期限。

3. 无形资产的使用价值

无形资产的使用价值是指无形资产在企业中的效用大小的价值,效用大小决定无形资产的效用价格。但该使用价值应结合无形资产的评估目的,结合与针对使用该无形资产的企业的生产管理水平与能力进行评估,若偏离了这一点,则可能造成其评估出来的价值和价格使企业不能接受。

4. 无形资产的科学价值

无形资产的科学价值是指某一项无形资产在科学上或社会上的应用价值。通常无形资产的应用所产生的经济价值一般都远远偏离其形成时的成本价值。当其应用时为企业所产生的经济价值远高于其形成时的成本价值时,则该项无形资产评估价值较高;反之则较低。此外,无形资产的科学价值还应考虑到该项资产给社会所带来积极的非货币效益因素。因此,科学价值因素在估算无形资产价格中是一个极其重要的因素。

5. 同行业无形资产的评估标准、依据和水平

同行业无形资产的评估标准、依据和水平是确定同类无形资产价值时所参考的一个因素。无形资产评估价值的高低与运用该资产的企业所在行业直接相关,在具体评估时还应该分析比较同行业的有关资料,更紧密地结合影响该无形资产的外部因素如该技术的发展趋势、市场供求关系、企业内部情况等来作出正确的价值评估。它主要包括以下三方面:

同行业的同类或类似无形资产的价格水平和评定估算依据;

对未来收益折现的行业基准收益率;

行业平均资金利润率等比率。

对同行业有关情况的研究对比,可帮助合理确定评估价值。

6. 技术成熟程度

任何一项科学技术成果存在发展—成熟—衰退的过程,在无形资产的评估中,科学地把握该项无形资产的技术成熟程度,对准确估算其价值十分重要。对工业化开发程度较高、技术成熟,运用该技术成果的风险就越小,其评估价值就越高;若该技术成果工业化开发程度较低,应准确分析其成熟程度,预测其运用过程的风险性,对其评估值作相应的修正。

7. 无形资产的市场供求

市场供求因素包括无形资产市场供求状况及无形资产的适用程度,二者相互关联。一般情况下,无形资产的适用程度越高其市场需求可能越大,因此评估值就越高;若适用程度越低则市场需要的可能就越小,故评估值就相应较低。

（四）无形资产评估程序

无形资产评估通常需要确认无形资产和明确评估目的，依据现行法律法规，遵照科学、客观、认真负责的原则，开展无形资产评估。

无形资产评估一般程序如图 7-1 所示。

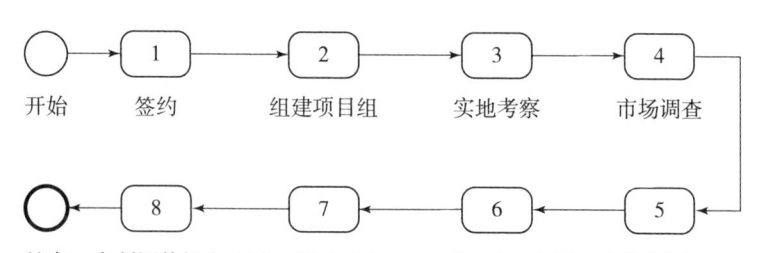

图 7-1 无形资产评估流程图

流程：开始 → 1 签约 → 2 组建项目组 → 3 实地考察 → 4 市场调查 → 5 设计数学模型 → 6 专家委员会讨论 → 7 通报客户评估结果 → 8 印制评估报告 → 结束

1. 签约

评估前客户需要与本公司签订协议，就评估范围、目的、基准日、收费、交付评估报告的时间等多项内容达成一致意见，正式签署协议，共同监督执行。

2. 组建项目组

视评估项目大小、难易程度，组成由行业专家，评估专家，经济、法律、技术、社会、会计等方面专业人员参加的项目评估组，实施项目评估，项目组实行专家负责制。

3. 实地考察

项目组深入企业进行实地考察，了解企业的发展变化，如经济效益、市场前景、技术生命周期、设备工艺、经济状况等，查验各种法律文书会计报表，听取中层以上领导干部汇报。

4. 市场调查

采用现代手段在不同地区、不同经济收入的消费群体中进行调查。有的评估工作还要进行国际市场调查，取得评估的第一手资料。

5. 设计数学模型

采用国际上通行的理论和方法，根据被评估企业实际情况设计数学模型，科学确定各种参数的取值，并进行计算机多次测算。

6. 专家委员会讨论

专家咨询委员会论证评估结果，专家咨询委员会必须有三分之二以上人员出席，必须有行业专家出席，有半数以上专家无记名投票同意后，评估结果才能获准通过。

7. 通报客户评估结果

将评估结果通报客户，客户付清评估费用。

8. 印制评估报告

将评估报告送达客户。

第八章　无形资产内容

无形资产一般包括专利权、专有技术、科技成果、专营权（特许权）、商标权、著作权、计算机软件、租赁权、土地使用权、商誉、商业秘密、商业信誉、服务标记、厂商名称、客户名单、销售网络、信息资源、员工素质、管理经验，以及企业所处环境等。依照中国的法律和政策规定，并参照国际惯例，无形资产的基本内容应包括专利权、商标权、著作权、专有技术、专营权、商誉、租赁权、土地使用权、其他无形资产（开办费、企业人员素质、信息资源）等。

无形资产可以从不同的角度进行分类，按不同的分类方式可将其划分为不同的类型。无形资产的分类情况见表8-1。

一、知识产权价值影响因素

知识产权的法治概念是基于创造成果和工商标记依法产生的权利的统称。最主要的三种知识产权为著作权、专利权和商标权，其中专利权与商标权也被统称为工业产权。分析知识产权价值的影响因素有助于合理客观地评估知识产权价值。知识产权价值的影响因素因知识产权的具体类型不同而略有不同，下面重点梳理专利权、商标权和著作权的价值影响因素。

表 8-1 无形资产分类情况

分类形式	分类	包括范围	说　　明
无形资产分类			
按是否可确指分类	可确指无形资产	专利权、商标权、版权、专营权、物产权、专有技术、土地使用权	可个别取得，能独立存在的无形资产
	不可确指无形资产	商誉	不能个别取得或无法独立存在的无形资产
按使用期限分类	有期限无形资产	专利权、版权、租赁权、土地使用权、专营权等	依据法律、合同或无形资产本身的性质来确定
	无期限无形资产	商标权*、商誉、专有技术	法律、合同对期限无规定，"*"表示商标权也可有期限
按来源分类	自创无形资产	专利权、商标权、商誉、专有技术等	自身努力获得的或因客观原因而形成的无形资产
	外购无形资产	专利权、商标权、专有技术专营权、土地使用权等	以一定代价从外单位购入的无形资产
按是否纳入企业核算分类	纳入企业资产核算	专营权、专利权、租赁权	企业已入账无形资产，主要是指从外购入或自创而成本较高的无形资产
	未纳入企业资产核算	商誉、商标权等	企业自创而所耗成本不是较高的无形资产
按内容分类	知识产权类	专利权*、商标权*、计算机软件*、专有技术、著作权*	"*"表示有法律保护的
	关系类	销售网络、客户名单、员工素质、管理经验等	通常属于商业秘密，可用反不正当竞争法保护
	权利类	土地使用权、专营权	—
	其他类	商誉	—

资料来源：杨为国，《无形资产评估与实务》，湖北人民出版社。

（一）专利权价值影响因素

影响专利权价值的因素包括法律、技术和产业三个维度。

1. 法律因素

专利权是依法而获得的权利，而相关法律规定不仅确定了保护对象、保护期限及相应权利，而且对权利的获得及要求均作了详细的规定，这些不仅决定了专利资产的法律特性，同时对专利资产的价值有着显著的影响。影响专利资产价值的法律因素包括：专利权的稳定性、不可规避性、依赖性、专利侵权可判定性、有效期、多国申请、专利许可状态。

2. 技术因素

技术因素主要包括专利技术的创新程度、专利技术的发展阶段和专利技术的竞争优势等。其中，专利技术的创新程度越高，技术越复杂，其技术诀窍越不易被分析、试验、模拟，且在技术实施过程中存在的关键技术诀窍越多，则该专利技术越具有竞争优势，因此价值也越大。

3. 产业因素

第一，产业化难易程度。对于尚未投产的专利而言，取决于该技术可进行产业化的难易程度，实施的条件要求是否苛刻。进行产业化越容易，实施专利技术越容易推进，专利实施的可能性就越大。

第二，产业化程度，即现有的产业规模化水平。它取决于专利技术的产业化进程情况，相关工艺、技术标准、质量标准、检测手段及标准的配套程度。

第三，国家政策适应性，即该技术实施所在的产业与国家产业政策一致性。只有专利与国家产业政策一致起来，才会得到国家及地方的支持，该项专利才会迅速形成产业，越是国家鼓励发展的行业，技术实施的价值越能较快地发挥出来。

第四，产业应用范围（市场容量）。主要是指专利技术产品现在和未来可能应用领域（产品）的大小，应用的范围越宽广，其价值发挥的程度和范围越大。

第五，市场（消费）需求。市场需求的增加可以直接提升专利权的价值，市场越需要的专利产品，其中技术所体现的价值就越大。产能过剩、没有市场需求或需求很小的专利产品，可能导致某些专利权价值的相对降低。

（二）商标权价值影响因素

商标权价值影响因素来自商标使用年限、商标本身价值、商标市场影响力、申请类别和稳定性等五个维度。

1. 商标使用年限

商标自申请之日起十年内有效，如想继续使用可在到期前一年做好续展工作。商标要长期使用，连续三年不使用的，会有撤销的风险。越想商标使用寿命长，越要早注册，这样其对市场的影响力就越大，价值也越高。

2. 商标本身价值

商标注册量可以在一定程度上反映商标的市场价值和受欢迎程度。商标注册量的增加可能意味着品牌知名度的提高，当消费者对某个品牌或商标非常熟悉并认可时，更有可能选择购买该品牌的产品或服务。

3. 商标市场影响力

市场需求和趋势对商标的价值有直接影响。商标使用期间，随着产品或服务的出售，对市场上的消费者产生一定的影响，当市场对某些产品或服务的需求增加时，与该产品或服务相关的商标往往会获得更大的价值。同样，当市场趋势发生变化时，商标的价值也可能随之改变。

4. 商标申请类别

商标规定很严格，有些名称就不能作为某一类别产品的商标（如单独注册一个普通词语"苹果"来指代苹果公司的商品）。商标注册一共有 45 类，相同的名字在不同类别注册的难易程度不同，因此其商标的价值也会受到一定影响。

5. 稳定性

一是商标的使用寿命。商标使用寿命越长，反对商标的可能性越小，稳定性越高。二是商标审查流程。商标审查的稳定性是指商标在审查过程中得到的审查结果的稳定程度。持有人可以通过遵循适用法律和准则、提供准确的事实和证据，并与专业的商标代理人合作，来提高商标审查的稳定性，并且在商标注册后仍需要积极进行商标维护和保护，以确保商标的权益和稳定性。

（三）著作权价值影响因素

著作权价值影响因素较为复杂，可以总结为三个主要类别。

1. 与作者和作品本身相关的因素

作者业内影响力、以往作品等。作品创作完成时间、首次发表时间、复制、发行、出租、展览、表演、放映、广播、信息网络传播、摄制、改编、翻译、汇编等使用情况。作品的类别，包括文字作品、口述作品、音乐、喜剧、曲艺、舞蹈、杂技艺术、美术、建筑作品和摄影作品，电影作品和以类似摄制电影的方法创作的作品，工程设计图、产品设计图、地图、示意图等图形作品和模型作品，计算机软件等。作品的创作形式，包括原创或者各种形式的改编、翻译、注释、整理等。作品的题材类型、体裁特征等情况。

2. 与作品成本费用相关的因素

著作权版权登记情况。相关权利在时间、地域方面的限制以及质押、诉讼等方面的限制。作品的创作成本、费用支出。以往的评估和交易情况，包括转让、许可使用以及其他形式的交易情况。著作权版权权利维护方式、效果，历史维护成本费用的支出情况。

3. 与作品权益变现相关的因素

相关行业政策和作品所在市场发展状况。作品的使用范围、市场需求、经济寿命，同类版权的竞争状况。作品使用、收益的可能性和方式。同类作品近期的市场交易及成交价格情况。

二、专有技术价值影响因素

专有技术是指具有秘密性质的技术知识和技术经验或其积累，所有这些都是在实用中实现或施用某些技术以单独或联合达到工业生产目的所必要的。非专利技术又称专有技术、技术秘密，是指未经公开、未申请专利的知识和技巧，主要包括设计资料、技术规范、工艺流程、材料配方、经营诀窍和图纸、数据等技术资料。

（一）专有技术的特性

专有技术是一种技术，但又不是一般的技术，与一般技术相比，其特性主要体现在四个方面：

1. **实用性**

专有技术必须是一种成熟技术。能够在生产实践过程中操作，它才有存在价值，不能操作的技术不能称为专有技术。

2. **新颖性**

专有技术所要求的新颖性不是专利技术的新颖性。专有技术并非必须具备独一无二的特性，但也不是任何人都可以随意得到的。其新颖主要体现在它的技术先进性，即在同类技术中的领先程度。

3. **获利性**

专有技术必须有价值，能够给企业带来超额利润或竞争优势。专有技术的获利性主要体现在专有技术对企业的贡献率上。

4. **保密性**

资源一般都具有稀缺性，专有技术作为一种知识资源要保持它的稀缺性就必须采取一定的保密手段。

以上四种特性中最主要的是获利性和新颖性。获利性主要表现在专有技术在价值创造中的贡献率不仅高于有形资产，而且高于一般技术等无形资产；新颖性，主要表现在专有技术和同类技术相比，处于领先水平。

（二）专有技术价值影响因素

专有技术的价值主要体现在专有技术作为一种特殊的商品可以交易，使专有技术拥有者的劳动得到补偿和实现；同时专有技术作为一种生产要素与其他生产要素相互作用，从而提升产品的市场价值，使专有技术拥有者获得超额利润。

1. 使用期限

专有技术作为一种知识、技能、技巧，虽然自身不会失效，但却会因为技术进步、市场变化等使其丧失或减少使用价值。

2. 预期获利能力

专有技术具有使用价值和价值，使用价值是专有技术本身应具有的，而专有技术的价值则在于专有技术的使用所能产生的超额获利的能力。

3. 市场供求状况

专有技术或专有技术服务的价格也取决于市场供求状况。市场需求越大，其价格越高，反之越低。

4. 领先程度和成熟程度

从专有技术自身来说，一项专有技术处于同类技术数一数二的位置，就可以形成垄断价格；一项专有技术成熟程度和可靠程度越高，其成本越低，获利空间越大。

5. 专有技术的开发成本

专有技术的开发成本对其价值有一定影响，正确评估和规划专有技术的开发成本，并将其与技术的商业化潜力和市场需求相匹配，是确保专有技术能够创造价值和获得回报的关键。

第九章 无形资产评估方法

无形资产评估是根据特定目的，遵循公允、法定标准和规程，运用适当方法，为资产业务提供价值尺度的行为。实际操作中，无形资产的评估一般分为三种，市价法、收益法和成本法。市价法，该法根据市场交易确定无形资产的价值；收益法，此法是根据无形资产的经济利益或未来现金流量的现值计算无形资产价值；成本法，该法是计算替代或重建某类无形资产所需的成本。

一、成本法

成本法是通过估测被估资产的重置成本，以及被估资产已存在的各种贬值，并将其从重置成本中予以扣除后而得到被估资产价值的评估方法。该法是计算替代或重建某类无形资产所需的成本。适用于那些能被替代的无形资产的价值计算，也可估算因无形资产使生产成本下降，原材料消耗减少或价格降低，浪费减少和更有效利用设备等所带来的经济收益，从而评估出这部分无形资产的价值。但受某种无形资产能否获得替代技术或开发替代技术的能力以及产品生命周期等因素的影响，无形资产的经济收益很难确定，此法在应用上也受到限制。

(一)成本法计算公式

用成本法评估无形资产,其基本公式为:

无形资产评估值 = 无形资产重置成本 × (1 - 贬值率)　(9-1)

无形资产重置成本是指在现时市场下,重新创造或购置全新无形资产所耗费的全部货币性支出的总额。由于企业无形资产的来源不同,其重置成本的成本项目、评估方法和影响因素亦不同。无形资产重置成本主要包括自创无形资产重置成本和外购无形资产重置成本。

1. 自创无形资产重置成本

自创无形资产重置成本的确定一般可采用以下几种方法:

账面历史成本法。自创无形资产有账面历史成本时,可以以账面历史为基础,乘以相应的物价指数求得重置成本。

$$重置成本 = 无形资产历史成本 \times \frac{评估时物价指数}{自创时物价指数} \quad (9\text{-}2)$$

核算法。核算法是以现行价格水平和费用标准计算的无形资产研发过程中的全部成本费用(包括直接成本和间接成本)加上合理的利润、税费确定无形资产的重置成本,其公式为:

无形资产重置成本 = 直接成本 + 期间费用 + 合理利润　(9-3)

式(9-3)中,直接成本是指无形资产研发过程中实际发生的材料、工时耗费支出,一般包括材料费用、科研人员工资、专用设备费、咨询鉴定费、协作费、培训费、差旅费和其他有关费用。期间费用是指创建无形资产过程中分摊到该项无形资产的费用。

期间费用＝管理费用＋销售费用＋财务费用。合理利润，是指以无形资产直接成本和间接成本为基础，按同类无形资产平均成本利润率计算的利润。

市场调整法。当市场中存在与自创无形资产相似的无形资产交易时，可按市场同类无形资产的交易价格，以及按自制成本与售价的一定比率进行调整，求得自创无形资产的重置成本，其公式为：

无形资产重置成本＝同类无形资产市价 × 成本售价系数 （9-4）

式（9-4）中，成本售价系数可根据本企业有代表性的已出售无形资产的自创成本与售价的加权平均比率求得。

倍加系数法。对于投入智力较多的技术型无形资产，考虑到科研劳动的复杂性和风险，可以采用倍加系数法估算无形资产重置成本，其公式为：

$$重置成本 = \frac{C + V\beta_1}{1 - \beta_2} \times (1 + L) \qquad (9\text{-}5)$$

式（9-5）中，C 表示无形资产研发过程中的物化劳动的消耗；V 表示无形资产研发过程中活劳动的消耗；L 表示无形资产的投资报酬率；β_1 表示研究人员创造性劳动倍加系数；β_2 表示进行科研的平均风险系数。

2. 外购无形资产重置成本估算

外购无形资产重置成本包括购买价和购置费用两部分。一般企业都有无形资产购置的原始记录资料，即使无账面记录资料，亦可找到市场同类无形资产的交易价格资料。由于掌握资料的条件不同，外购无形资产的重置成本的确定方法通常有以下两种：

物价指数法。有账面记录资料时，采用物价指数法，它是以无形资产的账面历史成本为依据，用物价指数进行调整，进而估算其重置成本。其公式为：

$$无形资产重置成本 = 无形资产账面成本 \times \frac{评估时物价指数}{购置时物价指数} \quad (9\text{-}6)$$

按物价指数确定重置成本时，关键是物价指数的确定。从无形资产成本构成来看，主要有两类费用，一类是物质消耗费用，一类是人工消耗费用，前者与生产资料物价指数相关度较高，后者与生活资料物价指数相关度较高。需要利用现代科研和实验手段的无形资产，物质消耗的比重就比较大。在生产资料物价指数与生活资料物价指数差别较大的情况下，可依据两类费用的大致比例按结构分别适用生产资料物价指数与生活资料物价指数估算。两种价格指数比较接近，且两类费用的比重有较大倾斜时，可按比重较大费用类适用的物价数来估算。

市场类比法。有市场同类无形资产的交易价格资料，采用市场类比法。评估无形资产重置成本时，若无该项无形资产的账面历史成本资料，可搜集市场同类无形资产的交易价格资料，并根据无形资产的功能以及技术先进性和适应性进行调整求得现行购买价格，然后根据被估无形资产的实际情况和执行标准，按购买价格的一定比例，确定无形资产的购置费用。其公式为：

$$无形资产重置成本 = 无形资产现行购买价格 + 无形资产现行购置费用 \quad (9\text{-}7)$$

3. 成新率估算

对于无形资产来说，重置成本法评估的是无形资产的重置成本净值，其数额是由无形资产重置成本和无形资产的成新率决定的。而无形资产成新率又是由无形资产的损耗决定的。因此，确定无形资产的成新率，必须研究无形资产的损耗。

无形资产的损耗是指由于无形资产的使用、技术进步以及企业外部环境的变化而引起的无形资产价值的降低，通常可以分为无形资产时效性贬值、功能性贬值和经济性贬值三种情况。无形资产时效性贬值通常是指由于无形资产的使用，其尚可使用年限减少而引起的。无形资产功能性贬值是指由于技术进步，拥有该项无形资产主体的垄断性减弱，其获得垄断利润的能力降低。一般来说，技术进步越快，无形资产更新的时间越短，则其功能性贬值越高。无形资产经济性贬值是由于企业的外部环境变化对企业产生不利影响而引起的，如国家的政策、企业之间的激烈竞争等。

在实际评估业务中，对无形资产贬值的确定，是根据三种贬值因素的综合成新率测定的。其公式为：

$$无形资产综合成新率 = \frac{剩余使用年限}{已使用年限 + 剩余使用年限} \times 100\% \quad (9\text{-}8)$$

其中，已使用年限较易确定，剩余使用年限，指无形资产能够为经营主体带来超额收益的年限，但是它不是指法定保护年限。

在实际评估业务中，尚可使用年限可以采用下列方法确定：

一种是专家对经济寿命预测法。该方法是通过聘请有关技术领域的专家，对被评估无形资产技术的先进性、适用性以及技市场的发展趋势进行预测，从而确定无形资产的尚可使用年限。

另一种是技术更新周期法。该方法是根据同类无形资产的技术更新周期，确定被评估无形资产的更新周期，从中扣掉无形资产已使用年限，便可得到无形资产的尚可使用年限。

（二）重置成本法

重置成本法是指在资产评估时，按被评估资产的现时完全重置成本，减去应扣损耗或贬值，来确定被评估资产价格的一种方法。具体来讲，就是根据重新购置与被评估资产相同或类似的全新资产的全部重置成本在现行市价条件下所需的费用，在此基础上扣除被评估资产因为使用、存放和技术进步及社会经济环境变化而产生的对资产价值的影响，从而按现行市价及其新旧程度得出被评估资产的重估价值。

在使用重置成本法评估无形资产时，同时也要考虑到无形资产的以下一些特性：有些无形资产不具有可类比性，即无法模拟当初购置时所需费用。有些无形资产不具有可辨认性，而是依赖于有形资产存在。历史成本信息是该项无形资产取得时的全部信息，而且历史成本原则是最基本的计价原则，因此，历史成本应该在重置成本中有所体现。无形资产在使用过程中，不仅仅存在价值的损耗，为了维护其先进性和垄断性，必然要投入大量的人力、物力、财力。而这一点在重置成本中体现得不明显。因此，可将无形资产重置成本法改为：

无形资产评估值 = 历史成本折现值 + 使用过程中价值积累 − 使用过程中价值损耗　　　　　　　　　　　　　（9-9）

有些无形资产可单独存在，有些无形资产依附于企业不能单独存在，因此可将无形资产划分为知识型与整体型两类进行评估。

1. 知识型无形资产

知识型无形资产，包括专利技术、专有技术、著作权等，均以知识为价值主体，其评估的公正性体现在投入知识价值的客观计量上。按照重置成本评估方法，其价值总量包含历史成本的折现值，使用过程的投入积累和对于被淘汰技术成分的价值剔除。

历史成本的确定。对于外购无形资产，如专利、专有技术等，除了直接反映其购置费的账面价值外，对于在培训、消化、改进等试运行过程中的投入也应计入历史成本之中。这些投入保证了被引进技术能够适应生产环境，发挥效能，使得无形资产价值得以确立。

对于自创无形资产，其历史成本则一般包括开发研制费中的研制人员的工资、奖励费用、物资消耗费、仪器设备使用费、技术培训费、信息资料费、调研咨询费、评审鉴定费、试运行费等。由于开发研制费中通常还包含设备购置费，这部分费用经资本化转为固定资产价值，因此应从自创无形资产的初始投入中剔除。

使用投入的确定。这类投入分布于从初始购入（或自创）至评估时的全过程，可考虑按照不同的阶段予以确定。比如在重大的技术改造、设备更新、产品升级过程中，将容易计量的有形的固定资产投入从总体投入中分离出来，而将剩余部分作为无形资产处理。实际操作可从以下三个方面着手。第一，技术投入维护。为保持专有技术的先进性和垄断性而投入的技术维护费，可从设备更新改造和产品更新换代的总投入中予以分离，分离的比例可视其技术难度和水平而定。第二，开拓功能维护。依据设备状况而对原技术资产予以改进，从而拓展其功能。所增加的资产价值，可以拓展功能的实际投入为基础予以确定。第三，适度规模投入。在生产规模扩大过程中，为使专有技术适应新的规模，必然伴随知识和物资的投入，其价值可以参照规模扩大的比例予以确定。以上所有的价值量，最终都要转化为评估时的现值。

使用过程中的损失。它包括技术性贬值和功能性贬值，其中技术性贬值是指技术进步中出现了性能优越的新资产，使得原有技术部分或全部失去使用价值而造成的贬值；功能性贬值是指在实际运行过程中，发现自制或购买的无形资产如专有技术存在功能性障碍，或与现有设备水平难以匹配，无法实现预期功效而导致的价值损失。

2. 整体型无形资产

整体型无形资产，是指以企业整体为荷载的无形资产，如商标、商誉等，它们可以为企业提供未来的经济利益和超常的预期收益。之所以能够这样，是由于企业具备多方面的优越条件，包括有利的经营关系，良好的管理方法，优良的职工素质，和谐的内部关系，优越的地理环境，完善的销售网络，畅通的资金渠道，高度的企业声望等。而这些条件的获得来自诸多方面超常投入的长期积累，既存在物资的投入，也包括知识的投入，如广告宣传、职工培训、调查研究、收集情报、建立销售网络、开辟信息渠道等。

商标。在商标使用过程中，其价值变化量包括产品宣传、企业形象、质量检测、管理咨询、市场调查、战略研究等项耗费的累积。同时，企业收益的增长率，还将影响企业商标的价值增量，如果出于某种原因，企业整体声誉受损，市场占有率萎缩，企业经济收益降低，则商标的价值应当从投入价值中扣减适当的份额。因此，商标价值应等于历史成本折现值与使用过程中价值变量之和。其中，历史成本可用企业开办费和产品试制费予以计量。

商誉。商誉是一个由多方面因素，如企业的组织机构、人员素质、经营历史、地理位置等共同作用所形成的不可辨认的无形资产，它依附于企业整体而存在，其价格只能通过企业整体来体现。它在数量上表现为企业总体资产与其单项资产价格之和的差额，实际上也可以是企业收益与按行业平均收益率计算的企业收益之间的差额的本金化价格。商誉价格的计算结果，可以是正数，也可以是负数。商誉价格是正是负，微观上取决于企业整体资产是大于或小于企业单项资产之和；宏观上则取决于企业收益额是大于或小于按行业平均收益率计算的收益额。

西方学者有的倾向于把商誉价格看成企业整体资产与企业单项资产之和的差额，从而主张用残值法来确定商誉价格，即商誉价格等于购价与所得净资产现值之间的差额；有的倾向于把商誉价格看成企业收益与按行业平均收益率计算的企业收益之间差额本金化价格，从而主张用超额收益法来确定商誉价格。用公式表示如下：

$$商誉价格 = \frac{企业预期年收益额 - 企业单项资产价格之和 \times 行业平均利润率}{适用年本金化率}$$

(9-10)

或

$$商誉价格 = \frac{企业单项资产价格之和 \times (企业预期收益率 - 行业平均利润率)}{适用年本金化率}$$

（9-11）

其中，企业预期收益率＝企业预期年收益额 ÷ 企业单项资产价格之和 × 100%。

该公式只适用于经营状况较好、超额收益比较稳定的企业，而对于超额收益不稳定的企业，应改为按超额收益折现法来计算。计算公式表示如下：

$$商誉价格 = \sum_{i=1}^{n} S_i (1+r)^{-i} \quad (9\text{-}12)$$

式（9-12）中，S_i 为第 i 年企业预期超额收益，r 为折现率，$(1+r)^{-i}$ 为折现系数，i 为预期的年份，n 为预期超额收益的年数。

（三）评估程序

利用成本评估无形资产时，主要按照以下几个步骤进行：

估算其重置全价。被评估资产一经确定即应根据该资产实体特征等基本情况，用现时（评估基准日）市价估算其重置全价；

确定被评估资产的已使用年限、尚可使用年限及总使用年限；

应用年限折旧法或其他方法估算资产的有形损耗和功能性损耗；

估算确认被评估资产的净价。

（四）应用条件

应用重置成本法，一般要有四个前提条件：

一是购买者对拟行交易的评估对象，不改变原来用途；

二是评估对象的实体特征、内部结构及其功能效用必须与假设重置的全新资产具有可比性；

三是评估对象必须是可以再生的，可以复制的，不能再生、复制的评估对象不能采用重置成本法；

四是评估对象必须是随着时间的推移，具有陈旧贬值性的资产，否则就不能运用重置成本法进行评估。

（五）重置成本法的特点

重置成本法是国际上公认的资产评估三大基本方法之一，对于不存在无形陈旧贬值或贬值不大的资产，只需要确定重置成本和实体损耗贬值，而确定两个评估参数的资料、依据比较具体和容易搜集到，因此该方法在资产评估中具有重要意义。特别适宜在评估单项资产、没有收益以及市场上又难找到交易参照物的评估对象。与原始成本属性相比，重置成本具有以下几个优点：

一是重置成本表示企业现在获得该资产或劳务所需支付的数额。客观上是现行投入价值的最佳计量，与现行收入配比计算利润富有意义。

二是以现行重置成本与现行收入相配比，可以将资产持有损益与营业损益区分开来，提供有意义的会计信息。

三是如果要持续取得这种资产，现行重置成本就表示资产对企业的价值。

四是以各项资产现行重置成本相加的总额，比以不同时期所发生的历史成本相加的总数更有意义。

无形资产重置成本法的适用范围：在无形资产评估中，可以单独使用重置成本法的有以摊销为目的的无形资产评估、工程图纸转让、计算机软件转让、技术转让中最低价格的评估、收益额无法预测和市场无法比较的技术转让等。而更多情况是重置成本法与收益法结合使用，如用于专利权、专有技术和整体无形资产的评估。当评估价格中重置成本部分远大于收益部分时，可以单独采用重置成本法进行评估；当评估价格中重置成本部分远小于收益部分时，可以单独采用收益现值法进行评估。

同时，重置成本使用主要有以下几个问题：

一是无形资产的成本问题。以成本作为评估依据的基本条件：一是成本能够识别；二是成本能够计量。识别和计量的成本可以是被评估商品本身的成本，也可以是相同商品的再生产成本。为了排除贬值、通货膨胀等因素的影响，成本一般以再生产成本为计量对象。但是，无形资产的再生产成本不能作为计量成本的对象，其原因在于：有些无形资产不能再生产，即使有些是可以再生产的无形资产，由于其再生产的成本极低，也根本无法作为估价的依据。因此，无形资产的成本估算只能是其创造时的初始成本，即开发成本，而这种成本与无形资产带来的效益不完全对称，它只能在一定范围和一定程度上作为估价的基础。

二是在实际操作中应区别不同情况进行处理。对商誉权利类和关系类无形资产的评估，由于其成本不能识别，也不能计量，因此，不适宜用重置成本法。对标识形态类无形资产的评估：标识形态类无形资产包括商标、服务、标记、名牌等，最典型的商标，一般认为其创造成本是商标的设计费、注册登记费等，这些成本都很低，如果用成本法进行评估显然是与其实际价值相背离的。反映商标价值的主要内容应该是使用该商标所生产的商品的质量、信誉和其社会形象，因此，不适宜用重置成本法。

三是不太适用版权类无形资产的评估。版权或著作权的成本包括物化劳动和活劳动两方面的消耗。众所周知，创作作品主要靠人的智力投入，因此，其成本主要是活劳动的消耗。对于智力劳动的计量问题，以创作人员的工资和创作时间来计量显然是不合理的，工资只是一种平均价格，它不直接反映创作作品的智力劳动的价值，而且智力劳动的时间计量也是很困难的。因此，重置成本法对版权类无形资产的评估也是不适用的。

二、收益法

收益法是通过估测被评估无形资产未来预期收益的现值来判断资产价值的评估方法，即用资本化和折现的途径及其方法来判断和估算资产价值。任何一个理智的投资者在购置或投资某一资产时，所愿意支付或投资的货币数额都不会高于所购置或投资的资产在未来能给其带来的回报，即收益额。运用收益法进行评估的实质就是将资产未来收益转换成资产现值，而将其现值作为待评估资产的重估价值。这种方法被称为超额收益现值法，它较好地体现了无形资产价值的内涵，即依附于无形资产并产生相应的超额附加值。收益法的本质是无形资产未来价值的资本化过程，也是一个从无形到有形不断变化的过程，与无形资产的特性是一致的。

（一）前提条件

收益法涉及三个基本要素：被评估资产的预期收益，折现率或资本化率，被评估资产取得预期收益的持续时间。与此相应，收益法的三个基本前提是：

被评估资产的未来预期收益可以预测并可以用货币衡量；

资产拥有者获得预期收益所承担的风险也可以预测并可用货币衡量；

被评估资产预期获利年限可以预测。

（二）基本程序

采用收益法进行评估，其基本程序是：

收集并验证与评估对象未来预期收益有关的数据资料，包括经营前景、财务状况、市场形势，以及经营风险等；

分析测算被评估对象的未来预期收益；

确定折现率或资本化率；

分析测算被评估资产未来预期收益持续的时间；

用折现率或资本化率将评估对象的未来预期收益折算成现值；

分析确定评估结果。

（三）收益法评估模型

根据无形资产转让计价方式不同，收益法在应用上分为收益模式和成本—收益模式。

收益模式计算公式为：

$$无形资产评估值 = \sum_{t=1}^{n} \frac{K \times R_t}{(1+r)^t} \qquad (9\text{-}13)$$

成本—收益模式计算公式为：

$$无形资产评估值 = Y + \sum_{t=1}^{n} \frac{K \times R_t}{(1+r)^t} \qquad (9\text{-}14)$$

式中：K 为无形资产分成率；R_t 为第 t 年分成基数（超额收

益）；t 为收益期限；r 为折现率；Y 为最低收费额。

最低收费额 Y，是指在无形资产转让中，视购买方实际生产和销售情况收取转让费的场合所确定的"旱涝保收"收入，并在确定比例收费时预先扣除，有时它被称为"入门费"。在某些无形资产转让中，转让方按固定额收费时把最低收费规定为转让最低价，它也可作为无形资产竞卖的底价。

（四）收益法基本参数

收益法计算的有超额收益、折现率和收益期限三个参数。

1. 超额收益

超额收益是指被评估资产正常情况下所能得到的额外收获。无形资产的收益通常不能单独产生，而是与其他载体协同产生效益，所以，如果一个或多个无形资产与其相关联的资产的共同收益是可以分割的，共同受益与企业集体收益对比后有余额，这一余额收益就被称为超额收益。

2. 折现率

折现率，指将未来的预期获得回报通过计算换成现在价值的比率。一般来说，无形资产同有形资产相比，具有较高的风险性，主要体现在市场的激烈竞争与不稳定性以及无形资产难以保护等几个方面。目前，国内无形资产在法律制度和财务管理等方面都存在不足，这些因素导致无形资产的流动面临的风险比有形资产高。而这些风险通常在折现率中展现出来，风险性强，投资收益高，其折现率较高。

3. 收益期限

收益期限即为无形资产的"寿命限期"，是能够超额获利所持续的时间。超额收益、折现率、收益期限是收益法实行过程中重点和难点所在。收益法的数学模型似乎简单，但是仅有数学模型是远远不够的，任何数学模型的运用都需要信息资料的支持。就收益法计算公式而言，如果不能获得未来预期收益、持续时间和折现率这三个变量的数据，就无法应用该方法。反之，如果获得了这三个变量的准确数据，该方法的应用就转化为纯粹数据处理，而数据处理在今天的计算机时代相对简单。所以，收益法应用的关键在于如何取得各变量相关的信息资料，以及如何确保这些信息资料的可靠性。

（五）基本参数的选择和确定

收益法计算需要注意参数的选择。

1. 超额收益

无形资产收益额实际上是由无形资产带来的超额收益。无形资产超额收益的测算是建立在未来预期分析基础之上的，对于超额收益应注意以下几个方面：

一是注重无形资产的未来获利能力。预期收益额指未来收益，评估无形资产时对其收益的判断不仅仅只看现在的获利能力，更重要的是预测未来的获利能力。

二是收益额必须是由无形资产带来的。在实践过程中，收益的获得是由各类资产协同作用而产生的，无形资产单独不会产生收益，应该把由无形资产所带来的收益从总的收益额中分离出来。

三是成本是影响初次交易未使用过的无形资产收益的主要因素。由于对收益额的预测主要是根据过去的收益情况，因此，目前各年使用无形资产带来的收益是影响收益额的最主要因素，对于初次交易未使用过的无形资产主要受其成本的影响。

四是预测收益额时,必须考虑国家产业政策对于该种无形资产或对使用该无形资产的行业是扶持还是控制。

五是预测收益额时,还必须考虑到预测年限内企业的生产计划、销售计划、成本变动趋势、市场竞争情况、无形资产本身的先进性以及相似或相近无形资产的替代性和竞争性。无形资产未来预期收益通常采用两种表现方式,即净利润和净现金流量。以净现金流量为标准计算无形资产预期收益,在西方发达国家应用较为广泛。在中国,由于种种条件的限制,评估实务中较多地以净利润为标准计算。净利润是利润总额扣减所得税后的余额。其基本计算公式如下:

$$净利润 = 利润总额 \times (1 - 所得税率) \qquad (9\text{-}15)$$

净现金流量所反映的是企业在一定时期内现金流入和流出的资金活动结果。在数额上它是以收付实现制为原则的现金流入量和现金流出量的差额。其基本计算公式为:

$$净现金流量 = 现金流入量 - 现金流出量 \qquad (9\text{-}16)$$

2. 预期收益持续时间

在资产评估实践中,预测和确定无形资产的有效收益期限,可使用下列方法:

法律合同、企业申请书分别规定有法定有效期限和受益年限可按照法定有效期限与受益年限孰短的原则确定。

法律无规定有效期,企业合同或企业申请书中规定有受益年限的可按照受益年限确定。

法律和企业合同或申请书均未规定有效期限和受益年限的，可按预计受益期限确定。预计受益期限可以采用统计分析或与同类资产比较得出。

无形资产的有效期限应比它们的法定保护期短得多。无形资产受许多因素影响，是在科技迅猛发展的今天，无形资产的更新速度和周期加快，使其有效期限越来越短，这些在评估时都应给予重视。

3. 折现率

折现率的选择与确定，实际上是对风险进行衡量，并对承担风险所要的回报率进行量化。折现率是将资产的未来预期收益折算成现值的比率。这里应注意与资本化率的区别。资本化率是将未来永续稳定预期收益（永续年金）资本化为现值，适用于永续年金的还原。而折现率是将未来有限期内预期收益转化为现值，适用于有限期的预期收益的还原。

4. 以期望报酬率替代折现率

从收益法的公式中可以看到，折现率的细微差异，将会导致评估结果的巨大差异，因此折现率是收益法评估中最重要的参数之一。折现率是一种期望报酬率，是投资者在投资风险一定的情况下，对投资所期望的报酬率，是一种将预期收益换算成现值的比率。

一般来说，折现率应包含无风险报酬率和风险报酬率。无风险报酬率是指资产在没有风险和没有通货膨胀情况下的平均获利水平，风险报酬率则是冒风险取得报酬与资产的比率。每一种资产投资，由于其使用条件、用途、行业不同，风险也不一样，因此，折现率也不相同。无风险报酬率，一般用同期银行存款利率或者同期国库券利率表示；风险报酬率，是指超过无风险报酬率以上的投资回报率，测算起来有一定的难度。目前关于无形资产风险报酬率的主要测算方法有累加法和行业风险系数法。

（六）收益法特点

了解收益法的优、缺点可帮助评估人员更好地使用收益法进行无形资产评估。

1. **优点**

收益法在无形资产评估实务中应用最广泛，收益法能够真实准确反映企业中无形资产的资本化价值，与企业的投资决策相结合，应用收益评估的无形资产价值，易为买卖双方所接受。

2. **缺点**

无形资产收益法使用过程中未来增量纯收益的预测容易受评估人员个人主观判断和不可预见因素的影响。无形资产的价值容易过高地被估计，无形资产所依附的载体的价值容易被低估。因此，使用收益法做无形资产评估时，要求对资产价值的历史业绩、现行结构和社会经济发展趋势做出深入分析。除了评估人员具备相应的专业知识和能力外，还要有相应的信息、资料系统的支持。在所有方面都完备以后，评估人员还要有认真严谨的态度。

总体来说，收益法不仅仅是一种方法，更是一种思路、途径，所以近年来在国际评估界越来越多地将收益法改称为收益途径。目前，虽然收益法在评估无形资产价值的应用中，还存在着很多难题，可是应该看到的是其发展趋势是不可逆转的。随着中国市场机制的不断健全，市场发育的不断成熟，社会观念的转变，评估市场秩序和评估人员素质的不断完善，收益法将被广泛应用，使资产评估行业更好地与国际接轨，为中国经济发展做出贡献。

三、市价法

在市场上无形资产的交易通常是作为整个公司或部门交易的一部分来完成的，一个特定的专利或商标作为独立的财产被交易的案例较少，即使特定无形资产单独进行交易时，其价格也很少被披露。从理论上讲，如果能够找到所需要的资料，市价法是无形资产价值评估的首选方法。但由于无形资产的个别性、垄断性、保密性等特点决定了无形资产的市场透明度较低，加之中国无形资产市场不发达，交易不频繁，因此运用市场途径及其方法评估无形资产遇到诸多困难。当所需要的资料充分时，市价法对于所有类型的无形资产来说都具有可操作性、逻辑性和适应性。评估的结果可以在任何时间进行必要的调整。如果能够得到可靠的交易数据，那么市价法是最直接和最体系化的价值评估方法。

（一）市价法概念

市价法，又称市场参照物法，是指利用市场上同样或类似资产的近期交易价格，经过直接比较或类比分析以估测资产价值的各种评估技术方法的总成。市价法是以替代理论为基础，运用比较或类比的思想和方法，对资产价值进行估计的一种技术方法。从上述定义可以看出，我们必须深入研究无形资产评估市价法的使用条件以及必须考虑的误差影响，才能更加科学合理地应用市价法对无形资产做出公正合理的评估结果。市价法适用于能够在现行市场上找到交易参照物的无形资产。一般来说，在购买资产时，没有一个理性的投资者愿意支付比市场上具有相同功效的替代品价格更高的价格。

《国有资产评估管理办法实施细则》第四十条规定，现行市价法是指"通过市场调查，选择一个或几个与评估对象类似的资产作为比较对象，分析比较对象的成交价格和交易条件，进行对比调整，估算出资产价值的方法"。运用市价法要求充分利用类似资产的成交价格信息，并以此为基础来判断和估测被评估资产的价值。运用已被市场检验了的结论来评估被评估对象，显然是容易被资产评估业务各当事人所接受的。因此，市价法是资产评估中最为直接、最具说服力的评估方法之一。

（二）基本前提

通过市价法进行资产评估需要满足以下几个基本的前提条件：

要有一个活跃的公开市场；

公开市场上要有可比的资产及其交易活动；

参照物与评估对象在功能上具有可比性，包括用途、性能上的相同或相似；

参照物与被评估对象面临的市场条件具有可比性，包括市场供求关系、竞争状况和交易条件；

参照物成交时间与评估基准日间隔时间不能过长，应在一个适度时间范围内，同时，时间对资产价值的影响是可以调整的。

（三）评估方法

假设某类无形资产价值受 n 个因素影响，这些因素分别用指标 $f_1, f_2, \cdots, f_n$ 表示。若选择的参照物有 m 个，分别标号为 1，2，$\cdots$，m，待估资产的标号为 0。参照资产的市场价格分别为

P_1, P_2, $\cdots$, P_n。资产（$k \in \{0, 1, \cdots, m\}$）修正后的指标分别为 f_1^k, f_2^k, $\cdots$, f_n^k。

则待估资产与参照资产 i 相比较后的比准价格（V_i）的公式为：

$$V_t = P_i \times \frac{f_1^0}{f_1^i} \times \frac{f_2^0}{f_2^i} \times \cdots \times \frac{f_n^0}{f_n^i} \qquad (9\text{-}17)$$

式中，$\dfrac{f_x^0}{f_x^i}$ 为因素 x 的修正系数。

若采取简单算术平均法确定结果，则待估资产的评估价值（V_0）为：

$$V_0 = \frac{1}{m} \sum_{t=1}^{m} V_i \qquad (9\text{-}18)$$

（四）市价法评估过程

在活跃、公开的市场上寻找尽可能多的与评估标的相同或类似的资产作为参照物，即寻找近期交易的相似资产。

详细分析影响该项无形资产价值因素，比如交易时间、无形资产功能、市场发育情况、交易条件及供需情况等。

评估标的与参照物比较、调整，就影响价格的所有因素逐项对比打分、修订，综合评估得出结果。

如果市场评估信息不具有相关、合理、可靠和有效性，则不适用市价法进行评估。

（五）市价法特点

了解市价法的优、缺点，有助于评估过程更加严谨、可靠。

1. 优点

采用市场比较法进行评估时，要特别注意被评估资产必须确实适合运用市场比较法的前提,确定其被评估资产具有合理比较基础的类似资产作为参照物,能够收集到类似资产交易的市场信息。市场比较法是三种方法中较为客观、可理解、有效的以及运用较为广泛的方法。

2. **缺点**

市价法也存在着局限性,主要是受市场和参照物的影响较大。对于应用条件要从市价法的应用条件和无形资产评估市价法两个方面来进行思考,因此在分析时要注意两个角度的进一步比较。如遇以下情况,运用市价法评估风险极大,评估结果很难准确、可靠,第一,如果市场垄断或不活跃,交易很少或黑市交易;第二,由于每个企业无形资产所处的研发、应用、获利程度不同,超额盈利能力也不同,因此不存在可比性;第三,企业的无形资产是独一无二的,还有企业的商标、市场资产、智力资产、人力资源等不好界定,这样没办法在市场上寻找到与待评估无形资产相类似的参照物,从而加大了无形资产评估的难度。往往两家评估机构对同一品牌评估结果大相径庭的原因也正出于此,市场条件、交易情况、可比程度、方法运用、因素分析不同,甚至评估师本身判断或假设不同,都有可能导致同一无形资产评估的结果产生巨大的差异。

鉴于无形资产评估的市价法的缺陷,利用该法首先要建立健全无形资产评估标准,借鉴国际发达国家的经验,不断发展和完善金融等各类市场。其次,运用市价法评估的时候,要突破常规思路,适当结合其他的方法,深入思考、折中测算,比如考虑市场类似参照物价值、该项资产未来的获利能力等,综合验证评估结果，以其他方法的优点来弥补市价法的缺陷，这样得出的结论才能全面、准确度更高，不会出现评估结果极高或极低情况，同时也会降低评估师的职业风险。再次，加强监督管理，由各级国资和行业协会联合对无形资产评估报告进行会审，以维护所有者利益。

评估价值虽不是事实上的市场交易价值，但应最可能是市场交易价值。从总体上讲，市价法应该是代表广泛性和合理性的方法。但是如何才能克服和避免无形资产评估市价法的上述缺陷呢？从市场方面来讲，中国相关市场发育不完善，因此从某些客观因素上来讲，有些缺陷是不可避免的，从理论上来考虑如何使无形资产评估市价法的误差降到最小、最理想水平才是研究该法的终极目的。

在成本法、市价法和收益法中，收益法应该成为无形资产评估的主要方法。

四、其他方法

根据中国相关科技成果转化政策的出台，技术经纪人参与无形资产评估的程度正在逐步深化，特别是科技成果中技术评估的参与是目前评估领域内的重要组成部分，形成区别于收益法、市价法、成本法的综合技术评估方法——技术经纪方法。它是综合市场、管理、经济、成本、收益、财务、法律、环境等多维度取证和估算的一种技术评估方法。技术经纪方法在无形资产评估时应考虑七个维度。

（一）技术价值维度

在技术评价过程中，要对技术的先进性、依赖性、技术发展前景（技术推广的难易程度）、适用的范围、可替代性、成熟程度、配套技术依存程度（相关技术的配合度）、产业集中度进行全方位评估。

（二）技术创新主体和团队维度

技术创新的主体可以是高校科研机构和企业，在创新主体中，创新团队的权威性可以对技术价值产生影响，如果是该领域权威团队的技术，其以往的技术在市场上具有很好的交易记录和商业化，会对该团队后续的技术交易产生积极的影响。如果是一个权威性较低的新团队则反之。

（三）经济价值维度

技术是否商业化或产业化至关重要，如果无法将科技成果转化为商品，就无法实现其价值。现代企业基本上都在进行技术创新，应用技术发明，新产品制造，新工艺引入。企业家应用发明创造，创新生产出新产品或新工艺可以获得比市场上已有产品更高的利润。

（四）财务价值维度

外购的无形资产，应以实际支付的买价、手续费及其他资本性支出作为入账价值。自创并经法律程序申请取得的无形资产，应按开发过程中发生的实际成本计价，包括试验费用、模型制作费用、研制费、制图费、律师费、设计费、工资、申请登记费以及其他费用等全部支出。股东投入的无形资产，应按合同、协议约定的金额或评估确认的价值入账。接受捐赠取得的无形资产，应按所附单据的金额入账，如果无法取得单据，参照同类无形资产的市价即重置成本入账。非专利技术的计价应当经法定评估机构确认，除企业合并外，商誉不得作价入账。

（五）社会价值维度

在做社会价值维度的评估时，需考虑在创造就业、脱贫攻坚、生态文明等方面的因素，兼顾对经济、人文、生态等各方面的影响，客观认识科学技术的社会价值。

（六）法律价值维度

在确定技术价值时需要考虑专利寿命和专利保护范围。知识产权具有"法权"的专有性质，即法律因素。在法律保护期限内，越多企业应用某项专利技术，说明该项专利技术拥有广泛的许可证市场，其价值就越高。专利的法律状态、专利的预期收益期限和专利权的实施状态都会影响专利价值的评估。

（七）外部环境价值维度

社会的发展，地区经济科技水平和稳定性等外部环境因素都会对无形资产的评价和交易产生影响。

第十章　无形资产评估风险及防范

无形资产是一种非货币性资产，因为其特殊的含义，所以在评估无形资产的时候，会伴随着一定的风险。

一、无形资产评估风险

随着中国经济的飞速发展，无形资产越来越成为企业的重要组成部分。由于无形资产在评估的过程中，会受到市场经济波动的影响，故具有一定的风险性。

（一）评估对象风险

评估对象风险是指在评估过程中未能明确评估对象而造成估值存在较大误差的可能性。评估对象风险的产生，主要是由于无形资产界限不明、无形资产重叠等导致，评估人员无法确定评估对象，评估风险因此产生。知识经济时代下，新型的无形资产不断涌现，如控股权、期权、营销网络、企业文化、管理理念、域名等，这些新型无实体的资产拥有无形资产的特征，却不包含在"资产评估操作规范意见"中，在对这些资产进行评估时，界限划分不易明确。在对这些无形资产进行转让、投资以及评估时，也常因无形资产的价值不明，增大无形资产的评估难度与评估风险发生概率。

无形资产之间相互重叠，在对其评估时，会产生风险。例如：

某商标作为某集团的标志物，展现了该集团商品的品质、服务、性能等，同时，也蕴含着集团的生产水平、经营水准等，可以说，这一无形资产不仅包含了商标权，还与专利权、客户价值、网络营销等多种无形资产相互重叠。在对该类无形资产评估时，若依照"资产评估操作规范意见"内的收益法评估，其他重叠的无形资产为企业带来的利润不能当作无形资产本身的收益，需要将无形资产重叠部分进行分割，逐一确定所有资产的价值，以此保障评估的准确性。然而，在实际评估中，专业收益分割法的欠缺，统一评估标准缺乏，使无形资产评估差价很难消除，增大了评估风险。

（二）评估方法风险

评估方法风险是指在对无形资产评估过程中对于评估方法的选取及参数的确定存在偏差，导致评估值存在较大误差的可能性。目前对于无形资产评估的方法可归结为三种，即市价法、收益法和成本法。

收益法是无形资产评估的主要方法，收益额、折现率和收益期限这三个重要参数的合理确定是收益法评估的关键所在。然而无形资产未来收益受很多不确定因素的影响，评估师通常是利用过去的数据估计未来，而预测数据难免出现主观因素造成的偏差，易使收益的预测值偏离客观情况。成本法评估无形资产时，由于无形资产成本的不完整性、弱对应性和虚拟性，其重置成本的确定难度很大。有时因为无形资产的垄断性，相近参照物难以找到，加之无形资产产权交易信息匮乏，市场不成熟、不完善，评估无形资产的难度大大增加，评估风险也随之增加。

收益法在无形资产评估中存在的风险主要包括以下四项：

第一，无形资产的评估范围难以准确界定。无形资产评估的出发点就是找准无形资产的具体对象，具体问题具体分析。但是，无形资产的无实体性特点使其评估范围和对象的确定成为无形资产评估的最大难点。在进行评估的过程中，评估师以及被评估企业对无形资产的认识往往不够充分，一些无形资产忽略了其未来的获利能力，造成无形资产的虚评。

第二，无形资产超额收益的界定与测算有一定难度。造成这一问题的原因主要有以下两点：一是无形资产通常是与企业中其他有形资产相互协同才能产生收益。相互协同处于一个合作模式，才能达到共赢的效果。二是影响无形资产超额收益的因素有许多，要谨慎分析和解决这些不利因素，以确保评估工作的顺利进行。

第三，无形资产收益期限具有不确定性。确定无形资产收益的期限需要关注以下两个条件：一个是受法律保护的期限；另一个是剩余经济使用年限。不能仅仅关注无形资产受法律保护的期限，也要同时考虑其剩余经济使用年限，注意到各种细节问题，才能赢在无形资产评估的起点上。

第四，折现率的选取有一定难度。由于收益法对无形资产进行评估时需要使用折现率对未来的现金流量进行折现，采用不同的折现率将会使得同一个评估方案呈现出不一样的评估结果，折现率的细微差异都会在评估结果中体现出来，因此采用收益法进行无形资产评估时，最重要的是选取合适的折现率，一旦折现率造成偏差，整个评估系统就会出现问题，最终导致评估结果出现较大偏差，评估失败。

(三)评估人员主观风险

评估机构及人员执业风险主要是指评估机构与执业人员由于业务素质有限、专业能力不足、严重有违职业基本道德要求,从而在评估操作中结果失真,严重偏离真实情况,影响了最终使用整体评估报告的应有权益,因而受到诉讼或法律仲裁,从而产生赔偿损失或责任追究风险。在对无形资产进行评估时,中国评估机构普遍缺乏高素质评估人才,带来执业风险。具体来说,一方面,无形资产尤其是知识、技术型无形资产,具有很强的学科专业性,不了解相关专业知识就无法进行评估,而且无形资产种类多,相互间可比性低,如非专利技术和商业秘密是严格保密的,信息资料和技术经济参数的收集比较困难,加之各项无形资产发挥功能的环境制约因素不同,经济发展也使相关信息需要不断更新。这些客观因素增加了对无形资产评估的困难,也要求从事无形资产评估的执业机构和人员必须具备较高的专业水平和综合素质,否则有可能发生执业风险。另一方面,由于评估人员业务素质不足或存在违反职业道德的行为,这些原因影响了评估结果的真实性,影响了评估报告的最终权益,进而导致企业损失,甚至受到法律仲裁。

技术评估是一项非常复杂的系统工作。在评估工作中,必须综合考虑评价指标、评价流程、评价人员和评价时态等几大要素。只有这样,技术评估成果的有效性才能得以保证,进而实现对技术转移工作形成支撑的目的。对于技术评估工作来说,技术评估人员构成非常重要,对评估效果起了决定的作用。因此,技术评估工作者必须具备较高的专业素质。

（四）评估管理风险

评估管理风险是指国家授权部门在实施对无形资产评估的组织、指导、协调、监督、审查等职能时承担的风险。在对无形资产进行评估时，评估管理是评估风险的重要因素之一。

第一，在市场经济条件下，资产业务频繁，评估工作点多、面广、量大，政策性、时效性强，评估动机、需求和具体行为复杂，关系着当事各方的切身利益，而评估机构和评估人员的水平、素质又参差不齐。评估部门在开展评估无形资产工作时，组织、协调、领导、监督等各项工作一旦出现问题，将直接影响评估结果的准确性，甚至带来评估风险。虽然中国近几年进行了资产评估业的清理整顿和脱钩改制工作，使无形资产的评估管理取得了一定的成效，但目前依旧没有形成完善而规范的无形资产评估工作管理办法、相应条例和行业规范标准，行业垄断和地方垄断仍然较为普遍，出现其他一些不良现象比如通过挂靠实施业务垄断，以不正当手段承接相关业务等。这些行为有违资产评估所要求的独立性、客观性与公正性三个原则，严重干扰了行业市场的正规秩序，对于参与资产评估业务的当事方的合法权益也造成侵害，因而加大了无形资产评估过程管理环节的风险。

第二，无形资产评估的内容比较复杂，因为其不具有实体形态，仅仅根据其特征，想要确定无形资产的价值，具有一定的难度，因此就需要相关的管理部门进行评估。但是在评估管理的过程中，还是会存在一定的风险。因为评估管理风险不是以某一个时间点和时间段为基础的，而是一个个时间段相连，所以风险的大小不断变化。尤其是无形资产的种类多，评估的范围比较广，而且评估的过程中有时还会产生纠纷等。比较常见的是侵犯商标权和著作权的案例，比如一方篡改另一方的小说和剧本，另一方将一方告上法庭，这些都对无形资产造成损失，是需要杜绝的。

（五）环境风险

无形资产中的环境风险内容主要分为自然环境风险和非自然环境风险。非自然环境风险主要由法律风险和市场风险两部分构成。

1. 法律风险

无形资产评估风险的存在，对中国各行各业的发展产生了一定的影响。因此，为了保护企业的无形资产，国家逐步出台相关的法律法规，但由于中国无形资产保护和管理的经验不足，所以出台的法律在内容上还是存在一定的漏洞，无形资产的确定的法律条例也比较单一，仅仅是依据注册以及无形资产的权属等方面进行阐述和规定。比如关系到商业商标价值和属性认定的《商标法》，以及保护作者著作权和经济收益的《著作权法》。条例本身的严谨性和逻辑性还不够完善，而且由于某些条例并不是完全依照中国国情所设立的，所以法律解释和使用都比较牵强。

2. 市场风险

无形资产的评估风险，直接受到市场变化波动的影响，由于市场风险只有大小之分，而不存在没有风险的问题，所以无形资产的评估风险，需要能够在有限的手段和制度内，进行调控。比如，对市场需求的有效调控，出现通货膨胀进行的调控，以及经济结构改变的调控等，都需要国家进行调控，帮助企业和行业降低无形资产评估风险。

3. 自然风险

自然风险是无形资产评估过程中最大的风险。无论是海啸、地震、山体滑坡，还是其他灾害，都会对行业和企业的无形资产产生一定的损失，因为这些灾害会毁灭无形资产的特征，降低其本身的价值。

二、无形资产评估风险防范

随着科学技术的发展，无形资产日益呈现出多样性，使得无形资产的评估对象难以确定。加之无形资产评估过程中评估方法的选择具有不确定性，内部和外部环境使得无形资产评估面临着巨大的风险，需要采取相应的风险防范措施。

（一）明确评估对象与目的，控制评估对象风险

确定评估对象是进行无形资产评估的基础，由于无形资产的价值难以确定，准确把握评估对象还有一定的难度。只有明确评估对象、评估范围与目的，方能有效避免无形资产界限不明与重叠问题，控制评估对象风险。为了降低评估对象风险，应该加强无形资产评估的理论建设，进行深入研究和探讨，结合实践经验，综合各方面的考虑，合理界定无形资产的外延，全方位地把握评估对象。在知识经济时代，无形资产数量不断增多，内容丰富性明显增强，在对无形资产的评估范围划分时，应避免局限在传统无形资产的规范中，而应努力了解最新内容，尽可能与国际通用标准接轨，适当外延，将所有符合无形资产含义的内容包含其中，保障评估的全面与准确性。同时，应该完善评估规范细则，制定一系列基本准则和标准，统一确定评估对象的执业标准，增强其

可操作性。特别是对商誉这类特殊的无形资产给予明确的规定，让评估工作有据可循。评估人员的个人判断能力在确定评估对象时非常重要，所以还需要通过提高评估人员的执业水平和业务素质来降低评估对象风险。

（二）加强评估机构建设，重视评估人员教育

评估机构和评估人员是评估业务风险控制的关键环节。作为评估机构，首要任务是逐步而全面地加强自身的业务整顿与建设：第一，逐步完善内部的执业管理制度，加大评估执业的操作规范，健全内部评估风险监控机制。例如，在加强评估工作程序的规范方面，从开始签订资产评估业务委托书到最后撰写评估报告、管理评估档案都应有相应的制度规范。第二，树立良好的评估机构企业形象。以质量求生存、以信誉求发展，根据自身评估能力承揽业务。第三，提高评估质量和水平。创建高素质的专业队伍，只有评估知识和技能过硬，才能减少评估风险。第四，提高评估机构的风险承担能力。可以通过建立评估损失理赔制度和评估风险保障机制来增强评估机构和人员的责任和风险意识。

作为执业人员，无形资产评估业具有较强的综合性、专业性、创造性及复杂性，要求执业人员必须具备扎实的专业知识、广阔的知识视野、严谨的科学态度、丰富的实践经验和较强的工作能力等。同时，由于无形资产评估的不确定性强，需要执业人员有较高的政治素质和职业道德水平。为了有效化解和防范无形资产评估风险，必须对评估人员不断进行职能道德和业务技能的培训，不断提高他们的政治思想素质、专业水平、法律政策水平、业务能力和公关办事能力、质量意识和风险意识，从而减少评估误差，保证评

估结果的真实性和准确性。对于评估人员风险的控制可以从以下几个方面着手：一是提高评估人员的风险意识，包括对风险危害认识水平的提高和评估人员防范风险能力的提高；二是提高评估人员的职业胜任能力；三是加强对评估人员的职业道德培训，并实行严格的考核和惩罚措施；四是提高评估师的社会专业地位，培养评估师的职业自豪感，促使其提高执业水平，增强职业责任感。

（三）健全无形资产的评估管理体制

规避无形资产的评估管理风险，需尽可能健全评估管理相关体制，降低行政干预，加强政府监督，并以管理制度实现自我约束、自我管理，以此降低管理风险，提高无形资产的评估准确性。首先，从外部要促使完善无形资产评估的法律保障体系，只有相应法律法规出现，才能从根本上使无形资产评估有法可依，保障健康运行。因为无形资产评估的一系列特殊性质，尤其是无形性，需要建立完备的法律法规体系，以规范评估主体和评估过程等，使其走上更优化的道路。中国应健全相应的无形资产法律条例与保障体系，制定统一的无形资产评估管理法，明确各项无形资产的评估原则，规范具体的评估操作以及有效地约束无形资产评估师在职业操守方面的具体做法，形成一整套切实可行的规范性文件。其次，要制定统一的评估专业标准、理论指导无形资产评估操作实务；同时，还要建立行业自律性管理机构，并使其在评估管理工作中能真正行使其职责，实现行业自律。

（四）合理选择评估方法，建立无形资产评估信息网络服务体系

如前所述，这三种无形资产的评估方法由于自身存在相应的利弊，也存在不同程度的风险，所以进行无形资产评估工作时应注意根据三种评估方法的适用范围合理选择评估方法。成本法或市价法一般适用于资产特性比较简单且以成本摊销为目的的无形资产的评估；收益法一般适用于特性较为复杂，以转让为主要目标的一类资产，并且强调无形资产未来使用效果的评估。在运用该种方法时还应详细了解被评估无形资产的基本状况，加强对数据资料的收集和分析，对历史资料的真实性进行严格审查，一般基础资料应该不少于三期的历史数据。在预测未来收益时，应详细了解被评估无形资产收益产生的状况，一般预测数据不应少于五期。

  针对无形资产评估中各项经济参数和数据缺乏、评估信息资料难以取得所带来的评估方法使用风险，应建立无形资产评估信息网络服务体系。评估界可以通过技术市场和证券市场收集各种价格信息和行业信息以建立必要的信息渠道，评估机构和评估师应将职业过程中获得的无形资产成交案例及时反馈到中国资产评估协会。

第四编

知识产权转移转化

第十一章　知识产权和科技成果转化

科技成果一般是指公民、法人或其他组织，在一定时期内组织实施科学研究、技术开发、成果转化及相关科技活动所取得的具有学术意义或实用价值的重要进展和重要结果。按照《促进科技成果转化法》，科技成果转化是指为提高生产力水平而对科技成果进行的后续试验、开发、应用、推广直至形成新技术、新工艺、新材料、新产品，发展新产业等活动。简而言之，科技成果包括公有技术、专利、商业秘密中的技术秘密，专利和商业秘密中的技术秘密属于知识产权。

一、科技成果和科技成果转化

科技成果一般分为基础理论成果、应用技术成果和软科学研究成果。其中：

基础理论成果是指发现并阐明自然现象、特征、规律及其内在联系的自然科学基础理论和应用基础理论研究的科技成果，成果形式主要包括学术论文和专著。

应用技术成果是指可用于生产或指导生产的科技成果，包括可以独立应用的阶段性研究成果和引进技术、设备的消化、吸收再创新成果，成果形式主要包括新技术、新产品、新工艺、新材料、新品种、新设计、新方法、新装置、新装备、新资源及其他应用技术。

软科学研究成果是指为决策科学化和管理现代化而进行的有关发展战略、政策、规划、评价、预测、科技立法以及管理科学与政策科学的研究成果,成果形式主要包括软科学研究报告和著作等。

由于软科学成果不能直接应用于生产实际,自然科学基础理论成果转化周期较长。狭义的科技成果主要指应用技术成果,不包括自然科学基础理论成果和软科学成果。根据《促进科技成果转化法》,科技成果是指通过科学研究与技术开发所产生的具有实用价值的成果,这里具有实用价值的成果可以理解为应用技术成果和部分转化周期短的应用基础理论研究成果。

科技成果转化是一个带有中国特色的概念,与国外普遍使用的"技术转移"不同。目前中国的科研活动,特别是高校和公立科研机构科研活动的主要资助者,同时又是绝大部分高校和科研机构乃至国有企业的举办者、出资人和管理者。科技成果转化既有着市场经济条件下政府作为科研项目委托人、科研经费出资人与项目承担者、经费使用者之间的合同义务关系,也有着政府作为相关机构举办者对科研成果这类无形资产的产权归属关系。中国的科技成果转化政策沿革大体划分为四个阶段:

第一个阶段是1978—1988年,自全国科学大会的召开和科技体制改革的启动,中国共产党第十二次代表大会提出"经济建设必须依靠科学技术,科学技术必须面向经济建设"的科技发展指导方针。1985年,中共中央发布《关于科学技术体制改革的决定》,先后出台了一系列政策举措,包括建立科技成果管理体系,大力发展技术市场，恢复建立农业技术推广体系，支持科技人员合理流动（兼职取酬），设立科技计划项目（星火计划、火炬计划、国家新产品试产计划），技术转让相关的税收优惠与奖励政策等，核心是用市场而非计划手段解决科技经济"两张皮"的问题，其成效也非常明显，掀起了科技人员"下海"热潮，创办了一大批民营科技企业，出现了中关村"电子一条街"、武汉东湖科技一条街等科技企业聚集地。

第二个阶段是1988—1998年。以1993年《中华人民共和国科学技术进步法》颁布实施为标志，"依靠""面向"方针上升为法律。1995年，国务院作出《关于加速科学技术进步的决定》，提出"科教兴国"战略。1996年，《促进科技成果转化法》颁布实施。这一时期主要延续了之前的政策思路，但范围更广、力度更大，具体举措包括大力发展科技孵化器、生产力中心等科技中介机构，大力发展高新区等科技园区，实施相关专项计划如科技成果重点推广计划，科技型中小企业技术创新基金，产学研结合计划等，其成效是高新技术产业开发区、大学科技园区、校办企业蓬勃发展，技术市场交易规模不断扩大。

第三个阶段是1998—2008年。1999年中共中央、国务院发布《关于加强技术创新，发展高科技，实现产业化的决定》，2006年全国科学技术大会召开，《国家中长期科学和技术发展规划纲要》及配套政策颁布，提升自主创新能力、建设国家创新体系上升为国家战略，以企业为主体、利用市场机制，推动产学研合作成为主导政策逻辑，具体举措包括对科技产业化项目实行财政、金融扶持政策，对科研机构（应用型院所）转制为企业给予专项政策支持，对高新技术产品和企业实行税收扶持政策，实施国家技术创新引导工程、建立技术转移中心和产业创新联盟，大力发展资本市场，推动科技与金融结合。其成效使企业日益成为创新主体，基于市场化交易的技术转让、许可、投资渐趋主流。

第四个阶段是2008年至今。中国共产党第十八次代表大会提出创新驱动发展战略，将创新置于国家发展战略的核心位置，中国共产党第十九次代表大会以来加大科技体制改革力度，修订《促进科技成果转化法》(2015)，颁布《实施〈促进科技成果转化法〉若干规定》(2016)，出台《促进科技成果转移转化行动方案》(2016)，完成科技成果转化"三部曲"，推动科技成果使用权、处置权和收益权"三权下放"，提高科技成果转化的法定奖励比例，特别是个人比例，用制度手段与经济激励推动技术转移转化；先后设立促进科技成果转化引导基金、实施技术创新引导专项、推进金融对科技成果转化的支持；推进技术转移示范机构建设、知识产权服务业和科技中介机构发展，出台《国家技术转移体系建设方案》，加强专业化技术转移服务体系建设，构建科技成果转化服务平台，建立完善科技报告制度和科技成果信息系统，构建有利于科技成果转化的科研评价体系，为科技成果转化创造良好的制度环境。

二、科技成果与专利的区别

科技成果是人们在科学技术活动中通过复杂的智力劳动所得出的具有某种被公认的学术或经济价值的知识产品。除《促进科技成果转化法》外，相关单位也有专门概念界定，如《中国科学院科学技术研究成果管理办法》把科技成果界定为：对某一科学技术研究课题，通过观察实验、研究试制或辩证思维活动取得的具有一定学术意义或实用意义的结果。

专利是知识产权的一种，是指人们就其智力劳动成果所依法享有的专有权利，享有国家赋予创造者对其智力成果在一定时期内的专有权或独占权。专利的客体是智力成果或是知识产品，是一种无形财产，或说没有形体的精神财富，与房屋、汽车等有形财产一样，受到国家法律的保护，都具有价值和使用价值，而且部分高价值专利、驰名商标和畅销作品等价值也远高于房屋、汽车等有形财产。科技成果与专利都是人类创造的无形资产，两者区别主要体现在技术的法律保护、领域、规模和成熟度等的不同。

（一）技术的法律保护

对专利而言，技术专利权获得法律保护，专利权能制止未授权人仿制、使用、许诺销售、销售等，专利权人在一定时间内对技术垄断，可以进行独占实施，也可以许可、转让他人实施。

科技成果一部分来源于科研项目中申请了专利的部分，这些专利是受法律保护的部分；另一部分是作为自然规律不能申请专利保护，以及作为技术秘密不申请专利的部分。科技成果如果没有申请专利，则是没有获得法律保护的智力资源，其拥有者不享有独占实施权，无权阻止他人实施。如未做好技术实施战略和保护措施，科技成果公开之日，就是无偿奉献之时。

（二）技术的领域

专利保护客体虽然包括各个技术领域，但是各国政府从国家的安全利益和重大经济利益考虑，有些领域的发明创造暂不授予专利权，如用原子核变换方法直接获得物质，目前在中国就不能授予专利权。有些领域的发明创造，由于受自然条件的限制以及这一领域的特殊性，不能满足授权所具有的可重复再现的稳定性，因而也不能授予专利权。

科技成果涉及的技术领域比专利涉及的技术领域宽，有些领域的发明创造由于受人类个体差异性的影响，如同一种病症对于不同的人，其症状表现可能不同，这种方法的稳定性受到影响，所以疾病的诊断方法不能申请专利，但它属于科技成果。

（三）技术的规模

专利技术既可以是单位完成的生产方法、工艺方法项目、产品科研项目，产品改造、技术革新项目，也可以是个人完成的小发明创造，大到国家级大科学计划项目，小到日常生活领域的儿童推车、厨房用具、娱乐用具等，技术的规模可大可小。如一件新产品可以对应着多项专利，整机产品除了可以从整体上进行专利保护外，具有一定创新点的整机零部件也可以有单独的专利保护。

科技成果可以来源于国家、省（或部）、市政府部门下达科技攻关计划，由高校院所或企业承担完成的，可以是来源于高校院所或企业根据市场需要，制定科研计划项目、产品攻关计划项目或产品改造项目，由自身完成、合作完成或委托他人完成的，所涉及的产品一般是整机产品或圈套的零部件产品，所涉及的方法是生产产品的完整方法或完整的加工工艺，所以是相对较大的产品科研项目或是相对较大的方法科研项目。

（四）技术的成熟度

专利授权的实质性条件具备新颖性、创造性和实用性，对技术的成熟度要求不是很高。专利法只规定了申请专利的发明创造是一种技术解决方案，并没有规定这种技术解决方案所达到的技术成熟度。若专利申请人提出的技术方案只是一个原理上可行的技术构思方案，那么该专利技术的成熟度就较低；若专利申请人提出的技术解决方案，不仅在原理上可行，而且还做出了处于试验阶段的产品或者用申请专利的方法生产出了产品，或者是一个即将投放市场的产品，那么该专利的技术程度就较高。同时，正是由于专利技术可以是处于构思阶段的技术解决方案，所以具有前瞻性、先进性，公开的专利技术和专利申请技术能及时反映当前技术的发展动态、水平、趋势和某一技术领域的技术成熟度。

科技成果与专利技术相比，更关注于技术的成熟度。根据2009年发布的《科学技术研究项目评价通则》(GB/T22900—2009)，以工作分解单元的成熟程度定义技术成熟度，技术成熟度分为9级：基本原理清晰、技术方案和应用需求明确、产品方案和应用需求紧密关联并通过可行性论证、技术方案和实现途径通过实验室验证、部件/功能模块通过典型的模拟环境验证、以工程样机为载体通过典型使用环境验证、以样板机为载体通过用户仿真通过市场需求验证、以原型机为载体通过使用环境验证和试用、以产品为载体通过实际应用实现。科技成果一般需要经过实验室验证的小试阶段，有的还进行了部件/功能、工程样机、样板机和原型样机验证的中试，所以技术的成熟度相对较高。

三、技术转移

按照《技术转移服务规范》(GB/T 34670-2017)，技术转移是指制造某种产品、应用某种工艺或提供某种服务的系统知识，通过各种渠道从技术供给方向技术需求方转移的过程。该定义第一层意思是将技术界定为"制造某种产品、应用某种工艺或提供某种服务的系统知识"，可理解为应用技术成果。第二层意思是将转移限定为从技术供给方向技术需求方转移，包括技术归属权或技术使用权的转移，以及技术知识的应用与推广等，不包含同一主体内所进行的价值转移，即价值实现。技术转移包括科学知识、技术成果、科技信息和科技能力的转让、移植、引进、运用、交流和推广，是一种知识流动的行为过程，如将学术机构所研究的成果转移给企业，开发成商业化的产品，或将某一产业的技术转移至另一个产业，或跨越国际，将一国的生产技术及管理科技转移给另一国使用。技术转移可以快速减少自行研发所需的时间与金钱，将有限资源更有效地利用，以更新的科技，发展更好的产品，以维持企业或国家的优势与竞争力。

技术转移的主客体比科技成果转化的主客体涉及范围更广。技术转移可以是一项成熟的技术从甲企业转移到乙企业，也可以从甲企业的母公司转移到其下的子公司，而科技成果转化的主体中供给方特指科研院所、高等院校、国家实验室以及某些企业的研发部门等，需求方特指企业或具有相关科研机构的衍生企业，同时技术转移的客体包含有科技成果、信息、能力（统称技术成果）等。

技术转移的市场化程度高于科技成果转化。市场作为引导和调节技术转移的主要杠杆，主导和支配着成熟实用的技术及新技术、新工艺、新方法在国际或国内间进行移动，它更多地表现为一种贸易形式。相比之下,科技成果转化更多地表现为一个国家内部科技成果再分配和转化的活动,是在一个相对较小的范围内对科技成果进行专业化和实用化提升的过程。技术转移和科技成果转化两者互为因果,其作用和角色定位也是相互转化的。技术转移的过程中可能需要对科技成果进行转化,"移"是目的,"化"是手段。科技成果转化可能需要通过技术转移来实现,但是"化"是目的,"移"是手段。中国的技术转移发展大致可以分为:技术商品、技术产权、技术集成创新和技术转移联盟四个阶段。

第一个阶段是技术商品阶段。进入 20 世纪 80 年代中期,伴随科技体制改革不断深入和发展,技术开发、技术转让、技术咨询、技术服务渐渐活跃,业界和专家逐步认识到了技术不仅具有实用价值,还具有交换价值。这时,技术被比作"商品",技术转移过程被比作商品流通过程,技术转移的渠道就如同商品流通渠道被称作"商品市场"一样,技术转移的渠道被称为"技术市场"。同时全国各地的技术市场风起云涌,极大地促进了科技成果的转化,促进了技术走出科研院所和高等院校。技术产品从技术发明者、占有者向技术需要者和使用者有偿转移,实现技术成果商品化,获得了有效技术转移。在技术商品阶段,技术转移的思路通过技术市场得以实现。

第二个阶段是技术产权阶段。20 世纪 90 年代中后期以来,人们逐渐发现并研究技术作为商品进行交易、转移存在的不足。如与一般商品不同,技术商品从一开始就缺少明晰的产权关系,技术未能有效地以资本的形态参与资源的配置、参与权益的分配,在技术知识产权的界定中,处在国家、集体、个人之间难以划分、不便划分的状态。另外，与一般商品不同，通过技术市场转移的技术，或由技术供方转移的技术，从技术的诞生到成长，都面临权益融资，即吸纳资本和经营资本的问题。尤其是面对初创期的科技型企业，风险投资缺乏一个进入和退出的通道。

第三个阶段是技术集成创新阶段。进入 21 世纪初期，《国家中长期科学和技术发展规划纲要》提出了自主创新的新内涵和新思路：一是原始性创新，努力获得更多的科学发现和技术发明；二是集成创新，使各种相关技术有机融合，形成具有市场竞争力的产品和产业；三是在引进技术基础上促进消化吸收与再创新。按照集成创新的思路不难发现，技术转移是一个动态的过程，这个过程不是单向的"转移"，而更多情况下是一种双向甚至是多方的沟通、交流和转移。通过技术转移参与各方的技术、非技术交流，技术转移得以实现，实现多方共赢。技术转移活动在集成创新中体现为建立产业技术联盟。

第四个阶段是技术转移联盟阶段。当前，融合技术商品、技术产权、技术集成创新的技术转移联盟逐渐成为技术转移的主流，形成技术转移联盟的"四即"内涵：首先，联盟即机制。通过技术联盟，可以将技术、产品、应用、服务集成，形成产业技术链，将多个产业技术链布阵、联网，促进相互协作和共同发展，使技术转移活动在产业技术联盟内实现内部"无缝连接"，形成实现技术转移的一种新机制。其次，联盟即平台。技术联盟各参与方通过联盟这个平台参加各种工作，为技术转移中的信息不对称问题提供了一个信息共享的平台。联盟成员主要利用互联网平台，整合各方平台的技术力量以及相关的技术资源，通过网络，围绕各方最为关心的技术问题,开展相关的技术交流、培训、合作,为技术转移搭建一个合作共赢的平台。再次,联盟即环境。在技术联盟中,参与者一律享有平等的权利和义务,按照公平、公正、公开的原则相互合作,互惠互利。在技术交流方面开展新技术、新产品、新课题研发,联合攻关,技术交流与研讨。企业之间也可以相互交流合作。围绕专业技术、专业发展方向和专门产业的建立和发展,承担有关的研究工作,支持本行业新技术、新成果开发与转化。最后,联盟即服务。在技术联盟中,技术转移各方均从不同角度获取了各自需要的技术支持、咨询、辅导、培训等服务。通过相互间的服务,加强了技术转移各方的配合与协作,同时,技术联盟根据本行业发展的特点和需要,进行多种形式、有针对性的活动,如组织行业人才培训,人才交流,提高行业队伍素质等。这些不仅为技术转移提供了服务,也为行业各主体的发展与提高提供了需要的服务。

第十二章 技术成熟度及其应用

技术成熟度,也称技术就绪度,是指技术相对于某个具体系统或项目而言所处的发展状态,反映了技术对于项目预期目标的满足程度。技术成熟度评价,是确定装备研制关键技术,并对其成熟程度进行量化评价的一套系统化标准、方法和工具。

一、技术成熟度的起源和应用

技术成熟度的概念最早起源于美国航空航天局(NASA),20世纪70年代中期,美国航空航天局的专家首先提出了技术成熟度(Technology Readiness Levels,缩写为 TRL)的概念。90年代基本趋于成熟,目前已在国际标准化组织(ISO),美国国家航空航天局、审计署、国防部、能源部,英国和澳大利亚的国防部,欧洲太空局等部门和组织广泛应用。起初技术成熟度分为7级,1995年美国航空航天局起草并发布《TRL白皮书》,将其改为9个等级。2002年被美国国防部纳入武器采办条例中,并在2005年正式确定为9个等级:

第 1 级(TRL1),基本原理被发现和阐述;

第 2 级(TRL2),形成技术概念或应用方案阶段;

第 3 级(TRL3),应用分析与实验室研究,关键功能实验室验证阶段;

第4级（TRL4），实验室原理样机组件或实验板在实验环境中验证；

第5级（TRL5），完整实验室样机，组件或实验板在相关环境中验证；

第6级（TRL6），模拟环境下的系统演示；

第7级（TRL7），真实环境下的系统演示；

第8级（TRL8），定型试验；

第9级（TRL9）：运行与评估。

具体如下表12-1所示：

表 12-1　美国技术成熟度（就绪度）指数

	技术成熟度指数	定　义
1	TRL1：基础理论研究阶段	最初级别的技术成熟度等级，科学研究成果刚刚开始向应用阶段转移
2	TRL2：技术概念应用初期阶段	基础理论建立，开始向应用转化，但只是简单的应用初期
3	TRL3：理论分析与实验证明阶段	开始实际研发阶段，包括分析和实验研究，并开始理论验证工作
4	TRL4：实验环境下样品生产测试阶段	样品器件测试阶段，相比最终系统功能略显简陋
5	TRL5：相关环境下样品生产测试阶段	样品器件的功能增加阶段，并且可在相对接近实际应用环境测试
6	TRL6：相关环境下系统或子系统模块验证阶段	接近实际应用环境下的原型系统测试，是关键性阶段
7	TRL7：预设操作系统环境下的原型系统验证阶段	在预设好的操作环境下进行原型系统的验证工作，相比上一阶段，更接近实际应用
8	TRL8：完整系统完成与验证阶段	技术通过预期条件下的验证，通常这一阶段代表着系统进入最终完善阶段
9	TRL9：最终系统通过特殊要求条件检测阶段	实际系统在要求条件下的最终检测阶段，能够通过实际环境下的检测和验证

资料来源：根据NASA资料整理。

技术成熟度的 9 个等级中涉及科学与技术知识成果、实验、模拟与工程化、产品化等问题，一般认为第 5 个等级以后的成果具备一定的实用性，适合于进一步开发应用与转化，但产品化之后的市场化与产业化问题在技术成熟度等级中并不涉及。在美国技术成熟度广泛应用于重大项目转阶段审查、重大项目评价和企业自身评价中。

对重大项目转阶段审查。美国航空航天局在工程的初步设计评审阶段，就开始对关键技术进行技术成熟度评价，并将评价结果与最佳实践的成熟度等级进行对比，从而减少工程技术风险。2005 年，美国国会立法要求 NASA 进入重大系统开发合同的技术应达到 TRL6 级。美国国防部强调只有成熟的技术才能应用于正式采办中，美国各军兵种目前已普遍将 TRL 应用于具体采办工作中。依据美国国防部采办文件 DODI5000.02 指示、2011 版《国防部技术成熟度评价指南》和 2013 版《国防采办指南》，TRL 评价要求进一步被规范：里程碑 A（进入技术开发阶段）之前达到 TRL4 级（建议性要求），里程碑 B（进入工程与制造开发阶段）之前达到 TRL6 级（建议性要求，此前为强制性要求），里程碑 C（进入生产与部署阶段）之前达到 TRL7 级（强制性要求）。

对重大项目评价。在美国审计署（GAO）每年向国会报告重大国防项目的进展情况中，技术成熟度是评价国防项目的三个准则之一。自 2003 年开始，GAO 将技术成熟度评价作为重要的审计工具，通过技术成熟度的审查，发现项目在技术成熟方面存在的严重问题，然后采取相应的措施。如对美国某武器装备项目审查中，该项目于 1996 年开始启动并进入方案探索与关键技术开发阶段，原计划 2001 年转入工程研制与制造阶段，但在 2000 年通过 TRL 分析，发现该项目提出的 8 大关键技术达不到可以接受的 TRL 7，故建议推迟项目转入工程研制与制造阶段的时间，据此建议相关方调整采办计划。

对企业自身评价。如美国某公司非常重视对新技术成熟度的评价，并将技术成熟度水平作为企业技术发展、应用的重要标准。该公司认为只有技术的成熟度达到 TRL6 及以上才能被应用于产品中。对于该公司的产品来说，一项重要的技术从诞生到达到 TRL6 大约需要 10 年的时间，从 TRL6 到应用该技术的产品进入市场大约需要 3—6 年的时间。2003 年该公司先是对相应技术进行成熟度评价，然后对其关键技术进行分解后再次进行技术成熟度评价，发现存在的问题，以此为依据制订了 2004—2009 年该技术发展计划，并根据评价结果调整经费预算以及制定技术发展路线。

二、技术成熟度在中国的应用

2005 年，国内一些项目管理引入成熟度模型，对项目的运行进行管理。2009 年，相关部门对其中一些研制项目进行了 TRL 评估试点，并于 2010 年通过多个背景项目和装备改造项目对技术成熟度方法进行推广应用。

（一）在科技项目评价中的应用

2009 年发布的《科学技术研究项目评价通则》（GB/T22900—2009）以工作分解单元技术成熟程度定义技术就绪水平；在此基

础上，中关村科技评价研究院将技术成熟度评价等级拓展成13级标准。2012年发布的《装备技术成熟度等级划分及定义》(GJB 7688—2012)以技术满足预期装备应用目标的程度定义技术成熟度，进一步推动技术成熟度评价方法应用于科技项目评价和管理。

"十二五"以来，首先在国家重大科学仪器设备开发重大专项和国家重大科学仪器设备开发重点研发计划中期评估中采用了技术成熟度评价方法，定量评价项目初始状态及其当前所处状态，为项目中期评估提供重要支持。"十四五"开始在国家重点研发计划中探索技术成熟度评价方法，帮助项目研发团队提高研发成果的技术成熟度水平，提升研发成果物可靠性水平、加快工程化和产业化、促进成果转化和市场转化发挥作用。各级技术成熟度定义及内涵如下：

表 12-2 技术成熟度分级定义及其内涵

技术成熟度	定 义	内 涵
TRL1 理论级	观察到基本原理或看到基本原理的报道	技术成熟度最低级别；通过探索研究，得出该技术有关的基本原理；对已有原理和理论开展深入研究，提出新的理论，为应用提供基础
TRL2 方案级	形成了技术概念或开发方案	创新活动开始；基于基本原理，提出实际应用设想；此应用设想是推测性的，尚未有实验证明或详细分析支持此设想；有初步项目管理计划、质量过程管理规划等
TRL3 功能级	关键功能和特性通过可行性验证	实际技术研发开始，技术概念和应用设想通过可行性论证；针对应用设想进行了分析研究，对技术所支持的基本功能、性能、可靠性等进行了计算、分析和预测；核心功能在实验室条件下通过仿真或试验完成了分析预测的正确性评价，表明了技术方案可行

(续表)

技术成熟度	定义	内涵
TRL4 部件原理样机级	部件原理样机通过实验室环境验证	核心功能模块完成,开始进行集成,形成了部件级原理样机;进一步对部件原理样机的基本功能、性能、可靠性等进行了计算、分析和预测;在实验室完成了部件级原理样机的仿真或试验验证,结论证明其技术的可行性
TRL5 分系统样机级	分系统原型样机通过模拟环境使用验证	分系统完成,形成原型样机;分系统级原型样机在模拟使用环境中进行了仿真或试验验证;分系统级原型样机相对最终产品状态是中等技术状态逼真度的
TRL6 系统样机级	系统原型样机通过模拟环境使用验证	完成整机或系统集成,形成原型样机;系统级原型样机通过高逼真度的模拟使用环境验证;系统级原型样机相对最终产品状态是高技术状态逼真度的
TRL7 工程样机级	工程样机通过典型使用环境验证	完成工程样机,工程样机通过典型使用环境验证,通过可靠性、环境适应度、电磁兼容性等验证;可开展小批量试产
TRL8 产品鉴定级	实际系统完成,并完成了试验和演示	系统级产品通过测试和第三方验收,完成批产准备
TRL9 产品应用级	实际通过任务成功执行,可销售	系统级产品批产销售,成功交付用户完成实际任务

资料来源:根据历次国家重大仪器设备开发专项指南整理。

根据《"十二五"重大科学仪器设备开发重大专项给出的技术就绪度评价指南》《"十三五"重大科学仪器重点研发计划给出的技术就绪度评价指南》,技术成熟度评价主要从项目规划、技术状态、工艺状态、可靠性设计分析、第三方测试验证等五个维度进行考虑。

项目规划维度。技术成熟度作为一个管理工具,受项目管理水平等因素的影响,如用户对项目的关注情况、项目成本与预算分析程度、项目工作和文档的充足程度、风险管理、可靠性管理等内容。

技术状态维度。技术状态是度量技术成熟度的主要维度，是特定技术自身性能或能力的验证结果。技术状态主要包含理论形式、实物形式、知识形式，从技术角度包括硬件设计、软件设计、结构设计等；主要成果物论证、方案设计、研发，形成成套研发材料，包括硬件技术规格书、设计方案、设计图纸、评审文件、安装使用说明书；软件的需求分析、设计文件、代码文件、安装使用说明书等。

工艺状态维度。工艺状态从技术的可制造性、工艺合理性、经济可行性角度来度量项目技术成熟程度，包括对生产制造工艺、原料、生产成本、人员、管理等方面的衡量，包含了技术和工业基础、设计、材料、工艺能力与控制、质量管理、生产人员素质、生产制造管理等方面。形成成套制造材料，包括制造需求分析报告、工艺文件、生产评估报告、工艺验证报告等。

可靠性设计分析维度。产品研发过程中的可靠性设计分析工作是必不可少的一项工作。可靠性设计分析主要包括：可靠性指标论证及分配、可靠性建模与指标预计、可靠性设计准则及符合性核查、故障模式影响危害分析（FMECA）、故障树建模与分析（FTA）、建模与仿真分析、寿命分析计算等。利用可靠性设计分析工具方法，可确保研发成果物的固有可靠性得以实现。

第三方测试验证维度。产品技术成熟度是否能达到目标级别，第三方的测试验证是重要的检验。从测试的对象来看，可分为核心部件、原理样机、工程样机和产品等；从测试环境等级来看，可分为简易模拟环境、实验室可控环境、用户现场实际运行环境；从试验验证类型来看，可分为软件质量测评、安全性测试、电磁兼容性测试、环境适应性试验、可靠性强化试验、可靠性指标（MTBF/可靠度/成功率）验证、维修性（MTTR）评价、寿命验证等。

（二）科技成果转化的阶段和技术成熟度

科技成果与技术成熟度不同，技术成熟度仅从成果的实际应用价值对成果进行了刻画，而科技成果对成果科技含量仍有进一步要求。从实用性与高价值性两个方面看，科技成果应当具有一定的实际应用价值，理论研究等技术成熟度较低的成果因为无法预见其市场实用性难以成为科技成果；另外，技术成熟度达到一定水平，但科技含量较低的成果因为无法体现其高价值性而难以成为科技成果。

科技成果转化通常对应具有高实用性、高价值性成果的转化、应用与产业化的对象，初步可以划分为实验室、工程化和产业化三个阶段，与技术成熟度的级别划分有一定的对应关系。

1. 实验室阶段

对应技术成熟度 TRL1 至 TRL3 阶段。该阶段主要由高校和基础研究院所起主导研究作用，政府与公共经费起主导支撑作用。原理与概念阶段，经费主要由公共财政资助，政府通过对研究人员立项引导，对基础研究和应用基础研究资助，鼓励高校院所明确研究方向，从事长期、基础性战略研究，为国家与区域整体技术发展提供理论支撑或方向指导。大型顶尖企业在这部分略有介入，但是介入程度不高，一般通过研究生或者基础研究支持计划等为企业人才储备或战略决策提供参考，因为基础研究工作具有外溢性、公益性等特征，符合高校的非竞争特点，因此高校成为研究主力。高校主要通过个人研究支持、组建与完善研究室、实验室，提供良好的研究环境与宽松的研究氛围等，促进基本原理与技术模型的创新与发展。

进入技术成熟度 TRL3 级后，工程中心以及科技平台开始介入，但主要通过自行申请、承担研发任务以及联合高校院所承担研发任务实现技术模块实验，同时也为高校院所等机构提供设备准入与使用便利；高校院所的研究主体从研究室转向了实验室以及实验室之间的联合实验与测试，主要研究人员从基础理论研究人员转向技术开发人员。政府也从单一的科技财政研究经费支持，转向了政府财政与社会公共基金结合方式，部分学会基金进入模块实验与分系统实验阶段，而产业行业基金也从分系统实验阶段逐步开展资金支持。

伴随技术成熟度的提升，技术研发经费来源多元化，政府部门也从支持基础研究转向了技术攻关与实验室验证，通过科技支撑项目、实验室支持计划、科技基础条件支持计划等为技术开发与转化提供更加丰富的支持方式。另外研究开放度逐步提升，从单个研究人员或团队，转向实验室整体，从事开发人员数量与规模增加，实验室合作得到加强，科技平台也逐步提供实验室联合与合作对接服务等，提升技术开发成功率。

2. **工程化阶段**

对应技术成熟度 TRL4 至 TRL6 阶段。该阶段技术成果处于工程化的样机和模拟环境论证阶段，技术成果在模拟环境下从部件样机，到分系统，再到系统原型逐步成熟。工程中心、中介与科技平台在该阶段发挥主导研究与开发作用，通过对竞争前阶段形成技术成果的测评、论证与筛选，确定成果工程化的可行性、技术难点以及可对接或开展工程合作与联盟的主体，为成果工程化研究提供论证与咨询及合作对接服务。在分系统模拟阶段，主要提供模拟环境或者整合区域各类模拟环境为高校院所等提供系统模拟服务支持；在系统原型模拟阶段，产业与企业行为已经引入，工程中心与科技平台则增加了对其他技术工程中心或工程化项目的基金支持，并适当地在进行自我或联合工程化的基础上推出工程化业务外包；另外也提供企业委托项目与接受单位的对接服务，促进工程化资源能力需求与服务集成与匹配，保障技术工程化的顺利推进。

政府部门重点支持技术工程化项目研究，并拨款建设技术工程中心以及大型模拟环境。在原型模拟阶段，政府部门也为产业企业与技术工程中心等对接提供各种服务，如信息沟通、资质认证与审核、跟踪管理等，保障产业界与技术工程化活动的有效对接。高校院所的重要性逐步减弱，但是仍然通过技术工程中心等为技术成果工程化提供服务，通过小型模拟室建设、联合工程化以及工程化研发人员考核制度建设与完善等，为高校工程人员参与技术工程化提供有力支撑。改制的企业化科研机构，通常也通过承担政府项目或企业委托项目等形式参与技术工程化过程，并为外界提供工程化服务，开放自身的模拟环境，增加企业化科研机构的收入；企业从工程中心与人才支持，转向了特定项目的支持，开始正式介入技术发展链。金融机构在该阶段进入科技成果转化链条，技术成熟度 TRL5 时，通常为企业／科研机构研发活动提供科技保险，技术成熟度到达 TRL6 时，通常通过工程基金或者天使基金等为成果转化提供一定的资金服务与支持。

3. 产业化阶段

对应技术成熟度 TRL7 至 TRL9 阶段。该阶段技术成果处于产业化阶段，系统在实际环境下进行验证，并通过优化、完善与调整正式通过实际测试，形成正式的产品。该阶段有关科技中介开展成果产品化论证服务，考察重点从技术是否可行的工程化论证转向了产品稳定性、安全性、质量以及市场接受度与前景等方面的论证，论证结果可为有关企业、研究机构等产品化决策提供支持，同时也可通过第三方论证等为政府部门产业化项目滚动支持与立项等提供有效参考。另外，科技中介通过样品检测服务、成果发布与转让对接服务等为企业提供支持，也可通过联合开发，寻找未来获得利润的机会。

该阶段需要在实际环境下进行，因此研究与开发工作转向企业，企业成为该阶段的重要主导力量。企业为系统的实际环境验证提供人员、设备、环境，通过企业的技术工程中心以及配套的激励制度等，鼓励企业研发人员等开展系统验证与优化；企业主要任务为完善技术产品功能，提升产品生产对实际环境的适应性，保障样品生产稳定性；因所需资金增多，因此筹集资金成为企业一项重要任务，企业可以通过专利转让与授权获得资金，也可以通过其他渠道实现资金筹集。政府部门重点通过支持产业化项目与税收优惠、产业技术联盟发展等鼓励企业产品化研究、拓展产业合作、培育小型科技型企业等；同时通过重大成果发布促进成果对接，通过产业技术联盟、科技园区等促进企业合作与新企业建立，通过税收政策优惠等引导企业产品化行为。高校院所则主要通过参与企业合作、专家咨询或人才培养等间接为企业实际环境验证提供支持。金融机构主要通过引入风险投资或为企业提供银行担保以及社会、私人领域资金筹募等为企业提供支持；科技平台与中介机构为企业技术转让与对接提供服务，部分参与合作的机构可以通过技术转让与许可等获得收益。

进入产品稳定规模化生产与市场化经营阶段，主要任务是回收投资成本和实现市场价值。该阶段政府部门主要通过产业技术标准、特色产业基地与集群建设等为企业产品产业化提供支持，通过管理制度优化、竞争环境改善以及行业政策优化等为企业市场化提供服务。中介机构则帮助企业进行产业化论证，包含资金投入、回收、市场风险、生产风险以及竞争对手与原有产品冲突等方面的系统论证等，并通过产品对接、产品推广等服务，帮助企业进行资金筹集，帮助企业建立多个合作关系以及形成稳定的供应链关系，为企业产业化提供支持。企业进入产品管理阶段，关注产品稳定性、升级、规模化生产可能性、生产工艺创新与产品推广活动等。高校院所间接为企业提供人才培养、员工培训、团队建设与技术及管理咨询服务等，促进企业技术产品的市场化。

根据上述可见，9级划分是TRL1发现基本原理、TRL2形成技术方案、TRL3做关键功能分析与实验、TRL4形成单元并验证、TRL5形成分系统并验证、TRL6形成原型并验证、TRL7现实环境的应用、TRL8用户验证、TRL9推广应用。一般而言，技术成熟度TRL1—9级中，高校供给技术成熟度在TRL4—5级，完成了实验室阶段验证；而企业更希望在技术成熟度 TRL6—7 级，在中试或大规模应用推广阶段介入，以更快地对接应用场景。如人工智能产品的技术成熟度 TRL4—5 级，需要放到具体场景去熟化，但很多企业都不愿投钱进行产品的技术成熟度培育，并承担试错的风险，大多数技术的产品化和商品化都堵在技术成熟度 TRL4—5 级。

第十三章　知识产权转化的主要形式

在知识产权转化维度,可以将知识产权视为科技成果,这里的知识产权既包含申请权也包含所有权。根据《促进科技成果转化法》,科技成果持有者可以采用自行投资实施转化、向他人转让该科技成果、许可他人使用该科技成果、以该科技成果作为合作条件与他人共同实施转化、以该科技成果作价投资折算股份或者出资比例、其他协商确定等六种方式进行成果转化。这六种方式可以归纳为知识产权直接转化和间接转化两类主要形式。

一、直接转化

知识产权直接转化是指高校院所和企业直接转化自有科技成果。

(一)高校院所自行投资实施转化

科研人员在高校院所研发出有一定价值的知识产权,将高校院所中的某一具体的研究机构作为母体,以该母体的人才和知识产权为基础,自筹资金建立起新的公司,将知识产权转化为实际生产力,这是一种技术推动型转化。此方式一般要具备企业成立者是母体的前从业人员和企业核心技术是从母体中衍生两个条件。

这种方式可以促进高校院所衍生企业和母体在科技企业创业过程中的双赢。高校院所为衍生企业直接提供技术、人才、场所，乃至政策、资金、基础设施、信用等方面的支持，通过所掌握的社会网络资源为企业寻求风险投资以及贸易伙伴方面间接的支持，最终实现衍生企业创业成功。而成功的衍生企业反过来也为高校院所的发展起到积极的促进作用。这种方式成为后来大学科技园发展的先声。

通过科技企业创业实现知识产权转化，在国外是较为成功的创新模式。高校院所衍生科技创业企业作为知识扩散和应用的结合体多年来受到区域政策制定者的青睐。许多发达国家很早就认识到了高校院所衍生科技创业企业对区域经济发展的积极作用，制定了各种政策措施来扶持本国大学与企业之间的技术转移，以美国1980年制定的《拜杜法》为代表，各发达国家纷纷对高校院所衍生企业给予充分的政策关注和倾斜。这种转化方式具有相当大的特殊性，由于科技企业创业方式转化是新建企业，在创建之初其自身拥有的资源难以保证企业发展的需要，必须从外界获取必要的资源来保证自身的生存和发展；同时创办者多数是学者型创业者，他们对专业技术有很好的把握能力，但是普遍缺乏从事商业活动的经验和技能，因此如何正确识别创业机遇，成为制约下一步发展的关键点。另外，企业创办初期，缺乏相应的信用和商业记录，在融资以及开展业务等过程中面临着严重的信用危机，但是仅凭企业自身难以克服这一困难，需要来自高校院所等外部实体对其的信用支持，以克服初期这些问题，但这也可能导致重经营而轻研究，削弱科研力量。

（二）企业自行投资实施转化

企业根据自身发展需求、市场需求、政策导向，依靠自身科技人才、技术、资金、管理在企业内部进行知识产权转化，这是一种需求驱动型转化。研发实力雄厚的企业常通过该方式实施知识产权转化，由研发部门研发相关成果后，进行生产销售，获得市场回报。这种方式涉及的主体主要有国有企业和民营企业两大类型。

国有企业实施知识产权自行转化，有两种不同的主体。一种是国有企业根据业务要求内部设立的研发中心或研究机构，这些主体开发出来的新技术、新材料、新产品，其成果转化是从企业主业发展的需求出发，成果服务于主业，对于现有业务持续进行迭代升级；另外，国有企业产业孵化平台、内部创业基地或者孵化器，面向市场、面向投资者，完全按照市场价值实现发展。另一种是转制院所，2000年左右很多应用型科研机构都成为中央企业和地方国有企业的下级企业性质单位（转制科研院所），这些企业既与母公司之间有相当的业务和技术关联性，自身也有一定技术研发和面向集团外部市场的转化能力，其知识产权转化与前述高校或科研院所衍生科技创业企业实现技术价值相似。《促进科技成果转化法》规定的转化主体，多数是指使用国家财政性资金进行研发投入的高校或科研院所，而国有企业的科技研发投入是国有经营性资本，虽然不是财政资金，但也有国有属性，因此两类主体开展知识产权企业自行转化都与知识产权的市场前景、技术特点、国有无形资产的评估、团队情况等密切关联。

民营企业实施知识产权自行转化，本质上就是根据市场需求和竞争情况进行新产品开发。新产品开发的过程是一种名副其实的自主技术创新过程，自主技术创新包括原始创新、集成创新、引进消化吸收再创新三种主要形式，对于现阶段的大多数中国民营企业而言，集成创新是新产品开发的主要形式。在做集成创新中需要注意的是技术先进程度、消费者喜好变化、产品生命周期缩短和全球化与区域化交织四个影响创新的要素。需要了解基于客户需求形成新产品构思、前期市场评估、决定客户需求和愿望的市场调查以及听取有关客户的声音、竞争分析、概念验证、开发过程中的客户反馈、用户测试、市场测试或者试销、产品发布等九个步骤。同时，还要注意高失败率。相关数据显示，新产品成功的概率只有 1/7，即对于每 7 个新产品想法而言，有 4 个会进入开发阶段，有 1.5 个会投放市场，但是只有 1 个会成功；44% 的新产品项目没有达到预期的利润目标，超过 50% 没有按时发售，32% 的民营企业认为其新产品开发速度和效率很低。

二、间接转化

知识产权的间接转化主要是通过各类媒介来开展的。

（一）知识产权所有权和使用权变更

知识产权所有权和使用权变更有转让和许可两种方式。

1. 转让知识产权

转让指所有人将知识产权申请权或所有权转让给受让人，由受让人对知识产权实施转化。双方一般通过签署转让协议来实施，交易标的既可以是专利权、专利申请权、软件著作权等，也可以是技术秘密。转让后，转让方获得转让费，不再是知识产权申请权或所有权的所有人；受让方向转让方支付转让费，并成为知识产权申请权或所有权的新的所有人。转让协议一般要将拟转让知识产权的申请权或所有权的内容、范围界定清楚，对双方的权利义务事先进行约定。转让价格往往是双方谈判的焦点，而价格的确定及其支付方式，与拟转让标的的技术先进性、成熟度、市场预测、经济效益前景、收益周期长短、投资风险大小等密切相关，交易各方一般要对拟交易的成果进行分析评估，并达成共识。

2. 许可知识产权

许可指通过订立许可合同，所有人向被许可人授予知识产权的使用权，被许可人从而获得实施知识产权的权利，否则如擅自实施，则非法侵犯了知识产权所有人的知识产权。与转让知识产权相比较，许可知识产权后，知识产权的所有权没有发生变化。许可主要又可分为：普通许可、排他许可、独占许可、开放许可、强制许可和交叉许可等。知识产权许可费根据实际情况有多种支付方式：一次总算、一次总付或者一次总算分期支付，也可以采取提成支付或者提成支付附加预付入门费的方式。约定提成支付的，可以按照产品价格、实施专利和使用技术秘密后新增的产值、利润或者产品销售额的一定比例提成，也可以按照约定的其他方式计算。提成支付的比例可以采取固定比例、逐年递增比例或者逐年递减比例；约定提成支付的，当事人可以约定查阅有关会计账目。

（二）以知识产权为条件合作实施

以知识产权作为合作条件与他人共同实施转化，是指知识产权所有人与相关单位订立合作协议，发挥各自的优势，共同转化知识产权,并明确双方合作的责权利机制。按照知识产权所有权分为:高校院所与企业产学研合作实施和企业联合实施。

高校院所与企业产学研合作实施通常由高校院所提供具有较高技术先进性但成熟度不足的知识产权,并充分发挥科研、人才优势,负责持续研发,由企业发挥资金、市场优势,负责提供中试熟化、生产线、实验场地等条件,围绕目标客户需求,开展后续试验、产品试制与定型、工艺开发,负责市场推广。

企业联合的实施通常是指由两个或两个以上具有独立法人地位的企业联合致力于共同需要的技术进行合力科研攻关行为,推动多方企业共同进行知识产权转化。其实现形式与"产学研合作实施"基本相同,以知识产权作为合作条件与他人共同实施转化,所不同的是这里的合作主体都是企业,合作的商业化特点更为显著,企业会通过设计对他们有利的合作结构来保护其技术外溢。

这类方式的转化,需要特别注意知识产权分批合作和技术分割两种现象。其中,知识产权分批合作是在以多项知识产权为合作条件时,知识产权持有一方采用分批合作、逐步实施的方式来考验合作企业的合作意愿和态度。技术分割则是将生产同一个产品所需的各个部件分包给多家供应商企业,以达到技术分割,整体技术不至于被一家供应商企业完全掌握。另外,企业联合实施时,持有关键技术优势的一方更倾向于将重要的设计工作或关键部件的生产工作给一家独立的完全自主的合资子公司进行生产。合资公司的非关键技术优势方主要负责公司的市场工作,而对其参与合资子公司的其他活动应有所限制。

（三）以知识产权投资合作

以知识产权投资合作包括：以知识产权出资新设公司、出资参与公司的增资扩股和以获得公司股东既有股权为对价向该股东转让或许可等三种方式。

1. 以知识产权出资新设公司

知识产权所有人可以与其他出资人合作设立公司，把知识产权作为向公司出资的形式，将该知识产权转让给新设立的公司，获得该公司股权。也可以单独设立公司，完全掌控公司、独享投资收益。与他人合作设立公司时，需要事先确定知识产权转化目标、投资目标、权益结构，合理设计权益结构与公司内部治理机制。

2. 以知识产权出资参与公司的增资扩股

以知识产权出资参与公司的增资扩股，本质上是拟转化知识产权的目标公司购买该知识产权或者获得该知识产权的使用许可，而以目标公司股权向知识产权所有人支付转让费或使用许可费。采用此类方式转化时，各方将围绕知识产权的交易价值、拟获得股权的数额两个关键问题展开谈判。知识产权本身的交易价值，按知识产权评估的一般原则处理；获得的股权数额，则需要结合目标公司资产情况、经营情况、管理情况、发展前景、控股股东及主要管理者的信用、获得股权的所占比例以及知识产权股东的特殊股东权益等因素综合考虑。

这类方式的转化，知识产权的产权主体可能面临的风险包括：目标公司股权价值估计不实，进入目标公司后所持股权比例偏低、股权受限或者没有特殊保护机制，没有针对知识产权转化的可行经营方案。知识产权持有人应当在与公司签订合同时，与股东特别是控股股东进行充分协商。所有磋商成果，都应当体现在知识产权所有人与公司所签的合同中。如果发现风险过大，知识产权所有人则可能考虑要求控股股东提供某种形式的担保。

3. 以获得公司股东既有股权为对价向该股东转让或许可

此方式实质是知识产权所有人将知识产权转让或者许可给某个受让人，而受让人支付的对价不是现金而是他在某家公司的股权。此种转化发生后，获得知识产权并且推进后续转化工作的主体，不是该公司而是作为受让人的该公司股东，原知识产权所有人成为获得知识产权的原股东所在公司的股东。原股东所在公司，可能与原股东存在特定关系，比如该公司与原股东控制关联公司。

与前述两种路径相比较，在此种方式中知识产权转化主体所面临的风险要高，主要表现为：此种交易实质上是以知识产权换股权，除知识产权本身的估价风险外，还多了股权估价的风险，作为对价的股权，是否已经如实缴纳出资的风险，如果原股东未缴纳出资，受让股权的受让人要替原股东缴纳出资，如果所进入的公司系有限责任公司，该股权的自由流动性可能受阻，后续转让所获股权时可能面临其他股东优先购买权的限制。如果受让或者受许可主体本身也是公司，在该知识产权交易的估价很高以至于用以支付对价的股权资产在该公司中属于重要资产时，则可能面临处置主要资产必须由受让主体股东会批准的内部决策风险，面临转让或者许可后难以继续控制、参与或者关注知识产权的难题。

三、转化形式的选择

如前所述,按照知识产权所有人参与度,知识产权转化可以分为知识产权所有人自主直接转化,和向他人转让该知识产权、许可他人使用该知识产权、以知识产权作为合作条件与他人共同实施转化、以该知识产权作价投资折算股份或者出资比例等形式的间接转化。两种转化形式的优劣对比如下:

表 13-1　直接和间接两类知识产权转化比较表

类型		优　势	劣　势
直接转化	科技企业创业	核心技术人员延续性好,技术更新迭代快	科研人员不善经营、融资能力弱,规模增长较慢
	企业自行转化	释放不同工资水平和劳动生产率红利,实施积极性较高,机制灵活	缺乏技术人员,创新主体内技术流动容易陷入低效怪圈,技术进步较慢
间接转化	转让	知识产权贴近需求,市场成熟度高;交易标的明确,方式清晰,便于受让方转化实施的融资	受让方一次性投入大;出让方涉及职务发明,属于国有资产,转让程序复杂
	许可	许可方所有权不变更,许可方式多样,交易成本低;被许可方可以不一次性支付费用,出现知识产权被宣告无效和新技术替代时承担的风险小	对于许可方存在被许可人通过许可掌握实施诀窍后,后期收取不到许可费的风险
	合作实施	知识产权所有权不发生转移,合作各方优势互补,互利共赢	考量各合作方信任度,利益分配和风险分担协调和界定较难
	作价入股	知识产权所有权纳入无形资产管理,合作各方利益与经营业绩挂钩,易形成紧密合作	标的物涉及职务发明,国有资产管理程序复杂(评估、挂牌、公示等),设立新公司需要一定周期;在各方信任度不高情况下可能存在无形资产收益得不到保障的情况

资料来源:根据公开资料整理。

（一）知识产权所有人视角

从知识产权所有人看。如知识产权所有人是高校院所，其职能是从事探索性、创造性的科学研究活动，并不擅长产品开发，对市场需求也不敏感，缺乏相应实现知识产权商品化的生产条件，工艺开发能力较弱，离市场应用还有一段漫长的过程，并不能直接将知识产权转让为新产品、新工艺，知识产权转化需要与相关企业进行后续研发。

从知识产权包含的技术成熟度看。如技术还不够成熟，需要与相关方进行试验、试制（样机、小批等），获得产品生产批件，或者取得用户认可等，可以选择合作转化方式；如技术比较成熟，但市场发育还不成熟，需要进行市场培育，但新市场潜力巨大（乃至可重新引导新市场需求），则可以选择作价投资的方式，与相关方共同转化科技成果；如技术成熟，可直接应用于工程项目和生产实际，则可采取许可方式转化。

从知识产权商品化的市场成熟度看。如知识产权包含的技术比较成熟，同时市场也成熟，而该技术无须进行后续开发等，可以选择知识产权转让的方式，若需进行后续开发，可以选择许可方式转化。若市场成熟度高，可应用于服务项目或产品生产，可选择在某一区域范围内或行业领域内许可使用该知识产权；若预见该知识产权的技术商品化未来市场前景广阔，但目前成果还不成熟，仍需要进行进一步的研究开发，也可选择独占许可或合作转化方式。

（二）知识产权需求者视角

从实施角度看。需求者主要考量拟转化的知识产权包含的技术与现有技术相比，具有一定的先进性，能够用于开发产品或工艺，而且所开发的产品能够满足市场需求，或者所开发的工艺能提高产品质量、生产效率、降低成本等。在选择转化的方式时，需要综合考量多个因素，包括：知识产权的有效性、知识产权所有人与转化人之间的技术距离（主要指实施知识产权转化应有的技术水平与其实际技术水平之间的差距）、投资能力（也可称之为经费投入能力）、预期收益与风险分担、科研人员的参与度（奖励与报酬机制）、后续研发及其衍生的成果归属、相关的技术配套程度、政策支持度、经济社会影响等。

从转化能力的角度看。需求者自身也应具备一定的技术能力来消化吸收知识产权包含的技术，包括技术基础、人才、设备、市场、投资等。如投资能力不够强的，可选择许可或合作转化方式；投资能力强可选择自行投资实施转化、转让、作价投资等。

从承担风险的角度看。需考量自身在知识产权转化过程中的风险承担能力。知识产权转化的项目一般都有着高风险、高收益的特点，在选择知识产权转化方式的时候，要根据知识产权包含的技术成熟度和市场成熟度，并结合自身的技术基础、投资能力、预期要达到的目标或需要解决的问题等综合起来考虑。

（三）知识产权所包含的技术转移的途径

知识产权从所有人向需求方转移，是一个技术转移的过程，既是技术的所有权部分或全部转移，技术特定期限和特定情况下使用权从一个主体向另一个主体的转让和许可，也是技术随着其他要素，通过相关媒介间接转移实现技术价值的过程。根据媒介不同有多种转移形式。

通过产学研协同转移。产学研协同的过程，就是技术从高校院所向企业，或者技术优势企业向其他企业转移的过程，这是技术转移最常见也是最主要的形式。

通过特许经营转移。特许经营是指特许者允许被特许者使用其对商标或品牌的权利，获取特许的报酬，此过程一般提供技术培训及管理提升等服务，亦即特许者向被特许者转移技术。

通过投资转移。投资者向被投资企业注入资金（包括相关资源）取得企业的技术秘密及相关知识产权，以及在组织、管理、营销等积累的经验和技巧。另外，技术持有者以技术作价投资与其他投资者成立新公司，或投入现有企业，技术随之转移。

通过并购转移。并购方以获取目标方技术资源为目标的并购活动是最彻底的技术转移，通过并购获得目标方的控制权，根据自身发展战略对目标方的技术资源重新整合，是将组织外部技术资源转化为组织内部技术资源的过程。

通过人才流动转移。人才是技术的重要载体，人才流动必然带来技术转移。高校院所的技术持有者通过离职、离岗创业，兼职、挂职、选调等各种形式向技术使用者流动，技术持有者所掌握的技术随之转移。

通过信息传播转移。信息是技术的载体之一，信息的传播和获取本质上就是技术转移。信息可以通过专业展览、专业培训、专家咨询、专业会议、专业杂志、专业著作、各种媒体等多种形式实现传播。

通过仪器设备转移。仪器仪表、机器设备、生产工具等都是物化的技术，技术使用者通过购置先进的仪器设备等能够大大提高技术水平,也能够间接实现技术转移。

通过服务提供转移。委托方接受受托方提供的技术服务,包括受托方提供特定的技术服务,如维护或修理机器设备、建议作业程序、解决特定的问题,以及品质管制、服务提供的时间程序等,在服务的过程中进行技术转移。同时,服务也包括管理咨询服务,通过管理咨询、管理输出等方式实现管理技术的转移,大大提高委托方管理水平和研发能力。

通过工程项目转移。工程项目的设计与施工,即工程发包方向工程设计方、工程施工方提出工程设计要求与工程项目建设要求,分别由工程设计方进行工程设计,提供完整的设计图纸,由施工方按照工程设计图纸进行施工,并交付发包方使用。无论是设计还是施工,通常包含了已获得专利授权或尚未获得专利授权的相关技术,如向业主交付完整的工厂与设备、土木建筑工程、工厂和设备的建筑物、操作程序的初始训练,以及某些运转后的问题解决,确保工厂、设施设备、土木工程、建筑物等可以启动运转等。这类典型的例证就是交钥匙工程,其包含大量技术转移和知识的传授。

参考文献

1. 吴汉东著：《知识产权基本问题研究总论》，中国人民大学出版社 2009 年第 1 版。
2. 杨雄文著：《知识产权总论》，华南理工大学出版社 2019 年第 1 版。
3. 焦泉、王进著：《知识产权概论》，人民邮电出版社 2014 年第 2 版。
4. 吴汉东著：《知识产权法》，法律出版社 2021 年第 1 版。
5. 黄晖著：《商标法》，法律出版社 2016 年第 2 版。
6. 王迁著：《知识产权法教程》，中国人民大学出版社 2021 年第 7 版。
7. 王兵著：《知识产权基础教程》，清华大学出版社 2016 年第 3 版。
8. 齐爱民著：《知识产权法总论》，北京大学出版社 2010 年第 1 版。
9. 张楚著：《知识产权法概论》，中国人民大学出版社 2019 年第 1 版。
10. 刘春田著：《知识产权法》，高等教育出版社 2015 年第 5 版。
11. 曹新明著：《知识产权法》，中国人民大学出版社 2016 年第 3 版。

12. 王黎萤、刘云、肖延高著：《知识产权管理》，清华大学出版社 2020 年第 1 版。

13. 王悦、张丽瑛著：《知识产权运营融资与评估》，知识产权出版社 2017 年第 1 版。

14. 国际会计准则委员会著：《国际会计准则 2000》，财政部会计准则委员会译，中国财政经济出版社 2000 年第 1 版。

15. 谭佩佩著：《浅析无形资产评估》，《山西农经》2019 年第 13 期。

16. 蔡继明著：《无形资产评估理论与实践》，中国物价出版社 2002 年第 1 版。

17. 刘京城著：《无形资产的价格形成及评估方法》，中国审计出版社 1998 年第 1 版。

18. 卢洁琼、杨睿杰著：《物联网与大数据时代成本法评估中参数确定的几点思考》，《商业会计》2021 年第 2 期。

19. 崔婕著：《成本法在专利技术价值评估中的应用》，《中国证券期货》2011 年第 6 期。

20. 俞爽著：《谈对企业无形资产评估方法的探析》，《中小企业管理与科技（上半月）》2008 年第 5 期。

21. 孙胜祥、杨成斌、魏华著：《成本法在专利价值分析中的应用研究》，《海军工程大学学报（综合版）》2020 年第 1 期。

22. 胡琴、郑向前著：《成本法在无形资产价值评估中的应用》，《财会通讯》2009 年第 29 期。

23. 孔维、高兵著：《收益法在无形资产评估中的应用》，《合作经济与科技》2016 年第 5 期。

24. 王忆辰、杨景海著：《无形资产评估收益法应用问题探究》，《现代商贸工业》2016年第14期。

25. 何珊珊著：《收益法在无形资产评估中的应用》，《现代商业》2017年第29期。

26. 张发树著：《无形资产评估的方法体系及三大难题》，《中国资产评估》1997年第2期。

27. 刘伟伟、周朋朋著：《无形资产评估市场法的经济角度研究》，《中国证券期货》2011年第2期。

28. 黄鸣强著：《无形资产评估市场法的分析与研究》，《现代经济信息》2013年第10期。

29. 陈守忠著：《无形资产评估方法探讨》，《中央财经大学学报》2004年第8期。

30. 胡晓佳著：《顺通物流公司无形资产价值评估市场比较法的应用研究》，硕士学位论文，哈尔滨商业大学财政与公共管理学院，2020年。

31. 龙丽冰、张煦著：《无形资产评估风险探讨》，《知识经济》2017年第7期。

32. 成文著：《无形资产评估风险及防范》，《消费导刊》2010年第7期。

33. 吕霁著：《无形资产评估风险与控制方案研究》，《现代营销（下旬刊）》2019年第10期。

34. 唐艳著：《无形资产评估风险与控制研究》，《财会通讯》2012年第26期。

35. 葛树杰、黄向阳、张宇著：《科技成果转化发展历程的几个脉络》,《中国科学报》2019 年 5 月 7 日,第 3 版。

36. 温兴琦著:《新中国成立 70 周年中国科技成果转化发展历程回顾与展望》,《经济界》2020 年第 1 期。

37. 梁正著:《中国科技成果转化政策 40 年回顾与反思》,《学习时报》2019 年 10 月 30 日,第 6 版。

38. 吴寿仁著:《技术及技术转移概念辨析及相关政策解读》,《科技中国》2020 年第 2 期。

39. 高蓝星著:《影响技术转移成功率的核心要素》,2019 年 10 月 10 日,https://mp.weixin.qq.com/s?src=11&timestamp=1659252026&ver=3953&signature=kNqgbIz48X2jchmCiB4pg9H5OxSb7JjS8u2SlpKboHjJJlOPrf65U5j*LEsG3NCVh8nAVsKuaeSetZkqqlQ3uVGxGnQwqRP0iFcLtQMEIYopGGelg2EMzNdgarHmTN7u&new=1。

40. 王雪原、武建龙、董媛媛著:《基于技术成熟度的成果转化过程不同主体行为研究》,《中国科技论坛》2015 年第 6 期。

相关附件

《中华人民共和国专利法》法条修订对比

以下《中华人民共和国专利法》主要法条修订对比，原条款框中为空或新旧法条顺序不一致的，多因新增条款和调整修订之故。

原条款（2008年12月27日起施行）	新条款（2021年6月1日起施行）
第二条 本法所称的发明创造是指发明、实用新型和外观设计。发明，是指对产品、方法或者其改进所提出的新的技术方案。 实用新型，是指对产品的形状、构造或者其结合所提出的适于实用的新的技术方案。 外观设计，是指对产品的形状、图案或者其结合以及色彩与形状、图案的结合所作出的富有美感并适于工业应用的新设计。	第二条 本法所称的发明创造是指发明、实用新型和外观设计。发明，是指对产品、方法或者其改进所提出的新的技术方案。 实用新型，是指对产品的形状、构造或者其结合所提出的适于实用的新的技术方案。 外观设计，是指对产品的整体或者局部的形状、图案或者其结合以及色彩与形状、图案的结合所作出的富有美感并适于工业应用的新设计。
第六条 执行本单位的任务或者主要是利用本单位的物质技术条件所完成的发明创造为职务发明创造。职务发明创造申请专利的权利属于该单位；申请被批准后，该单位为专利权人。	第六条 执行本单位的任务或者主要是利用本单位的物质技术条件所完成的发明创造为职务发明创造。职务发明创造申请专利的权利属于该单位，申请被批准后，该单位为专利权人。该单位可以依法处置其职务发明创造申请专利的权利和专利权，促进相关发明创造的实施和运用。
第十四条 国有企业事业单位的发明专利，对国家利益或者公共利益具有重大意义的，国务院有关主管部门和省、自治区、直辖市人民政府报经国务院批准，可以决定在批准的范围内推广应用，允许指定的单位实施，由实施单位按照国家规定向专利权人支付使用费。	第四十九条 国有企业事业单位的发明专利，对国家利益或者公共利益具有重大意义的，国务院有关主管部门和省、自治区、直辖市人民政府报经国务院批准，可以决定在批准的范围内推广应用，允许指定的单位实施，由实施单位按照国家规定向专利权人支付使用费。

（续表）

原条款（2008年12月27日起施行）	新条款（2021年6月1日起施行）
第十六条　被授予专利权的单位应当对职务发明创造的发明人或者设计人给予奖励；发明创造专利实施后，根据其推广应用的范围和取得的经济效益，对发明人或者设计人给予合理的报酬。	第十五条　被授予专利权的单位应当对职务发明创造的发明人或者设计人给予奖励；发明创造专利实施后，根据其推广应用的范围和取得的经济效益，对发明人或者设计人给予合理的报酬。 国家鼓励被授予专利权的单位实行产权激励，采取股权、期权、分红等方式，使发明人或者设计人合理分享创新收益。
/	第二十条　申请专利和行使专利权应当遵循诚实信用原则。不得滥用专利权损害公共利益或者他人合法权益。滥用专利权，排除或者限制竞争，构成垄断行为的，依照《中华人民共和国反垄断法》处理。
第二十一条　国务院专利行政部门及其专利复审委员会应当按照客观、公正、准确、及时的要求，依法处理有关专利的申请和请求。国务院专利行政部门应当加强专利信息公共服务体系建设，完整、准确、及时发布专利信息，提供专利基础数据，定期出版专利公报，促进专利信息传播与利用。在专利申请公布或者公告前，国务院专利行政部门的工作人员及有关人员对其内容负有保密责任。	第二十一条　国务院专利行政部门及其专利复审委员会应当按照客观、公正、准确、及时的要求，依法处理有关专利的申请和请求。国务院专利行政部门应当完整、准确、及时发布专利信息，定期出版专利公报。在专利申请公布或者公告前，国务院专利行政部门的工作人员及有关人员对其内容负有保密责任。
第二十四条　申请专利的发明创造在申请日以前六个月内，有下列情形之一的，不丧失新颖性：（一）在中国政府主办或者承认的国际展览会上首次展出的；（二）在规定的学术会议或者技术会议上首次发表的；（三）他人未经申请人同意而泄露其内容的。	第二十四条　申请专利的发明创造在申请日以前六个月内，有下列情形之一的，不丧失新颖性：（一）在国家出现紧急状态或者非常情况时，为公共利益目的首次公开的；（二）在中国政府主办或者承认的国际展览会上首次展出的；（三）在规定的学术会议或者技术会议上首次发表的；（四）他人未经申请人同意而泄露其内容的。

（续表）

原条款（2008年12月27日起施行）	新条款（2021年6月1日起施行）
第二十五条　对下列各项，不授予专利权：(一)科学发现；(二)智力活动的规则和方法；(三)疾病的诊断和治疗方法；(四)动物和植物品种；(五)用原子核变换方法获得的物质；(六)对平面印刷品的图案、色彩或者二者的结合作出的主要起标识作用的设计。对前款第(四)项所列产品的生产方法，可以依照本法规定授予专利权。	第二十五条　对下列各项，不授予专利权：(一)科学发现；(二)智力活动的规则和方法；(三)疾病的诊断和治疗方法；(四)动物和植物品种；(五)原子核变换方法以及用原子核变换方法获得的物质；(六)对平面印刷品的图案、色彩或者二者的结合作出的主要起标识作用的设计。对前款第(四)项所列产品的生产方法，可以依照本法规定授予专利权。
第二十九条　申请人自发明或者实用新型在外国第一次提出专利申请之日起十二个月内，或者自外观设计在外国第一次提出专利申请之日起六个月内，又在中国就相同主题提出专利申请的，依照该外国同中国签订的协议或者共同参加的国际条约，或者依照相互承认优先权的原则，可以享有优先权。 申请人自发明或者实用新型在中国第一次提出专利申请之日起十二个月内，又向国务院专利行政部门就相同主题提出专利申请的，可以享有优先权。	第二十九条　申请人自发明或者实用新型在外国第一次提出专利申请之日起十二个月内，或者自外观设计在外国第一次提出专利申请之日起六个月内，又在中国就相同主题提出专利申请的，依照该外国同中国签订的协议或者共同参加的国际条约，或者依照相互承认优先权的原则，可以享有优先权。 申请人自发明或者实用新型在中国第一次提出专利申请之日起十二个月内，或者自外观设计在中国第一次提出专利申请之日起六个月内，又向国务院专利行政部门就相同主题提出专利申请的，可以享有优先权。
第三十条　申请人要求优先权的，应当在申请的时候提出书面声明，并且在三个月内提交第一次提出的专利申请文件的副本。	第三十条　申请人要求发明、实用新型专利优先权的，应当在申请的时候提出书面声明，并且在第一次提出申请之日起十六个月内，提交第一次提出的专利申请文件的副本。 申请人要求外观设计专利优先权的，应当在申请的时候提出书面声明，并且在三个月内提交第一次提出的专利申请文件的副本。

（续表）

原条款（2008年12月27日起施行）	新条款（2021年6月1日起施行）
第四十一条　国务院专利行政部门设立专利复审委员会。专利申请人对国务院专利行政部门驳回申请的决定不服的，可以自收到通知之日起三个月内，向专利复审委员会请求复审。专利复审委员会复审后，作出决定，并通知专利申请人。 专利申请人对专利复审委员会的复审决定不服的，可以自收到通知之日起三个月内向人民法院起诉。	第四十一条　专利申请人对国务院专利行政部门驳回申请的决定不服的，可以自收到通知之日起三个月内向国务院专利行政部门请求复审。国务院专利行政部门复审后，作出决定，并通知专利申请人。 专利申请人对国务院专利行政部门的复审决定不服的，可以自收到通知之日起三个月内向人民法院起诉。
第四十二条　发明专利权的期限为二十年，实用新型专利权和外观设计专利权的期限为十年，均自申请日起算。	第四十二条　发明专利权的期限为二十年，实用新型专利权的期限为十年，外观设计专利权的期限为十五年，均自申请日起计算。 自发明专利申请日起满四年，且自实质审查请求之日起满三年后授予发明专利权的，国务院专利行政部门应专利权人的请求，就发明专利在授权过程中的不合理延迟给予专利权期限补偿，但由申请人引起的不合理延迟除外。 为补偿新药上市审评审批占用的时间，对在中国获得上市许可的新药相关发明专利，国务院专利行政部门应专利权人的请求给予专利权期限补偿。补偿期限不超过五年，新药批准上市后总有效专利权期限不超过十四年。
第四十五条　自国务院专利行政部门公告授予专利权之日起，任何单位或者个人认为该专利权的授予不符合本法有关规定的，可以请求专利复审委员会宣告该专利权无效。	第四十五条　自国务院专利行政部门公告授予专利权之日起，任何单位或者个人认为该专利权的授予不符合本法有关规定的，可以请求国务院专利行政部门宣告该专利权无效。

（续表）

原条款（2008年12月27日起施行）	新条款（2021年6月1日起施行）
第四十六条 专利复审委员会对宣告专利权无效的请求应当及时审查和作出决定，并通知请求人和专利权人。宣告专利权无效的决定，由国务院专利行政部门登记和公告。对专利复审委员会宣告专利权无效或者维持专利权的决定不服的，可以自收到通知之日起三个月内向人民法院起诉。人民法院应当通知无效宣告请求程序的对方当事人作为第三人参加诉讼。	第四十六条 国务院专利行政部门对宣告专利权无效的请求应当及时审查和作出决定，并通知请求人和专利权人。宣告专利权无效的决定，由国务院专利行政部门登记和公告。对国务院专利行政部门宣告专利权无效或者维持专利权的决定不服的，可以自收到通知之日起三个月内向人民法院起诉。人民法院应当通知无效宣告请求程序的对方当事人作为第三人参加诉讼。
/	第四十八条 国务院专利行政部门、地方人民政府管理专利工作的部门应当会同同级相关部门采取措施，加强专利公共服务，促进专利实施和运用。
/	第五十条 专利权人自愿以书面方式向国务院专利行政部门声明愿意许可任何单位或者个人实施其专利，并明确许可使用费支付方式、标准的，由国务院专利行政部门予以公告，实行开放许可。 就实用新型、外观设计专利提出开放许可声明的，应当提供专利权评价报告。 专利权人撤回开放许可声明的，应当以书面方式提出，并由国务院专利行政部门予以公告。开放许可声明被公告撤回的，不影响在先给予的开放许可的效力。
/	第五十一条 任何单位或者个人有意愿实施开放许可的专利的，以书面方式通知专利权人，并依照公告的许可使用费支付方式、标准支付许可使用费后，即获得专利实施许可。 开放许可实施期间，对专利权人缴纳专利年费相应给予减免。实行开放许可的专利权人可以与被许可人就许可使用费进行协商后给予普通许可，但不得就该专利给予独占或者排他许可。

（续表）

原条款（2008年12月27日起施行）	新条款（2021年6月1日起施行）
/	第五十二条　当事人就实施开放许可发生纠纷的，由当事人协商解决；不愿协商或者协商不成的，可以请求国务院专利行政部门进行调解，也可以向人民法院起诉。
第六十一条　专利侵权纠纷涉及新产品制造方法的发明专利的，制造同样产品的单位或个人应当提供其产品制造方法不同于专利方法的证明。专利侵权纠纷涉及实用新型专利或者外观设计专利的，人民法院或者管理专利工作的部门可以要求专利权人或者利害关系人出具由国务院专利行政部门对相关实用新型或者外观设计进行检索、分析和评价后作出的专利权评价报告，作为审理、处理专利侵权纠纷的证据。	第六十六条　专利侵权纠纷涉及新产品制造方法的发明专利的，制造同样产品的单位或个人应当提供其产品制造方法不同于专利方法的证明。 专利侵权纠纷涉及实用新型专利或者外观设计专利的，人民法院或者管理专利工作的部门可以要求专利权人或者利害关系人出具由国务院专利行政部门对相关实用新型或者外观设计进行检索、分析和评价后作出的专利权评价报告，作为审理、处理专利侵权纠纷的证据；专利权人、利害关系人或者被控侵权人也可以主动出具专利权评价报告。
第六十三条　假冒专利的，除依法承担民事责任外，由管理专利工作的部门责令改正并予公告，没收违法所得，可以并处违法所得四倍以下的罚款；没有违法所得的，可以处二十万元以下的罚款；构成犯罪的，依法追究刑事责任。	第六十八条　假冒专利的，除依法承担民事责任外，由负责专利执法的部门责令改正并予公告，没收违法所得，可以并处违法所得五倍以下的罚款；没有违法所得或者违法所得在五万元以下的，可以处二十五万元以下的罚款；构成犯罪的，依法追究刑事责任。
第六十四条　管理专利工作的部门根据已经取得的证据，对涉嫌假冒专利行为进行查处时，可以询问有关当事人，调查与涉嫌违法行为有关的情况；对当事人涉嫌违法行为的场所实施现场检查；查阅、复制与涉嫌违法行为有关的合同、发票、账簿以及其他有关资料；检查与涉嫌违法行为有关的产品，对有证据证明是假冒专利的产品，可以查封或者扣押。	第六十九条　负责专利执法的部门根据已经取得的证据，对涉嫌假冒专利行为进行查处时，有权采取下列措施：（一）询问有关当事人，调查与涉嫌违法行为有关的情况；（二）对当事人涉嫌违法行为的场所实施现场检查；（三）查阅、复制与涉嫌违法行为有关的合同、发票、账簿以及其他有关资料；（四）检查与涉嫌违法行为有关的产品；（五）对有证据证明是假冒专利的产品，可以查封或者扣押。

（续表）

原条款（2008年12月27日起施行）	新条款（2021年6月1日起施行）
管理专利工作的部门依法行使前款规定的职权时，当事人应当予以协助、配合，不得拒绝、阻挠。	管理专利工作的部门应专利权人或者利害关系人的请求处理专利侵权纠纷时，可以采取前款第（一）项、第（二）项、第（四）项所列措施。负责专利执法的部门、管理专利工作的部门依法行使前两款规定的职权时，当事人应当予以协助、配合，不得拒绝、阻挠。
/	第七十条　国务院专利行政部门可以应专利权人或者利害关系人的请求处理在全国有重大影响的专利侵权纠纷。 地方人民政府管理专利工作的部门应专利权人或者利害关系人请求处理专利侵权纠纷，对在本行政区域内侵犯其同一专利权的案件可以合并处理；对跨区域侵犯其同一专利权的案件可以请求上级地方人民政府管理专利工作的部门处理。
第六十五条　侵犯专利权的赔偿数额按照权利人因被侵权所受到的实际损失确定；实际损失难以确定的，可以按照侵权人因侵权所获得的利益确定。权利人的损失或者侵权人获得的利益难以确定的，参照该专利许可使用费的倍数合理确定。赔偿数额还应当包括权利人为制止侵权行为所支付的合理开支。 权利人的损失、侵权人获得的利益和专利许可使用费均难以确定的，人民法院可以根据专利权的类型、侵权行为的性质和情节等因素，确定给予一万元以上一百万元以下的赔偿。	第七十一条　侵犯专利权的赔偿数额按照权利人因被侵权所受到的实际损失或者侵权人因侵权所获得的利益确定；权利人的损失或者侵权人获得的利益难以确定的，参照该专利许可使用费的倍数合理确定。对故意侵犯专利权，情节严重的，可以在按照上述方法确定数额的一倍以上五倍以下确定赔偿数额。 权利人的损失、侵权人获得的利益和专利许可使用费均难以确定的，人民法院可以根据专利权的类型、侵权行为的性质和情节等因素，确定给予三万元以上五百万元以下的赔偿。 赔偿数额还应当包括权利人为制止侵权行为所支付的合理开支。

（续表）

原条款（2008年12月27日起施行）	新条款（2021年6月1日起施行）
	人民法院为确定赔偿数额，在权利人已经尽力举证，而与侵权行为相关的账簿、资料主要由侵权人掌握的情况下，可以责令侵权人提供与侵权行为相关的账簿、资料；侵权人不提供或者提供虚假的账簿、资料的，人民法院可以参考权利人的主张和提供的证据判定赔偿数额。
第六十六条　专利权人或者利害关系人有证据证明他人正在实施或者即将实施侵犯专利权的行为，如不及时制止将会使其合法权益受到难以弥补的损害的，可以在起诉前向人民法院申请采取责令停止有关行为的措施。 申请人提出申请时，应当提供担保；不提供担保的，驳回申请。人民法院应当自接受申请之时起四十八小时内作出裁定；有特殊情况需要延长的，可以延长四十八小时。裁定责令停止有关行为的，应当立即执行。当事人对裁定不服的，可以申请复议一次；复议期间不停止裁定的执行。 申请人自人民法院采取责令停止有关行为的措施之日起十五日内不起诉的，人民法院应当解除该措施。申请有错误的，申请人应当赔偿被申请人因停止有关行为所遭受的损失。	第七十二条　专利权人或者利害关系人有证据证明他人正在实施或者即将实施侵犯专利权、妨碍其实现权利的行为，如不及时制止将会使其合法权益受到难以弥补的损害的，可以在起诉前依法向人民法院申请采取财产保全、责令作出一定行为或者禁止作出一定行为的措施。
第六十七条　为了制止专利侵权行为，在证据可能灭失或者以后难以取得的情况下，专利权人或者利害关系人可以在起诉前向人民法院申请保全证据。	第七十三条　为了制止专利侵权行为，在证据可能灭失或者以后难以取得的情况下，专利权人或者利害关系人可以在起诉前依法向人民法院申请保全证据。

（续表）

原条款（2008年12月27日起施行）	新条款（2021年6月1日起施行）
第六十八条　侵犯专利权的诉讼时效为二年，自专利权人或者利害关系人得知或者应当得知侵权行为之日起计算。 发明专利申请公布后至专利权授予前使用该发明未支付适当使用费的，专利权人要求支付使用费的诉讼时效为二年，自专利权人得知或者应当得知他人使用其发明之日起计算，但是，专利权人于专利权授予之日前即已得知或者应当得知的，自专利权授予之日起计算。	第七十四条　侵犯专利权的诉讼时效为三年，自专利权人或者利害关系人知道或者应当知道侵权行为以及侵权人之日起计算。发明专利申请公布后至专利权授予前使用该发明未支付适当使用费的，专利权人要求支付使用费的诉讼时效为三年，自专利权人知道或者应当知道他人使用其发明之日起计算，但是，专利权人于专利权授予之日前即已知道或者应当知道的，自专利权授予之日起计算。
/	第七十六条　药品上市审评审批过程中，药品上市许可申请人与有关专利权人或者利害关系人，因申请注册的药品相关的专利权产生纠纷的，相关当事人可以向人民法院起诉，请求就申请注册的药品相关技术方案是否落入他人药品专利权保护范围作出判决。国务院药品监督管理部门在规定的期限内，可以根据人民法院生效裁判作出是否暂停批准相关药品上市的决定。 药品上市许可申请人与有关专利权人或者利害关系人也可以就申请注册的药品相关的专利权纠纷，向国务院专利行政部门请求行政裁决。国务院药品监督管理部门会同国务院专利行政部门制定药品上市许可审批与药品上市许可申请阶段专利权纠纷解决的具体衔接办法，报国务院同意后实施。
第七十二条　侵夺发明人或者设计人的非职务发明创造专利申请权和本法规定的其他权益的，由所在单位或者上级主管机关给予行政处分。	此条款删除
第七十四条　从事专利管理工作的国家机关工作人员以及其他有关国家机关工作人员玩忽职守、滥用职权、徇私舞弊，构成犯罪的，依法追究刑事责任；尚不构成犯罪的，依法给予处分。	第八十条　从事专利管理工作的国家机关工作人员以及其他有关国家机关工作人员玩忽职守、滥用职权、徇私舞弊，构成犯罪的，依法追究刑事责任；尚不构成犯罪的，依法给予处分。

《中华人民共和国著作权法》法条修订对比

以下《中华人民共和国著作权法》主要法条修订对比，原条款框中为空或新旧法条顺序不一致的，多因新增条款和调整修订之故。

原条款（2010年4月1日起施行）	新条款（2021年6月1日起施行）
第一章　总则	**第一章　总则**
第一条　为保护文学、艺术和科学作品作者的著作权，以及与著作权有关的权益，鼓励有益于社会主义精神文明、物质文明建设的作品的创作和传播，促进社会主义文化和科学事业的发展与繁荣，根据宪法制定本法。	第一条　为保护文学、艺术和科学作品作者的著作权，以及与著作权有关的权益，鼓励有益于社会主义精神文明、物质文明建设的作品的创作和传播，促进社会主义文化和科学事业的发展与繁荣，根据宪法制定本法。
第二条　中国公民、法人或者其他组织的作品，不论是否发表，依照本法享有著作权。 外国人、无国籍人的作品根据其作者所属国或者经常居住地国同中国签订的协议或者共同参加的国际条约享有的著作权，受本法保护。 外国人、无国籍人的作品首先在中国境内出版的，依照本法享有著作权。 未与中国签订协议或者共同参加国际条约的国家的作者以及无国籍人的作品首次在中国参加的国际条约的成员国出版的，或者在成员国和非成员国同时出版的，受本法保护。	第二条　中国公民、法人或者非法人组织的作品，不论是否发表，依照本法享有著作权。 外国人、无国籍人的作品根据其作者所属国或者经常居住地国同中国签订的协议或者共同参加的国际条约享有的著作权，受本法保护。 外国人、无国籍人的作品首先在中国境内出版的，依照本法享有著作权。 未与中国签订协议或者共同参加国际条约的国家的作者以及无国籍人的作品首次在中国参加的国际条约的成员国出版的，或者在成员国和非成员国同时出版的，受本法保护。
第三条　本法所称的作品，包括以下列形式创作的文学、艺术和自然科学、社会科学、工程技术等作品： （一）文字作品； （二）口述作品； （三）音乐、戏剧、曲艺、舞蹈、杂技艺术作品；	第三条　本法所称的作品，是指文学、艺术和科学领域内具有独创性并能以一定形式表现的智力成果，包括： （一）文字作品； （二）口述作品； （三）音乐、戏剧、曲艺、舞蹈、杂技艺术作品；

（续表）

原条款（2010年4月1日起施行）	新条款（2021年6月1日起施行）
（四）美术、建筑作品； （五）摄影作品； （六）电影作品和以类似摄制电影的方法创作的作品； （七）工程设计图、产品设计图、地图、示意图等图形作品和模型作品； （八）计算机软件； （九）法律、行政法规规定的其他作品。	（四）美术、建筑作品； （五）摄影作品； （六）视听作品； （七）工程设计图、产品设计图、地图、示意图等图形作品和模型作品； （八）计算机软件； （九）符合作品特征的其他智力成果。
第四条 著作权人行使著作权，不得违反宪法和法律，不得损害公共利益。国家对作品的出版、传播依法进行监督管理。	第四条 著作权人和与著作权有关的权利人行使权利，不得违反宪法和法律，不得损害公共利益。国家对作品的出版、传播依法进行监督管理。
第五条 本法不适用于： （一）法律、法规，国家机关的决议、决定、命令和其他具有立法、行政、司法性质的文件，及其官方正式译文； （二）时事新闻； （三）历法、通用数表、通用表格和公式。	第五条 本法不适用于： （一）法律、法规，国家机关的决议、决定、命令和其他具有立法、行政、司法性质的文件，及其官方正式译文； （二）单纯事实消息； （三）历法、通用数表、通用表格和公式。
第七条 国务院著作权行政管理部门主管全国的著作权管理工作；各省、自治区、直辖市人民政府的著作权行政管理部门主管本行政区域的著作权管理工作。	第七条 国家著作权主管部门负责全国的著作权管理工作；县级以上地方主管著作权的部门负责本行政区域的著作权管理工作。
第八条 著作权人和与著作权有关的权利人可以授权著作权集体管理组织行使著作权或者与著作权有关的权利。著作权集体管理组织被授权后，可以以自己的名义为著作权人和与著作权有关的权利人主张权利，并可以作为当事人进行涉及著作权或者与著作权有关的权利的诉讼、仲裁活动。	第八条 著作权人和与著作权有关的权利人可以授权著作权集体管理组织行使著作权或者与著作权有关的权利。依法设立的著作权集体管理组织是非营利法人，被授权后可以以自己的名义为著作权人和与著作权有关的权利人主张权利，并可以作为当事人进行涉及著作权或者著作权有关的权利的诉讼、仲裁、调解活动。

（续表）

原条款（2010年4月1日起施行）	新条款（2021年6月1日起施行）
著作权集体管理组织是非营利性组织，其设立方式、权利义务、著作权许可使用费的收取和分配，以及对其监督和管理等由国务院另行规定。	著作权集体管理组织根据授权向使用者收取使用费。使用费的收取标准由著作权集体管理组织和使用者代表协商确定，协商不成的，可以向国家著作权主管部门申请裁决，对裁决不服的，可以向人民法院提起诉讼；当事人也可以直接向人民法院提起诉讼。 著作权集体管理组织应当将使用费的收取和转付、管理费的提取和使用、使用费的未分配部分等总体情况定期向社会公布，并应当建立权利信息查询系统，供权利人和使用者查询。国家著作权主管部门应当依法对著作权集体管理组织进行监督、管理。 著作权集体管理组织的设立方式、权利义务、使用费的收取和分配，以及对其监督和管理等由国务院另行规定。
第二章　著作权	**第二章　著作权**
第一节　著作权人及其权利	第一节　著作权人及其权利
第九条　著作权人包括： （一）作者； （二）其他依照本法享有著作权的公民、法人或者其他组织。	第九条　著作权人包括： （一）作者； （二）其他依照本法享有著作权的自然人、法人或者非法人组织。
第十条　著作权包括下列人身权和财产权： （一）发表权，即决定作品是否公之于众的权利； （二）署名权，即表明作者身份，在作品上署名的权利； （三）修改权，即修改或者授权他人修改作品的权利； （四）保护作品完整权，即保护作品不受歪曲、篡改的权利；	第十条　著作权包括下列人身权和财产权： （一）发表权，即决定作品是否公之于众的权利； （二）署名权，即表明作者身份，在作品上署名的权利； （三）修改权，即修改或者授权他人修改作品的权利； （四）保护作品完整权，即保护作品不受歪曲、篡改的权利；

(续表)

原条款（2010年4月1日起施行）	新条款（2021年6月1日起施行）
（五）复制权，即以印刷、复印、拓印、录音、录像、翻录、翻拍等方式将作品制作一份或者多份的权利； （六）发行权，即以出售或者赠与方式向公众提供作品的原件或者复制件的权利； （七）出租权，即有偿许可他人临时使用电影作品和以类似摄制电影的方法创作的作品、计算机软件的权利，计算机软件不是出租的主要标的的除外； （八）展览权，即公开陈列美术作品、摄影作品的原件或者复制件的权利； （九）表演权，即公开表演作品，以及用各种手段公开播送作品的表演的权利； （十）放映权，即通过放映机、幻灯机等技术设备公开再现美术、摄影、电影和以类似摄制电影的方法创作的作品等的权利； （十一）广播权，即以无线方式公开广播或者传播作品，以有线传播或者转播的方式向公众传播广播的作品，以及通过扩音器或者其他传送符号、声音、图像的类似工具向公众传播广播的作品的权利； （十二）信息网络传播权，即以有线或者无线方式向公众提供作品，使公众可以在其个人选定的时间和地点获得作品的权利； （十三）摄制权，即以摄制电影或者以类似摄制电影的方法将作品固定在载体上的权利； （十四）改编权，即改变作品，创作出具有独创性的新作品的权利； （十五）翻译权，即将作品从一种语言文字转换成另一种语言文字的权利；	（五）复制权，即以印刷、复印、拓印、录音、录像、翻录、翻拍、数字化等方式将作品制作一份或者多份的权利； （六）发行权，即以出售或者赠与方式向公众提供作品的原件或者复制件的权利； （七）出租权，即有偿许可他人临时使用视听作品、计算机软件的原件或者复制件的权利，计算机软件不是出租的主要标的的除外； （八）展览权，即公开陈列美术作品、摄影作品的原件或者复制件的权利； （九）表演权，即公开表演作品，以及用各种手段公开播送作品的表演的权利； （十）放映权，即通过放映机、幻灯机等技术设备公开再现美术、摄影、视听作品等的权利； （十一）广播权，即以有线或者无线方式公开传播或者转播作品，以及通过扩音器或者其他传送符号、声音、图像的类似工具向公众传播广播的作品的权利，但不包括本款第十二项规定的权利； （十二）信息网络传播权，即以有线或者无线方式向公众提供，使公众可以在其选定的时间和地点获得作品的权利； （十三）摄制权，即以摄制视听作品的方法将作品固定在载体上的权利； （十四）改编权，即改变作品，创作出具有独创性的新作品的权利； （十五）翻译权，即将作品从一种语言文字转换成另一种语言文字的权利； （十六）汇编权，即将作品或者作品的片段通过选择或者编排，汇集成新作品的权利；

（续表）

原条款（2010年4月1日起施行）	新条款（2021年6月1日起施行）
（十六）汇编权，即将作品或者作品的片段通过选择或者编排，汇集成新作品的权利； （十七）应当由著作权人享有的其他权利。 著作权人可以许可他人行使前款第（五）项至第（十七）项规定的权利，并依照约定或者本法有关规定获得报酬。 著作权人可以全部或者部分转让本条第一款第（五）项至第（十七）项规定的权利，并依照约定或者本法有关规定获得报酬。	（十七）应当由著作权人享有的其他权利。 著作权人可以许可他人行使前款第（五）项至第（十七）项规定的权利，并依照约定或者本法有关规定获得报酬。 著作权人可以全部或者部分转让本条第一款第（五）项至第（十七）项规定的权利，并依照约定或者本法有关规定获得报酬。
第二节　著作权归属	第二节　著作权归属
第十一条　著作权属于作者，本法另有规定的除外。 创作作品的公民是作者。 由法人或者其他组织主持，代表法人或者其他组织意志创作，并由法人或者其他组织承担责任的作品，法人或者其他组织视为作者。 如无相反证明，在作品上署名的公民、法人或者其他组织为作者。	第十一条　著作权属于作者，本法另有规定的除外。 创作作品的自然人是作者。 由法人或者非法人组织主持，代表法人或者非法人组织意志创作，并由法人或者非法人组织承担责任的作品，法人或者非法人组织视为作者。
第十二条　改编、翻译、注释、整理已有作品而产生的作品，其著作权由改编、翻译、注释、整理人享有，但行使著作权时不得侵犯原作品的著作权。	第十二条　在作品上署名的自然人、法人或者非法人组织为作者，且该作品上存在相应权利，但有相反证明的除外。 作者等著作权人可以向国家著作权主管部门认定的登记机构办理作品登记。 与著作权有关的权利参照适用前两款规定。
第十三条　两人以上合作创作的作品，著作权由合作作者共同享有。没有参加创作的人，不能成为合作作者。 合作作品可以分割使用的，作者对各自创作的部分可以单独享有著作权，但行使著作权时不得侵犯合作作品整体的著作权。	第十三条　改编、翻译、注释、整理已有作品而产生的作品，其著作权由改编、翻译、注释、整理人享有，但行使著作权时不得侵犯原作品的著作权。

（续表）

原条款（2010年4月1日起施行）	新条款（2021年6月1日起施行）
第十四条　汇编若干作品、作品的片段或者不构成作品的数据或者其他材料，对其内容的选择或者编排体现独创性的作品，为汇编作品，其著作权由汇编人享有，但行使著作权时，不得侵犯原作品的著作权。	第十四条　两人以上合作创作的作品，著作权由合作作者共同享有。没有参加创作的人，不能成为合作作者。 合作作品的著作权由合作作者通过协商一致行使；不能协商一致，又无正当理由的，任何一方不得阻止他方行使除转让、许可他人专有使用、出质以外的其他权利，但是所得收益应当合理分配给所有合作作者。 合作作品可以分割使用的，作者对各自创作的部分可以单独享有著作权，但行使著作权时不得侵犯合作作品整体的著作权。
第十五条　电影作品和以类似摄制电影的方法创作的作品的著作权由制片者享有，但编剧、导演、摄影、作词、作曲等作者享有署名权，并有权按照与制片者签订的合同获得报酬。 电影作品和以类似摄制电影的方法创作的作品中的剧本、音乐等可以单独使用的作品的作者有权单独行使其著作权。	第十五条　汇编若干作品、作品的片段或者不构成作品的数据或者其他材料，对其内容的选择或者编排体现独创性的作品，为汇编作品，其著作权由汇编人享有，但行使著作权时，不得侵犯原作品的著作权。
第十六条　公民为完成法人或者其他组织工作任务所创作的作品是职务作品，除本条第二款的规定以外，著作权由作者享有，但法人或者其他组织有权在其业务范围内优先使用。作品完成两年内，未经单位同意，作者不得许可第三人以与单位使用的相同方式使用该作品。 有下列情形之一的职务作品，作者享有署名权，著作权的其他权利由法人或者其他组织享有，法人或者其他组织可以给予作者奖励： （一）主要是利用法人或者其他组织的物质技术条件创作，并由法人或者其他组织承担责任的工程设计图、产品设计图、地图、计算机软件等职务作品； （二）法律、行政法规规定或者合同约定著作权由法人或者其他组织享有的职务作品。	第十六条　使用改编、翻译、注释、整理、汇编已有作品而产生的作品进行出版、演出和制作录音录像制品，应当取得该作品的著作权人和原作品的著作权人许可，并支付报酬。

（续表）

原条款（2010年4月1日起施行）	新条款（2021年6月1日起施行）
第十七条 受委托创作的作品，著作权的归属由委托人和受托人通过合同约定。合同未作明确约定或者没有订立合同的，著作权属于受托人。	第十七条 视听作品中的电影作品、电视剧作品的著作权由制作者享有，但编剧、导演、摄影、作词、作曲等作者享有署名权，并有权按照与制作者签订的合同获得报酬。 前款规定以外的视听作品的著作权归属由当事人约定；没有约定或者约定不明确的，由制作者享有，但作者享有署名权和获得报酬的权利。 视听作品中的剧本、音乐等可以单独使用的作品的作者有权单独行使其著作权。
第十八条 美术等作品原件所有权的转移，不视为作品著作权的转移，但美术作品原件的展览权由原件所有人享有。	第十八条 自然人为完成法人或者非法人组织工作任务所创作的作品是职务作品，除本条第二款的规定以外，著作权由作者享有，但法人或者非法人组织有权在其业务范围内优先使用。作品完成两年内，未经单位同意，作者不得许可第三人以与单位使用的相同方式使用该作品。 有下列情形之一的职务作品，作者享有署名权，著作权的其他权利由法人或者非法人组织享有，法人或者非法人组织可以给予作者奖励： （一）主要是利用法人或者非法人组织的物质技术条件创作，并由法人或者非法人组织承担责任的工程设计图、产品设计图、地图、示意图、计算机软件等职务作品； （二）报社、期刊社、通讯社、广播电台、电视台的工作人员创作的职务作品； （三）法律、行政法规规定或者合同约定著作权由法人或者非法人组织享有的职务作品。

(续表)

原条款（2010年4月1日起施行）	新条款（2021年6月1日起施行）
第十九条　著作权属于公民的，公民死亡后，其本法第十条第一款第（五）项至第（十七）项规定的权利在本法规定的保护期内，依照继承法的规定转移。 著作权属于法人或者其他组织的，法人或者其他组织变更、终止后，其本法第十条第一款第（五）项至第（十七）项规定的权利在本法规定的保护期内，由承受其权利义务的法人或者其他组织享有；没有承受其权利义务的法人或者其他组织的，由国家享有。	第十九条　受委托创作的作品，著作权的归属由委托人和受托人通过合同约定。合同未作明确约定或者没有订立合同的，著作权属于受托人。
第二十条　作者的署名权、修改权、保护作品完整权的保护期不受限制。	第二十条　作品原件所有权的转移，不改变作品著作权的归属，但美术、摄影作品原件的展览权由原件所有人享有。 作者将未发表的美术、摄影作品的原件所有权转让给他人，受让人展览该原件不构成对作者发表权的侵犯。
第二十一条　公民的作品，其发表权、本法第十条第一款第（五）项至第（十七）项规定的权利的保护期为作者终生及其死亡后五十年，截止于作者死亡后第五十年的12月31日；如果是合作作品，截止于最后死亡的作者死亡后第五十年的12月31日。 法人或者其他组织的作品、著作权（署名权除外）由法人或者其他组织享有的职务作品，其发表权、本法第十条第一款第（五）项至第（十七）项规定的权利的保护期为五十年，截止于作品首次发表后第五十年的12月31日，但作品自创作完成后五十年内未发表的，本法不再保护。 电影作品和以类似摄制电影的方法创作的作品、摄影作品，其发表权、本法第十条第一款第（五）项至第（十七）项规定的权利的保护期为五十年，截止于作品首次发表后第五十年的12月31日，但作品自创作完成后五十年内未发表的，本法不再保护。	第二十一条　著作权属于自然人的，自然人死亡后，其本法第十条第一款第（五）项至第（十七）项规定的权利在本法规定的保护期内，依法转移。 著作权属于法人或者非法人组织的，法人或者非法人组织变更、终止后，其本法第十条第一款第（五）项至第（十七）项规定的权利在本法规定的保护期内，由承受其权利义务的法人或者非法人组织享有；没有承受其权利义务的法人或者非法人组织的，由国家享有。

(续表)

原条款（2010年4月1日起施行）	新条款（2021年6月1日起施行）
第三节　权利的限制	第三节　权利的保护期
第二十二条　在下列情况下使用作品，可以不经著作权人许可，不向其支付报酬，但应当指明作者姓名、作品名称，并且不得侵犯著作权人依照本法享有的其他权利： （一）为个人学习、研究或者欣赏，使用他人已经发表的作品； （二）为介绍、评论某一作品或者说明某一问题，在作品中适当引用他人已经发表的作品； （三）为报道时事新闻，在报纸、期刊、广播电台、电视台等媒体中不可避免地再现或者引用已经发表的作品； （四）报纸、期刊、广播电台、电视台等媒体刊登或者播放其他报纸、期刊、广播电台、电视台等媒体已经发表的关于政治、经济、宗教问题的时事性文章，但作者声明不许刊登、播放的除外； （五）报纸、期刊、广播电台、电视台等媒体刊登或者播放在公众集会上发表的讲话，但作者声明不许刊登、播放的除外； （六）为学校课堂教学或者科学研究，翻译或者少量复制已经发表的作品，供教学或者科研人员使用，但不得出版发行； （七）国家机关为执行公务在合理范围内使用已经发表的作品； （八）图书馆、档案馆、纪念馆、博物馆、美术馆等为陈列或者保存版本的需要，复制本馆收藏的作品； （九）免费表演已经发表的作品，该表演未向公众收取费用，也未向表演者支付报酬；	第二十二条　作者的署名权、修改权、保护作品完整权的保护期不受限制。

（续表）

原条款（2010年4月1日起施行）	新条款（2021年6月1日起施行）
（十）对设置或者陈列在室外公共场所的艺术作品进行临摹、绘画、摄影、录像； （十一）将中国公民、法人或者其他组织已经发表的以汉语言文字创作的作品翻译成少数民族语言文字作品在国内出版发行； （十二）将已经发表的作品改成盲文出版。 　　前款规定适用于对出版者、表演者、录音录像制作者、广播电台、电视台的权利的限制。	
第二十三条　为实施九年制义务教育和国家教育规划而编写出版教科书，除作者事先声明不许使用的外，可以不经著作权人许可，在教科书中汇编已经发表的作品片段或者短小的文字作品、音乐作品或者单幅的美术作品、摄影作品，但应当按照规定支付报酬，指明作者姓名、作品名称，并且不得侵犯著作权人依照本法享有的其他权利。 　　前款规定适用于对出版者、表演者、录音录像制作者、广播电台、电视台的权利的限制。	第二十三条　自然人的作品，其发表权、本法第十条第一款第（五）项至第（十七）项规定的权利的保护期为作者终生及其死亡后五十年，截止于作者死亡后第五十年的12月31日；如果是合作作品，截止于最后死亡的作者死亡后第五十年的12月31日。 　　法人或者非法人组织的作品、著作权（署名权除外）由法人或者非法人组织享有的职务作品，其发表权的保护期为五十年，截止于作品创作完成后第五十年的12月31日；本法第十条第一款第五项至第十七项规定的权利的保护期为五十年，截止于作品首次发表后第五十年的12月31日，但作品自创作完成后五十年内未发表的，本法不再保护。 　　视听作品，其发表权的保护期为五十年，截止于作品创作完成后第五十年的12月31日；本法第十条第一款第五项至第十七项规定的权利的保护期为五十年，截止于作品首次发表后第五十年的12月31日，但作品自创作完成后五十年内未发表的，本法不再保护。

（续表）

原条款（2010年4月1日起施行）	新条款（2021年6月1日起施行）
第四节　权利的限制	第四节　权利的限制
第二十四条　使用他人作品应当同著作权人订立许可使用合同，本法规定可以不经许可的除外。 许可使用合同包括下列主要内容： （一）许可使用的权利种类； （二）许可使用的权利是专有使用权或者非专有使用权； （三）许可使用的地域范围、期间； （四）付酬标准和办法； （五）违约责任； （六）双方认为需要约定的其他内容。	第二十四条　在下列情况下使用作品，可以不经著作权人许可，不向其支付报酬，但应当指明作者姓名或者名称、作品名称，并且不得影响该作品的正常使用，也不得不合理地损害著作权人的合法权益： （一）为个人学习、研究或者欣赏，使用他人已经发表的作品； （二）为介绍、评论某一作品或者说明某一问题，在作品中适当引用他人已经发表的作品； （三）为报道新闻，在报纸、期刊、广播电台、电视台等媒体中不可避免地再现或者引用已经发表的作品； （四）报纸、期刊、广播电台、电视台等媒体刊登或者播放其他报纸、期刊、广播电台、电视台等媒体已经发表的关于政治、经济、宗教问题的时事性文章，但著作权人声明不许刊登、播放的除外； （五）报纸、期刊、广播电台、电视台等媒体刊登或者播放在公众集会上发表的讲话，但作者声明不许刊登、播放的除外； （六）为学校课堂教学或者科学研究，翻译、改编、汇编、播放或者少量复制已经发表的作品，供教学或者科研人员使用，但不得出版发行； （七）国家机关为执行公务在合理范围内使用已经发表的作品； （八）图书馆、档案馆、纪念馆、博物馆、美术馆、文化馆等为陈列或者保存版本的需要，复制本馆收藏的作品； （九）免费表演已经发表的作品，该表演未向公众收取费用，也未向表演者支付报酬，且不以营利为目的；

（续表）

原条款（2010年4月1日起施行）	新条款（2021年6月1日起施行）
	（十）对设置或者陈列在公共场所的艺术作品进行临摹、绘画、摄影、录像； （十一）将中国公民、法人或者非法人组织已经发表的以国家通用语言文字创作的作品翻译成少数民族语言文字作品在国内出版发行； （十二）以阅读障碍者能够感知的无障碍方式向其提供已经发表的作品； （十三）法律、行政法规规定的其他情形。 前款规定适用于对与著作权有关的权利的限制。
第二十五条 转让本法第十条第一款第（五）项至第（十七）项规定的权利，应当订立书面合同。 权利转让合同包括下列主要内容： （一）作品的名称； （二）转让的权利种类、地域范围； （三）转让价金； （四）交付转让价金的日期和方式； （五）违约责任； （六）双方认为需要约定的其他内容。	第二十五条 为实施义务教育和国家教育规划而编写出版教科书，可以不经著作权人许可，在教科书中汇编已经发表的作品片段或者短小的文字作品、音乐作品或者单幅的美术作品、摄影作品、图形作品，但应当按照规定向著作权人支付报酬，指明作者姓名或者名称、作品名称，并且不得侵犯著作权人依照本法享有的其他权利。 前款规定适用于对与著作权有关的权利的限制。
第三章 著作权许可使用和转让合同	**第三章 著作权许可使用和转让合同**
第二十六条 以著作权出质的，由出质人和质权人向国务院著作权行政管理部门办理出质登记。	第二十六条 使用他人作品应当同著作权人订立许可使用合同，本法规定可以不经许可的除外。 许可使用合同包括下列主要内容： （一）许可使用的权利种类； （二）许可使用的权利是专有使用权或者非专有使用权； （三）许可使用的地域范围、期间； （四）付酬标准和办法； （五）违约责任； （六）双方认为需要约定的其他内容。

（续表）

原条款（2010年4月1日起施行）	新条款（2021年6月1日起施行）
第二十七条　许可使用合同和转让合同中著作权人未明确许可、转让的权利，未经著作权人同意，另一方当事人不得行使。	第二十七条　转让本法第十条第一款第（五）项至第（十七）项规定的权利，应当订立书面合同。 权利转让合同包括下列主要内容： （一）作品的名称； （二）转让的权利种类、地域范围； （三）转让价金； （四）交付转让价金的日期和方式； （五）违约责任； （六）双方认为需要约定的其他内容。
第二十八条　使用作品的付酬标准可以由当事人约定，也可以按照国务院著作权行政管理部门会同有关部门制定的付酬标准支付报酬。当事人约定不明确的，按照国务院著作权行政管理部门会同有关部门制定的付酬标准支付报酬。	第二十八条　以著作权中的财产权出质的，由出质人和质权人依法办理出质登记。
第二十九条　出版者、表演者、录音录像制作者、广播电台、电视台等依照本法有关规定使用他人作品的，不得侵犯作者的署名权、修改权、保护作品完整权和获得报酬的权利。	第二十九条　许可使用合同和转让合同中著作权人未明确许可、转让的权利，未经著作权人同意，另一方当事人不得行使。
第三十条　图书出版者出版图书应当和著作权人订立出版合同，并支付报酬。	第三十条　使用作品的付酬标准可以由当事人约定，也可以按照国家著作权主管部门会同有关部门制定的付酬标准支付报酬。当事人约定不明确的，按照国家著作权主管部门会同有关部门制定的付酬标准支付报酬。
第三十一条　图书出版者对著作权人交付出版的作品，按照合同约定享有的专有出版权受法律保护，他人不得出版该作品。	第三十一条　出版者、表演者、录音录像制作者、广播电台、电视台等依照本法有关规定使用他人作品的，不得侵犯作者的署名权、修改权、保护作品完整权和获得报酬的权利。

（续表）

原条款（2010年4月1日起施行）	新条款（2021年6月1日起施行）
第四章　出版、表演、录音录像、播放	**第四章　与著作权有关的权利**
第一节　图书、报刊的出版	第一节　图书、报刊的出版
第三十二条　著作权人应当按照合同约定期限交付作品。图书出版者应当按照合同约定的出版质量、期限出版图书。 图书出版者不按照合同约定期限出版，应当依照本法第五十四条的规定承担民事责任。 图书出版者重印、再版作品的，应当通知著作权人，并支付报酬。图书脱销后，图书出版者拒绝重印、再版的，著作权人有权终止合同。	第三十二条　图书出版者出版图书应当和著作权人订立出版合同，并支付报酬。
第三十三条　著作权人向报社、期刊社投稿的，自稿件发出之日起十五日内未收到报社通知决定刊登的，或者自稿件发出之日起三十日内未收到期刊社通知决定刊登的，可以将同一作品向其他报社、期刊社投稿。双方另有约定的除外。 作品刊登后，除著作权人声明不得转载、摘编的外，其他报刊可以转载或者作为文摘、资料刊登，但应当按照规定向著作权人支付报酬。	第三十三条　图书出版者对著作权人交付出版的作品，按照合同约定享有的专有出版权受法律保护，他人不得出版该作品。
/	第三十四条　著作权人应当按照合同约定期限交付作品。图书出版者应当按照合同约定的出版质量、期限出版图书。 图书出版者不按照合同约定期限出版，应当依照本法第五十四条的规定承担民事责任。 图书出版者重印、再版作品的，应当通知著作权人，并支付报酬。图书脱销后，图书出版者拒绝重印、再版的，著作权人有权终止合同。

(续表)

原条款（2010年4月1日起施行）	新条款（2021年6月1日起施行）
/	第三十五条　著作权人向报社、期刊社投稿的，自稿件发出之日起十五日内未收到报社通知决定刊登的，或者自稿件发出之日起三十日内未收到期刊社通知决定刊登的，可以将同一作品向其他报社、期刊社投稿。双方另有约定的除外。 作品刊登后，除著作权人声明不得转载、摘编的外，其他报刊可以转载或者作为文摘、资料刊登，但应当按照规定向著作权人支付报酬。
第三十四条　图书出版者经作者许可，可以对作品修改、删节。 报社、期刊社可以对作品作文字性修改、删节。对内容的修改，应当经作者许可。	第三十六条　图书出版者经作者许可，可以对作品修改、删节。 报社、期刊社可以对作品作文字性修改、删节。对内容的修改，应当经作者许可。
第三十五条　出版改编、翻译、注释、整理、汇编已有作品而产生的作品，应当取得改编、翻译、注释、整理、汇编作品的著作权人和原作品的著作权人许可，并支付报酬。	此条款删除
第三十六条　出版者有权许可或者禁止他人使用其出版的图书、期刊的版式设计。 前款规定的权利的保护期为十年，截止于使用该版式设计的图书、期刊首次出版后第十年的12月31日。	第三十七条　出版者有权许可或者禁止他人使用其出版的图书、期刊的版式设计。 前款规定的权利的保护期为十年，截止于使用该版式设计的图书、期刊首次出版后第十年的12月31日。
第二节　表演	第二节　表演
第三十七条　使用他人作品演出，表演者（演员、演出单位）应当取得著作权人许可，并支付报酬。演出组织者组织演出，由该组织者取得著作权人许可，并支付报酬。	第三十八条　使用他人作品演出，表演者应当取得著作权人许可，并支付报酬。演出组织者组织演出，由该组织者取得著作权人许可，并支付报酬。

(续表)

原条款（2010年4月1日起施行）	新条款（2021年6月1日起施行）
使用改编、翻译、注释、整理已有作品而产生的作品进行演出，应当取得改编、翻译、注释、整理作品的著作权人和原作品的著作权人许可，并支付报酬。	
第三十八条　表演者对其表演享有下列权利： （一）表明表演者身份； （二）保护表演形象不受歪曲； （三）许可他人从现场直播和公开传送其现场表演，并获得报酬； （四）许可他人录音录像，并获得报酬； （五）许可他人复制、发行录有其表演的录音录像制品，并获得报酬； （六）许可他人通过信息网络向公众传播其表演，并获得报酬。 被许可人以前款第（三）项至第（六）项规定的方式使用作品，还应当取得著作权人许可，并支付报酬。	第三十九条　表演者对其表演享有下列权利： （一）表明表演者身份； （二）保护表演形象不受歪曲； （三）许可他人从现场直播和公开传送其现场表演，并获得报酬； （四）许可他人录音录像，并获得报酬； （五）许可他人复制、发行、出租录有其表演的录音录像制品，并获得报酬； （六）许可他人通过信息网络向公众传播其表演，并获得报酬。 被许可人以前款第（三）项至第（六）项规定的方式使用作品，还应当取得著作权人许可，并支付报酬。
/	第四十条（新增）　演员为完成本演出单位的演出任务进行的表演为职务表演，演员享有表明身份和保护表演形象不受歪曲的权利，其他权利归属由当事人约定。当事人没有约定或者约定不明确的，职务表演的权利由演出单位享有。 职务表演的权利由演员享有的，演出单位可以在其业务范围内免费使用该表演。
第三十九条　本法第三十八条第一款第（一）项、第（二）项规定的权利的保护期不受限制。 本法第三十八条第一款第（三）项至第（六）项规定的权利的保护期为五十年，截止于该表演发生后第五十年的12月31日。	第四十一条　本法第三十九条第一款第（一）项、第（二）项规定的权利的保护期不受限制。 本法第三十九条第一款第（三）项至第（六）项规定的权利的保护期为五十年，截止于该表演发生后第五十年的12月31日。

(续表)

原条款（2010年4月1日起施行）	新条款（2021年6月1日起施行）
第三节　录音录像	第三节　录音录像
第四十条　录音录像制作者使用他人作品制作录音录像制品，应当取得著作权人许可，并支付报酬。 录音录像制作者使用改编、翻译、注释、整理已有作品而产生的作品，应当取得改编、翻译、注释、整理作品的著作权人和原作品著作权人许可，并支付报酬。 录音制作者使用他人已经合法录制为录音制品的音乐作品制作录音制品，可以不经著作权人许可，但应当按照规定支付报酬；著作权人声明不许使用的不得使用。	第四十二条　录音录像制作者使用他人作品制作录音录像制品，应当取得著作权人许可，并支付报酬。 录音制作者使用他人已经合法录制为录音制品的音乐作品制作录音制品，可以不经著作权人许可，但应当按照规定支付报酬；著作权人声明不许使用的不得使用。
第四十一条　录音录像制作者制作录音录像制品，应当同表演者订立合同，并支付报酬。	第四十三条　录音录像制作者制作录音录像制品，应当同表演者订立合同，并支付报酬。
第四十二条　录音录像制作者对其制作的录音录像制品，享有许可他人复制、发行、出租、通过信息网络向公众传播并获得报酬的权利；权利的保护期为五十年，截止于该制品首次制作完成后第五十年的12月31日。 被许可人复制、发行、通过信息网络向公众传播录音录像制品，还应当取得著作权人、表演者许可，并支付报酬。	第四十四条　录音录像制作者对其制作的录音录像制品，享有许可他人复制、发行、出租、通过信息网络向公众传播并获得报酬的权利；权利的保护期为五十年，截止于该制品首次制作完成后第五十年的12月31日。 被许可人复制、发行、通过信息网络向公众传播录音录像制品，应当同时取得著作权人、表演者许可，并支付报酬；被许可人出租录音录像制品，还应当取得表演者许可，并支付报酬。
/	第四十五条（新增）　将录音制品用于有线或者无线公开传播，或者通过传送声音的技术设备向公众公开播送的，应当向录音制作者支付报酬。

（续表）

原条款（2010年4月1日起施行）	新条款（2021年6月1日起施行）
第四节　广播电台、电视台播放	第四节　广播电台、电视台播放
第四十三条　广播电台、电视台播放他人未发表的作品，应当取得著作权人许可，并支付报酬。 广播电台、电视台播放他人已发表的作品，可以不经著作权人许可，但应当支付报酬。（调整为第四十六条）	第四十六条　广播电台、电视台播放他人未发表的作品，应当取得著作权人许可，并支付报酬。 广播电台、电视台播放他人已发表的作品，可以不经著作权人许可，但应当按照规定支付报酬。
第四十四条　广播电台、电视台播放已经出版的录音制品，可以不经著作权人许可，但应当支付报酬。当事人另有约定的除外。具体办法由国务院规定。	此条款删除
第四十五条　广播电台、电视台有权禁止未经其许可的下列行为： （一）将其播放的广播、电视转播； （二）将其播放的广播、电视录制在音像载体上以及复制音像载体。 前款规定的权利的保护期为五十年，截止于该广播、电视首次播放后第五十年的12月31日。	第四十七条　广播电台、电视台有权禁止未经其许可的下列行为： （一）将其播放的广播、电视以有线或者无线方式转播； （二）将其播放的广播、电视录制以及复制。 将其播放的广播、电视通过信息网络向公众传播。 广播电台、电视台行使前款规定的权利，不得影响、限制或者侵害他人行使著作权或者与著作权有关的权利。 本条第一款规定的权利的保护期为五十年，截止于该广播、电视首次播放后第五十年的12月31日。
第四十六条　电视台播放他人的电影作品和以类似摄制电影的方法创作的作品、录像制品，应当取得制片者或者录像制作者许可，并支付报酬；播放他人的录像制品，还应当取得著作权人许可，并支付报酬。（调整为第四十八条）	第四十八条　电视台播放他人的视听作品、录像制品，应当取得视听作品著作权人或者录像制作者许可，并支付报酬；播放他人的录像制品，还应当取得著作权人许可，并支付报酬。

（续表）

原条款（2010年4月1日起施行）	新条款（2021年6月1日起施行）
第五章　法律责任和执法措施	**第五章　著作权和与著作权有关的权利的保护**
/	第四十九条　为保护著作权和与著作权有关的权利，权利人可以采取技术措施。 　　未经权利人许可，任何组织或者个人不得故意避开或破坏技术措施，不得以避开或者破坏技术措施为目的制造、进口或者向公众提供有关装置或者部件，不得故意为他人避开或者破坏技术措施提供技术服务。但是，法律、行政法规规定可以避开的情形除外。 　　本法所称的技术措施，是指用于防止、限制未经权利人许可浏览、欣赏作品、表演、录音录像制品或者通过信息网络向公众提供作品、表演、录音录像制品的有效技术、装置或者部件。
/	第五十条　下列情形可以避开技术措施，但不得向他人提供避开技术措施的技术、装置或者部件，不得侵犯权利人依法享有的其他权利： 　　（一）为学校课堂教学或者科学研究，提供少量已经发表的作品，供教学或者科研人员使用，而该作品无法通过正常途径获取； 　　（二）不以营利为目的，以阅读障碍者能够感知的无障碍方式向其提供已经发表的作品，而该作品无法通过正常途径获取； 　　（三）国家机关依照行政、监察、司法程序执行公务； 　　（四）对计算机及其系统或者网络的安全性能进行测试； 　　（五）进行加密研究或者计算机软件反向工程研究。 　　前款规定适用于对与著作权有关的权利的限制。

（续表）

原条款（2010年4月1日起施行）	新条款（2021年6月1日起施行）
/	第五十一条　未经权利人许可，不得进行下列行为： （一）故意删除或者改变作品、版式设计、表演、录音录像制品或者广播、电视上的权利管理信息，但由于技术上的原因无法避免的除外； （二）知道或者应当知道作品、版式设计、表演、录音录像制品或者广播、电视上的权利管理信息未经许可被删除或者改变，仍然向公众提供。
第四十七条　有下列侵权行为的，应当根据情况，承担停止侵害、消除影响、赔礼道歉、赔偿损失等民事责任： （一）未经著作权人许可，发表其作品的； （二）未经合作作者许可，将与他人合作创作的作品当作自己单独创作的作品发表的； （三）没有参加创作，为谋取个人名利，在他人作品上署名的； （四）歪曲、篡改他人作品的； （五）剽窃他人作品的； （六）未经著作权人许可，以展览、摄制电影和以类似摄制电影的方法使用作品，或者以改编、翻译、注释等方式使用作品的，本法另有规定的除外； （七）使用他人作品，应当支付报酬而未支付的； （八）未经电影作品和以类似摄制电影的方法创作的作品、计算机软件、录音录像制品的著作权人或者与著作权有关的权利人许可，出租其作品或者录音录像制品的，本法另有规定的除外； （九）未经出版者许可，使用其出版的图书、期刊的版式设计的； （十）未经表演者许可，从现场直播或者公开传送其现场表演，或者录制其表演的；	第五十二条　有下列侵权行为的，应当根据情况，承担停止侵害、消除影响、赔礼道歉、赔偿损失等民事责任： （一）未经著作权人许可，发表其作品的； （二）未经合作作者许可，将与他人合作创作的作品当作自己单独创作的作品发表的； （三）没有参加创作，为谋取个人名利，在他人作品上署名的； （四）歪曲、篡改他人作品的； （五）剽窃他人作品的； （六）未经著作权人许可，以展览、摄制视听作品，或者以改编、翻译、注释等方式使用作品的，本法另有规定的除外； （七）使用他人作品，应当支付报酬而未支付的； （八）未经视听作品、计算机软件、录音录像制品的著作权人、表演者或者录音录像制作者许可，出租其作品或者录音录像制品的原件或者复制件的，本法另有规定的除外； （九）未经出版者许可，使用其出版的图书、期刊的版式设计的； （十）未经表演者许可，从现场直播或者公开传送其现场表演，或者录制其表演的；

（续表）

原条款（2010年4月1日起施行）	新条款（2021年6月1日起施行）
（十一）其他侵犯著作权以及与著作权有关的权益的行为。	（十一）其他侵犯著作权以及与著作权有关的权利的行为。
第四十八条　有下列侵权行为的，应当根据情况，承担停止侵害、消除影响、赔礼道歉、赔偿损失等民事责任；同时损害公共利益的，可以由著作权行政管理部门责令停止侵权行为，没收违法所得，没收、销毁侵权复制品，并可处以罚款；情节严重的，著作权行政管理部门还可以没收主要用于制作侵权复制品的材料、工具、设备等；构成犯罪的，依法追究刑事责任： （一）未经著作权人许可，复制、发行、表演、放映、广播、汇编、通过信息网络向公众传播其作品的，本法另有规定的除外； （二）出版他人享有专有出版权的图书的； （三）未经表演者许可，复制、发行录有其表演的录音录像制品，或者通过信息网络向公众传播其表演的，本法另有规定的除外； （四）未经录音录像制作者许可，复制、发行、通过信息网络向公众传播其制作的录音录像制品的，本法另有规定的除外； （五）未经许可，播放或者复制广播、电视的，本法另有规定的除外； （六）未经著作权人或者与著作权有关的权利人许可，故意避开或者破坏权利人为其作品、录音录像制品等采取的保护著作权或者与著作权有关的权利的技术措施的，法律、行政法规另有规定的除外；	第五十三条　有下列侵权行为的，应当根据情况，承担本法第五十二条规定的民事责任；侵权行为同时损害公共利益的，由主管著作权的部门责令停止侵权行为，予以警告，没收违法所得，没收、无害化销毁处理侵权复制品以及主要用于制作侵权复制品的材料、工具、设备等，违法经营额五万元以上的，可以并处违法经营额一倍以上五倍以下的罚款；没有违法经营额、违法经营额难以计算或者不足五万元的，可以并处二十五万元以下的罚款；构成犯罪的，依法追究刑事责任： （一）未经著作权人许可，复制、发行、表演、放映、广播、汇编、通过信息网络向公众传播其作品的，本法另有规定的除外； （二）出版他人享有专有出版权的图书的； （三）未经表演者许可，复制、发行录有其表演的录音录像制品，或者通过信息网络向公众传播其表演的，本法另有规定的除外； （四）未经录音录像制作者许可，复制、发行、通过信息网络向公众传播其制作的录音像制品的，本法另有规定的除外； （五）未经许可，播放、复制或者通过信息网络向公众传播广播、电视的，本法另有规定的除外； （六）未经著作权人或者与著作权有关的权利人许可，故意避开或者破坏技术措施的，故意制造、进口或者向他人提供主要用于避开、破坏技术措施的装置或者部件的，或者故意为他人避开或者破坏技术措施提供技术服务的，法律、行政法规另有规定的除外；

(续表)

原条款（2010年4月1日起施行）	新条款（2021年6月1日起施行）
（七）未经著作权人或者与著作权有关的权利人许可，故意删除或者改变作品、录音录像制品等的权利管理电子信息的，法律、行政法规另有规定的除外； （八）制作、出售假冒他人署名的作品的。	（七）未经著作权人或者与著作权有关的权利人许可，故意删除或者改变作品、版式设计、表演、录音录像制品或者广播、电视上的权利管理信息的，知道或者应当知道作品、版式设计、表演、录音录像制品或者广播、电视上的权利管理信息未经许可被删除或者改变，仍然向公众提供的，法律、行政法规另有规定的除外； （八）制作、出售假冒他人署名的作品的。
第四十九条　侵犯著作权或者与著作权有关的权利的，侵权人应当按照权利人的实际损失给予赔偿；实际损失难以计算的，可以按照侵权人的违法所得给予赔偿。赔偿数额还应当包括权利人为制止侵权行为所支付的合理开支。 权利人的实际损失或者侵权人的违法所得不能确定的，由人民法院根据侵权行为的情节，判决给予五十万元以下的赔偿。	第五十四条　侵犯著作权或者与著作权有关的权利的，侵权人应当按照权利人因此受到的实际损失或者侵权人的违法所得给予赔偿；权利人的实际损失或者侵权人的违法所得难以计算的，可以参照该权利使用费给予赔偿。对故意侵犯著作权或者与著作权有关的权利，情节严重的，可以在按照上述方法确定数额的一倍以上五倍以下给予赔偿。 权利人的实际损失、侵权人的违法所得、权利使用费难以计算的，由人民法院根据侵权行为的情节，判决给予五百元以上五百万元以下的赔偿。 赔偿数额还应当包括权利人为制止侵权行为所支付的合理开支。 人民法院为确定赔偿数额，在权利人已经尽了必要举证责任，而与侵权行为相关的账簿、资料等主要由侵权人掌握的，可以责令侵权人提供与侵权行为相关的账簿、资料等；侵权人不提供，或者提供虚假的账簿、资料等的，人民法院可以参考权利人的主张和提供的证据确定赔偿数额。

（续表）

原条款（2010年4月1日起施行）	新条款（2021年6月1日起施行）
	人民法院审理著作权纠纷案件，应权利人请求，对侵权复制品，除特殊情况外，责令销毁；对主要用于制造侵权复制品的材料、工具、设备等，责令销毁，且不予补偿；或者在特殊情况下，责令禁止前述材料、工具、设备等进入商业渠道，且不予补偿。
/	第五十五条　主管著作权的部门对涉嫌侵犯著作权和与著作权有关的权利的行为进行查处时，可以询问有关当事人，调查与涉嫌违法行为有关的情况；对当事人涉嫌违法行为的场所和物品实施现场检查；查阅、复制与涉嫌违法行为有关的合同、发票、账簿以及其他有关资料；对于涉嫌违法行为的场所和物品，可以查封或者扣押。 主管著作权的部门依法行使前款规定的职权时，当事人应当予以协助、配合，不得拒绝、阻挠。
第五十条　著作权人或者与著作权有关的权利人有证据证明他人正在实施或者即将实施侵犯其权利的行为，如不及时制止将会使其合法权益受到难以弥补的损害的，可以在起诉前向人民法院申请采取责令停止有关行为和财产保全的措施。 人民法院处理前款申请，适用《中华人民共和国民事诉讼法》第九十三条至第九十六条和第九十九条的规定。	第五十六条　著作权人或者与著作权有关的权利人有证据证明他人正在实施或者即将实施侵犯其权利、妨碍其实现权利的行为，如不及时制止将会使其合法权益受到难以弥补的损害的，可以在起诉前依法向人民法院申请采取财产保全、责令作出一定行为或者禁止作出一定行为等措施。
第五十一条　为制止侵权行为，在证据可能灭失或者以后难以取得的情况下，著作权人或者与著作权有关的权利人可以在起诉前向人民法院申请保全证据。 人民法院接受申请后，必须在四十八小时内作出裁定；裁定采取保全措施的，应当立即开始执行。	第五十七条　为制止侵权行为，在证据可能灭失或者以后难以取得的情况下，著作权人或者与著作权有关的权利人可以在起诉前依法向人民法院申请保全证据。

(续表)

原条款（2010年4月1日起施行）	新条款（2021年6月1日起施行）
人民法院可以责令申请人提供担保，申请人不提供担保的，驳回申请。 申请人在人民法院采取保全措施后十五日内不起诉的，人民法院应当解除保全措施。	
第五十二条　人民法院审理案件，对于侵犯著作权或者与著作权有关的权利的，可以没收违法所得、侵权复制品以及进行违法活动的财物。	第五十八条　人民法院审理案件，对于侵犯著作权或者与著作权有关的权利的，可以没收违法所得、侵权复制品以及进行违法活动的财物。
第五十三条　复制品的出版者、制作者不能证明其出版、制作有合法授权的，复制品的发行者或者电影作品或者以类似摄制电影的方法创作的作品、计算机软件、录音录像制品的复制品的出租者不能证明其发行、出租的复制品有合法来源的，应当承担法律责任。	第五十九条　复制品的出版者、制作者不能证明其出版、制作有合法授权的，复制品的发行者或者视听作品、计算机软件、录音录像制品的复制品的出租者不能证明其发行、出租的复制品有合法来源的，应当承担法律责任。 在诉讼程序中，被诉侵权人主张其不承担侵权责任的，应当提供证据证明已经取得权利人的许可，或者具有本法规定的不经权利人许可而可以使用的情形。
第五十四条　当事人不履行合同义务或者履行合同义务不符合约定条件的，应当依照《中华人民共和国民法通则》、《中华人民共和国合同法》等有关法律规定承担民事责任。	此条款删除
第五十五条　著作权纠纷可以调解，也可以根据当事人达成的书面仲裁协议或者著作权合同中的仲裁条款，向仲裁机构申请仲裁。 当事人没有书面仲裁协议，也没有在著作权合同中订立仲裁条款的，可以直接向人民法院起诉。	第六十条　著作权纠纷可以调解，也可以根据当事人达成的书面仲裁协议或者著作权合同中的仲裁条款，向仲裁机构申请仲裁。 当事人没有书面仲裁协议，也没有在著作权合同中订立仲裁条款的，可以直接向人民法院起诉。
/	第六十一条　当事人因不履行合同义务或者履行合同义务不符合约定而承担民事责任，以及当事人行使诉讼权利、申请保全等，适用有关法律的规定。

（续表）

原条款（2010年4月1日起施行）	新条款（2021年6月1日起施行）
第五十六条 当事人对行政处罚不服的，可以自收到行政处罚决定书之日起三个月内向人民法院起诉，期满不起诉又不履行的，著作权行政管理部门可以申请人民法院执行。	此条款删除
第六章 附则	**第六章 附则**
第五十七条 本法所称的著作权即版权。	第六十二条 本法所称的著作权即版权。
第五十八条 本法第二条所称的出版，指作品的复制、发行。	第六十三条 本法第二条所称的出版，指作品的复制、发行。
第五十九条 计算机软件、信息网络传播权的保护办法由国务院另行规定。	第六十四条 计算机软件、信息网络传播权的保护办法由国务院另行规定。
/	第六十五条 摄影作品，其发表权、本法第十条第一款第五项至第十七项规定的权利的保护期在2021年6月1日前已经届满，但依据本法第二十三条第一款的规定仍在保护期内的，不再保护。
第六十条 本法规定的著作权人和出版者、表演者、录音录像制作者、广播电台、电视台的权利，在本法施行之日尚未超过本法规定的保护期的，依照本法予以保护。 本法施行前发生的侵权或者违约行为，依照侵权或者违约行为发生时的有关规定和政策处理。	第六十六条 本法规定的著作权人和出版者、表演者、录音录像制作者、广播电台、电视台的权利，在本法施行之日尚未超过本法规定的保护期的，依照本法予以保护。 本法施行前发生的侵权或者违约行为，依照侵权或者违约行为发生时的有关规定处理。
第六十一条 本法自1991年6月1日起施行。	第六十七条 本法自1991年6月1施行。

《中华人民共和国商标法》法条修订对比

以下《中华人民共和国商标法》主要法条修订对比，次序不一者多因修订之故。

原条款（2013年8月30日起施行）	新条款（2019年11月1日起施行）
第一章　总　则	
第四条　自然人、法人或者其他组织在生产经营活动中，对其商品或者服务需要取得商标专用权的，应当向商标局申请商标注册。 本法有关商品商标的规定，适用于服务商标。	第四条　自然人、法人或者其他组织在生产经营活动中，对其商品或者服务需要取得商标专用权的，应当向商标局申请商标注册。不以使用为目的的恶意商标注册申请，应当予以驳回。 本法有关商品商标的规定，适用于服务商标。
第十九条　商标代理机构应当遵循诚实信用原则，遵守法律、行政法规，按照被代理人的委托办理商标注册申请或者其他商标事宜；对在代理过程中知悉的被代理人的商业秘密，负有保密义务。 委托人申请注册的商标可能存在本法规定不得注册情形的，商标代理机构应当明确告知委托人。 商标代理机构知道或者应当知道委托人申请注册的商标属于本法第十五条和第三十二条规定情形的，不得接受其委托。 商标代理机构除对其代理服务申请商标注册外，不得申请注册其他商标。	第十九条　商标代理机构应当遵循诚实信用原则，遵守法律、行政法规，按照被代理人的委托办理商标注册申请或者其他商标事宜；对在代理过程中知悉的被代理人的商业秘密，负有保密义务。 委托人申请注册的商标可能存在本法规定不得注册情形的，商标代理机构应当明确告知委托人。 商标代理机构知道或者应当知道委托人申请注册的商标属于本法第四条、第十五条和第三十二条规定情形的，不得接受其委托。 商标代理机构除对其代理服务申请商标注册外，不得申请注册其他商标。
第三章　商标注册的审查和核准	
第三十三条　对初步审定公告的商标，自公告之日起三个月内，在先权利人、利害关系人认为违反本法第十三条第二款和第三款、第十五条、第十六条第一款、第三十条、第三十一条、第三十二条规定的，或者任何人认为违反本法第十条、第十一条、第十二条规定的，可以向商标局提出异议。公告期满无异议的，予以核准注册，发给商标注册证，并予公告。	第三十三条　对初步审定公告的商标，自公告之日起三个月内，在先权利人、利害关系人认为违反本法第十三条第二款和第三款、第十五条、第十六条第一款、第三十条、第三十一条、第三十二条规定的，或者任何人认为违反本法第四条、第十条、第十一条、第十二条、第十九条第四款规定的，可以向商标局提出异议。公告期满无异议的，予以核准注册，发给商标注册证，并予公告。

（续表）

原条款（2013年8月30日起施行）	新条款（2019年11月1日起施行）
第五章　注册商标的无效宣告	
第四十四条　已经注册的商标，违反本法第十条、第十一条、第十二条规定的，或者是以欺骗手段或者其他不正当手段取得注册的，由商标局宣告该注册商标无效；其他单位或者个人可以请求商标评审委员会宣告该注册商标无效。 　　商标局做出宣告注册商标无效的决定，应当书面通知当事人。当事人对商标局的决定不服的，可以自收到通知之日起十五日内向商标评审委员会申请复审。商标评审委员会应当自收到申请之日起九个月内做出决定，并书面通知当事人。有特殊情况需要延长的，经国务院工商行政管理部门批准，可以延长三个月。当事人对商标评审委员会的决定不服的，可以自收到通知之日起三十日内向人民法院起诉。 　　其他单位或者个人请求商标评审委员会宣告注册商标无效的，商标评审委员会收到申请后，应当书面通知有关当事人，并限期提出答辩。商标评审委员会应当自收到申请之日起九个月内做出维持注册商标或者宣告注册商标无效的裁定，并书面通知当事人。有特殊情况需要延长的，经国务院工商行政管理部门批准，可以延长三个月。当事人对商标评审委员会的裁定不服的，可以自收到通知之日起三十日内向人民法院起诉。人民法院应当通知商标裁定程序的对方当事人作为第三人参加诉讼。	第四十四条　已经注册的商标，违反本法第四条、第十条、第十一条、第十二条、第十九条第四款规定的，或者是以欺骗手段或者其他不正当手段取得注册的，由商标局宣告该注册商标无效；其他单位或者个人可以请求商标评审委员会宣告该注册商标无效。 　　商标局做出宣告注册商标无效的决定，应当书面通知当事人。当事人对商标局的决定不服的，可以自收到通知之日起十五日内向商标评审委员会申请复审。商标评审委员会应当自收到申请之日起九个月内做出决定，并书面通知当事人。有特殊情况需要延长的，经国务院工商行政管理部门批准，可以延长三个月。当事人对商标评审委员会的决定不服的，可以自收到通知之日起三十日内向人民法院起诉。 　　其他单位或者个人请求商标评审委员会宣告注册商标无效的，商标评审委员会收到申请后，应当书面通知有关当事人，并限期提出答辩。商标评审委员会应当自收到申请之日起九个月内做出维持注册商标或者宣告注册商标无效的裁定，并书面通知当事人。有特殊情况需要延长的，经国务院工商行政管理部门批准，可以延长三个月。当事人对商标评审委员会的裁定不服的，可以自收到通知之日起三十日内向人民法院起诉。人民法院应当通知商标裁定程序的对方当事人作为第三人参加诉讼。

（续表）

原条款（2013年8月30日起施行）	新条款（2019年11月1日起施行）
<td colspan="2" align="center">**第七章　注册商标专用权的保护**</td>
第六十三条　侵犯商标专用权的赔偿数额，按照权利人因被侵权所受到的实际损失确定；实际损失难以确定的，可以按照侵权人因侵权所获得的利益确定；权利人的损失或者侵权人获得的利益难以确定的，参照该商标许可使用费的倍数合理确定。对恶意侵犯商标专用权，情节严重的，可以在按照上述方法确定数额的一倍以上三倍以下确定赔偿数额。赔偿数额应当包括权利人为制止侵权行为所支付的合理开支。 人民法院为确定赔偿数额，在权利人已经尽力举证，而与侵权行为相关的账簿、资料主要由侵权人掌握的情况下，可以责令侵权人提供与侵权行为相关的账簿、资料；侵权人不提供或者提供虚假的账簿、资料的，人民法院可以参考权利人的主张和提供的证据判定赔偿数额。 权利人因被侵权所受到的实际损失、侵权人因侵权所获得的利益、注册商标许可使用费难以确定的，由人民法院根据侵权行为的情节判决给予三百万元以下的赔偿。	第六十三条　侵犯商标专用权的赔偿数额，按照权利人因被侵权所受到的实际损失确定；实际损失难以确定的，可以按照侵权人因侵权所获得的利益确定；权利人的损失或者侵权人获得的利益难以确定的，参照该商标许可使用费的倍数合理确定。对恶意侵犯商标专用权，情节严重的，可以在按照上述方法确定数额的一倍以上五倍以下确定赔偿数额。赔偿数额应当包括权利人为制止侵权行为所支付的合理开支。 人民法院为确定赔偿数额，在权利人已经尽力举证，而与侵权行为相关的账簿、资料主要由侵权人掌握的情况下，可以责令侵权人提供与侵权行为相关的账簿、资料；侵权人不提供或者提供虚假的账簿、资料的，人民法院可以参考权利人的主张和提供的证据判定赔偿数额。 权利人因被侵权所受到的实际损失、侵权人因侵权所获得的利益、注册商标许可使用费难以确定的，由人民法院根据侵权行为的情节判决给予五百万元以下的赔偿。 人民法院审理商标纠纷案件，应权利人请求，对属于假冒注册商标的商品，除特殊情况外，责令销毁；对主要用于制造假冒注册商标的商品的材料、工具，责令销毁，且不予补偿；或者在特殊情况下，责令禁止前述材料、工具进入商业渠道，且不予补偿。 假冒注册商标的商品不得在仅去除假冒注册商标后进入商业渠道。

（续表）

原条款（2013年8月30日起施行）	新条款（2019年11月1日起施行）
第六十八条　商标代理机构有下列行为之一的，由工商行政管理部门责令限期改正，给予警告，处一万元以上十万元以下的罚款；对直接负责的主管人员和其他直接责任人员给予警告，处五千元以上五万元以下的罚款；构成犯罪的，依法追究刑事责任： （一）办理商标事宜过程中，伪造、变造或者使用伪造、变造的法律文件、印章、签名的； （二）以诋毁其他商标代理机构等手段招徕商标代理业务或者以其他不正当手段扰乱商标代理市场秩序的； （三）违反本法第十九条第三款、第四款规定的。 商标代理机构有前款规定行为的，由工商行政管理部门记入信用档案；情节严重的，商标局、商标评审委员会并可以决定停止受理其办理商标代理业务，予以公告。 商标代理机构违反诚实信用原则，侵害委托人合法利益的，应当依法承担民事责任，并由商标代理行业组织按照章程规定予以惩戒。	第六十八条　商标代理机构有下列行为之一的，由工商行政管理部门责令限期改正，给予警告，处一万元以上十万元以下的罚款；对直接负责的主管人员和其他直接责任人员给予警告，处五千元以上五万元以下的罚款；构成犯罪的，依法追究刑事责任： （一）办理商标事宜过程中，伪造、变造或者使用伪造、变造的法律文件、印章、签名的； （二）以诋毁其他商标代理机构等手段招徕商标代理业务或者以其他不正当手段扰乱商标代理市场秩序的； （三）违反本法第四条、第十九条第三款和第四款规定的； （勘误：此款应为第四款）对恶意申请商标注册的，根据情节给予警告、罚款等行政处罚；对恶意提起商标诉讼的，由人民法院依法给予处罚。 商标代理机构有前款规定行为的，由工商行政管理部门记入信用档案；情节严重的，商标局、商标评审委员会并可以决定停止受理其办理商标代理业务，予以公告。 商标代理机构违反诚实信用原则，侵害委托人合法利益的，应当依法承担民事责任，并由商标代理行业组织按照章程规定予以惩戒。

《中华人民共和国反不正当竞争法》法条修订对比

以下《中华人民共和国反不正当竞争法》主要法条修订对比，原条款框中为空或法条序号不一致的，多因新增条款和调整修订之故。

原条款（1993年12月1日起施行）	新条款（2019年4月23日修正）
第一章　总　则	
第一条　为保障社会主义市场经济健康发展，鼓励和保护公平竞争，制止不正当竞争行为，保护经营者和消费者的合法权益，制定本法。	第一条　为了促进社会主义市场经济健康发展，鼓励和保护公平竞争，制止不正当竞争行为，保护经营者和消费者的合法权益，制定本法。
第二条　经营者在市场交易中，应当遵循自愿、平等、公平、诚实信用的原则，遵守公认的商业道德。 本法所称的不正当竞争，是指经营者违反本法规定，损害其他经营者的合法权益，扰乱社会经济秩序的行为。 本法所称的经营者，是指从事商品经营或者营利性服务（以下所称商品包括服务）的法人、其他经济组织和个人。	第二条　经营者在生产经营活动中，应当遵循自愿、平等、公平、诚信的原则，遵守法律和商业道德。 本法所称的不正当竞争行为，是指经营者在生产经营活动中，违反本法规定，扰乱市场竞争秩序，损害其他经营者或者消费者的合法权益的行为。 本法所称的经营者，是指从事商品生产、经营或者提供服务（以下所称商品包括服务）的自然人、法人和非法人组织。
第三条　各级人民政府应当采取措施，制止不正当竞争行为，为公平竞争创造良好的环境和条件。 县级以上人民政府工商行政管理部门对不正当竞争行为进行监督检查；法律、行政法规规定由其他部门监督检查的，依照其规定。	第三条　各级人民政府应当采取措施，制止不正当竞争行为，为公平竞争创造良好的环境和条件。 国务院建立反不正当竞争工作协调机制，研究决定反不正当竞争重大政策，协调处理维护市场竞争秩序的重大问题。
	第四条　县级以上人民政府履行工商行政管理职责的部门对不正当竞争行为进行查处；法律、行政法规规定由其他部门查处的，依照其规定。

(续表)

原条款（1993年12月1日起施行）	新条款（2019年4月23日修正）
第四条　国家鼓励、支持和保护一切组织和个人对不正当竞争行为进行社会监督。 　　国家机关工作人员不得支持、包庇不正当竞争行为。	第五条　国家鼓励、支持和保护一切组织和个人对不正当竞争行为进行社会监督。 　　国家机关及其工作人员不得支持、包庇不正当竞争行为。 　　行业组织应当加强行业自律，引导、规范会员依法竞争，维护市场竞争秩序。
第二章　不正当竞争行为	
第五条　经营者不得采用下列不正当手段从事市场交易，损害竞争对手： 　　（一）假冒他人的注册商标； 　　（二）擅自使用知名商品特有的名称、包装、装潢，或者使用与知名商品近似的名称、包装、装潢，造成和他人的知名商品相混淆，使购买者误认为是该知名商品； 　　（三）擅自使用他人的企业名称或者姓名，引人误认为是他人的商品； 　　（四）在商品上伪造或者冒用认证标志、名优标志等质量标志，伪造产地，对商品质量作引人误解的虚假表示。	第六条　经营者不得实施下列混淆行为，引人误认为是他人商品或者与他人存在特定联系： 　　（一）擅自使用与他人有一定影响的商品名称、包装、装潢等相同或者近似的标识； 　　（二）擅自使用他人有一定影响的企业名称（包括简称、字号等）、社会组织名称（包括简称等）、姓名（包括笔名、艺名、译名等）； 　　（三）擅自使用他人有一定影响的域名主体部分、网站名称、网页等； 　　（四）其他足以引人误认为是他人商品或者与他人存在特定联系的混淆行为。
第六条　公用企业或者其他依法具有独占地位的经营者，不得限定他人购买其指定的经营者的商品，以排挤其他经营者的公平竞争。	此条款删除
第七条　政府及其所属部门不得滥用行政权力，限定他人购买其指定的经营者的商品，限制其他经营者正当的经营活动。政府及其所属部门不得滥用行政权力，限制外地商品进入本地市场，或者本地商品流向外地市场。	此条款删除

（续表）

原条款（1993年12月1日起施行）	新条款（2019年4月23日修正）
第八条　经营者不得采用财物或者其他手段进行贿赂以销售或者购买商品。在账外暗中给予对方单位或者个人回扣的，以行贿论处；对方单位或者个人在账外暗中收受回扣的，以受贿论处。 　　经营者销售或购买商品，可以以明示方式给对方折扣，可以给中间人佣金。经营者给对方折扣、中间人佣金的，必须如实入账。接受折扣、佣金的经营者必须如实入账。	第七条　经营者不得采用财物或者其他手段贿赂下列单位或者个人，以谋取交易机会或者竞争优势： 　　（一）交易相对方的工作人员； 　　（二）受交易相对方委托办理相关事务的单位或者个人； 　　（三）利用职权或者影响力影响交易的单位或者个人。 　　经营者在交易活动中，可以以明示方式向交易相对方支付折扣，或者向中间人支付佣金。经营者向交易相对方支付折扣、向中间人支付佣金的，应当如实入账。接受折扣、佣金的经营者也应当如实入账。 　　经营者的工作人员进行贿赂的，应当认定为经营者的行为；但是，经营者有证据证明该工作人员的行为与为经营者谋取交易机会或者竞争优势无关的除外。
第九条　经营者不得利用广告或者其他方法，对商品的质量、制作成分、性能、用途、生产者、有效期限、产地等作引人误解的虚假宣传。 　　广告的经营者不得在明知或者应知的情况下，代理、设计、制作、发布虚假广告。	第八条　经营者不得对其商品的性能、功能、质量、销售状况、用户评价、曾获荣誉等作虚假或者引人误解的商业宣传，欺骗、误导消费者。 　　经营者不得通过组织虚假交易等方式，帮助其他经营者进行虚假或者引人误解的商业宣传。
第十条　经营者不得采用下列手段侵犯商业秘密： 　　（一）以盗窃、利诱、胁迫或者其他不正当手段获取权利人的商业秘密； 　　（二）披露、使用或者允许他人使用以前项手段获取的权利人的商业秘密； 　　（三）违反约定或者违反权利人有关保守商业秘密的要求，披露、使用或者允许他人使用其所掌握的商业秘密。	第九条　经营者不得实施下列侵犯商业秘密的行为： 　　（一）以盗窃、贿赂、欺诈、胁迫或者其他不正当手段获取权利人的商业秘密； 　　（二）披露、使用或者允许他人使用以前项手段获取的权利人的商业秘密； 　　（三）违反约定或者违反权利人有关保守商业秘密的要求，披露、使用或者允许他人使用其所掌握的商业秘密。

（续表）

原条款（1993年12月1日起施行）	新条款（2019年4月23日修正）
第三人明知或者应知前款所列违法行为，获取、使用或者披露他人的商业秘密，视为侵犯商业秘密。 本法所称的商业秘密，是指不为公众所知悉、能为权利人带来经济利益、具有实用性并经权利人采取相应保密措施的技术信息和经营信息。	第三人明知或者应知商业秘密权利人的员工、前员工或者其他单位、个人实施前款所列违法行为，仍获取、披露、使用或者允许他人使用该商业秘密的，视为侵犯商业秘密。 本法所称的商业秘密，是指不为公众所知悉、具有商业价值并经权利人采取相应保密措施的技术信息和经营信息。
第十一条　经营者不得以排挤竞争对手为目的，以低于成本的价格销售商品。 有下列情形之一的，不属于不正当竞争行为： （一）销售鲜活商品； （二）处理有效期限即将到期的商品或者其他积压的商品； （三）季节性降价； （四）因清偿债务、转产、歇业降价销售商品。	此条款删除
第十二条　经营者销售商品，不得违背购买者的意愿搭售商品或者附加其他不合理的条件。	此条款删除
第十三条　经营者不得从事下列有奖销售： （一）采用谎称有奖或者故意让内定人员中奖的欺骗方式进行有奖销售； （二）利用有奖销售的手段推销质次价高的商品； （三）抽奖式的有奖销售，最高奖的金额超过五千元。	第十条　经营者进行有奖销售不得存在下列情形： （一）所设奖的种类、兑奖条件、奖金金额或者奖品等有奖销售信息不明确，影响兑奖； （二）采用谎称有奖或者故意让内定人员中奖的欺骗方式进行有奖销售； （三）抽奖式的有奖销售，最高奖的金额超过五万元。
第十四条　经营者不得捏造、散布虚伪事实，损害竞争对手的商业信誉、商品声誉。	第十一条　经营者不得编造、传播虚假信息或者误导性信息，损害竞争对手的商业信誉、商品声誉。

（续表）

原条款（1993年12月1日起施行）	新条款（2019年4月23日修正）
第十五条　投标者不得串通投标，抬高标价或者压低标价。投标者和招标者不得相互勾结，以排挤竞争对手的公平竞争。	第十二条　经营者利用网络从事生产经营活动，应当遵守本法的各项规定。 　　经营者不得利用技术手段，通过影响用户选择或者其他方式，实施下列妨碍、破坏其他经营者合法提供的网络产品或者服务正常运行的行为： 　　（一）未经其他经营者同意，在其合法提供的网络产品或者服务中，插入链接、强制进行目标跳转； 　　（二）误导、欺骗、强迫用户修改、关闭、卸载其他经营者合法提供的网络产品或者服务； 　　（三）恶意对其他经营者合法提供的网络产品或者服务实施不兼容； 　　（四）其他妨碍、破坏其他经营者合法提供的网络产品或者服务正常运行的行为。
第三章　对涉嫌不正当竞争行为的调查	
第十六条　县级以上监督检查部门对不正当竞争行为，可以进行监督检查。	此条款删除
第十七条　监督检查部门在监督检查不正当竞争行为时，有权行使下列职权： 　　（一）按照规定程序询问被检查的经营者、利害关系人、证明人，并要求提供证明材料或者与不正当竞争行为有关的其他资料； 　　（二）查询、复制与不正当竞争行为有关的协议、帐册、单据、文件、记录、业务函电和其他资料； 　　（三）检查与本法第五条规定的不正当竞争行为有关的财物，必要时可以责令被检查的经营者说明该商品的来源和数量，暂停销售，听候检查，不得转移、隐匿、销毁该财物。（调整为新条款第十三条）	第十三条　监督检查部门调查涉嫌不正当竞争行为，可以采取下列措施： 　　（一）进入涉嫌不正当竞争行为的经营场所进行检查； 　　（二）询问被调查的经营者、利害关系人及其他有关单位、个人，要求其说明有关情况或者提供与被调查行为有关的其他资料； 　　（三）查询、复制与涉嫌不正当竞争行为有关的协议、账簿、单据、文件、记录、业务函电和其他资料； 　　（四）查封、扣押与涉嫌不正当竞争行为有关的财物； 　　（五）查询涉嫌不正当竞争行为的经营者的银行账户。

(续表)

原条款（1993年12月1日起施行）	新条款（2019年4月23日修正）
第十八条　监督检查部门工作人员监督检查不正当竞争行为时，应当出示检查证件。	采取前款规定的措施，应当向监督检查部门主要负责人书面报告，并经批准。采取前款第四项、第五项规定的措施，应当向设区的市级以上人民政府监督检查部门主要负责人书面报告，并经批准。 监督检查部门调查涉嫌不正当竞争行为，应当遵守《中华人民共和国行政强制法》和其他有关法律、行政法规的规定，并应当将查处结果及时向社会公开。
第十九条　监督检查部门在监督检查不正当竞争行为时，被检查的经营者、利害关系人和证明人应当如实提供有关资料或者情况。	第十四条　监督检查部门调查涉嫌不正当竞争行为，被调查的经营者、利害关系人及其他有关单位、个人应当如实提供有关资料或者情况。
/	第十五条　监督检查部门及其工作人员对调查过程中知悉的商业秘密负有保密义务。
/	第十六条　对涉嫌不正当竞争行为，任何单位和个人有权向监督检查部门举报，监督检查部门接到举报后应当依法及时处理。 监督检查部门应当向社会公开受理举报的电话、信箱或者电子邮件地址，并为举报人保密。对实名举报并提供相关事实和证据的，监督检查部门应当将处理结果告知举报人。
第四章　法律责任	
第二十条　经营者违反本法规定，给被侵害的经营者造成损害的，应当承担损害赔偿责任，被侵害的经营者的损失难以计算的，赔偿额为侵权人在侵权期间因侵权所获得的利润；并应当承担被侵害的经营者因调查该经营者侵害其合法权益的不正当竞争行为所支付的合理费用。 被侵害的经营者的合法权益受到不正当竞争行为损害的，可以向人民法院提起诉讼。	第十七条　经营者违反本法规定，给他人造成损害的，应当依法承担民事责任。 经营者的合法权益受到不正当竞争行为损害的，可以向人民法院提起诉讼。 因不正当竞争行为受到损害的经营者的赔偿数额，按照其因被侵权所受到的实际损失确定；实际损失难以计算的，按照侵权人因侵权所获得的利益确定。赔偿数额还应当包括经营者为制止侵权行为所支付的合理开支。

(续表)

原条款（1993年12月1日起施行）	新条款（2019年4月23日修正）
	经营者违反本法第六条、第九条规定，权利人因被侵权所受到的实际损失、侵权人因侵权所获得的利益难以确定的，由人民法院根据侵权行为的情节判决给予权利人三百万元以下的赔偿。
第二十一条 经营者假冒他人的注册商标，擅自使用他人的企业名称或者姓名，伪造或者冒用认证标志、名优标志等质量标志，伪造产地，对商品质量作引人误解的虚假表示的，依照《中华人民共和国商标法》《中华人民共和国产品质量法》的规定处罚。 经营者擅自使用知名商品特有的名称、包装、装潢，或者使用与知名商品近似的名称、包装、装潢，造成和他人的知名商品相混淆，使购买者误认为是该知名商品的，监督检查部门应当责令停止违法行为，没收违法所得，可以根据情节处以违法所得一倍以上三倍以下的罚款；情节严重的，可以吊销营业执照；销售伪劣商品，构成犯罪的，依法追究刑事责任。	第十八条 经营者违反本法第六条规定实施混淆行为的，由监督检查部门责令停止违法行为，没收违法商品。违法经营额五万元以上的，可以并处违法经营额五倍以下的罚款；没有违法经营额或者违法经营额不足五万元的，可以并处二十五万元以下的罚款。情节严重的，吊销营业执照。 经营者登记的企业名称违反本法第六条规定的，应当及时办理名称变更登记；名称变更前，由原企业登记机关以统一社会信用代码代替其名称。
第二十二条 经营者采用财物或者其他手段进行贿赂以销售或者购买商品，构成犯罪的，依法追究刑事责任；不构成犯罪的，监督检查部门可以根据情节处以一万元以上二十万元以下的罚款，有违法所得的，予以没收。	第十九条 经营者违反本法第七条规定贿赂他人的，由监督检查部门没收违法所得，处十万元以上三百万元以下的罚款。情节严重的，吊销营业执照。
第二十三条 公用企业或者其他依法具有独占地位的经营者，限定他人购买其指定的经营者的商品，以排挤其他经营者的公平竞争的，省级或者设区的市的监督检查部门应当责令停止违法行为，可以根据情节处以五万元以上二十万元以下的罚款。被指定的经营者借此销售质次价高商品或者滥收费用的，监督检查部门应当没收违法所得，可以根据情节处以违法所得一倍以上三倍以下的罚款。	此条款删除

(续表)

原条款（1993年12月1日起施行）	新条款（2019年4月23日修正）
第二十四条　经营者利用广告或者其他方法，对商品作引人误解的虚假宣传的，监督检查部门应当责令停止违法行为，消除影响，可以根据情节处以一万元以上二十万元以下的罚款。 广告的经营者，在明知或者应知的情况下，代理、设计、制作、发布虚假广告的，监督检查部门应当责令停止违法行为，没收违法所得，并依法处以罚款。	第二十条　经营者违反本法第八条规定对其商品作虚假或者引人误解的商业宣传，或者通过组织虚假交易等方式帮助其他经营者进行虚假或者引人误解的商业宣传的，由监督检查部门责令停止违法行为，处二十万元以上一百万元以下的罚款；情节严重的，处一百万元以上二百万元以下的罚款，可以吊销营业执照。 经营者违反本法第八条规定，属于发布虚假广告的，依照《中华人民共和国广告法》的规定处罚。
第二十五条　违反本法第十条规定侵犯商业秘密的，监督检查部门应当责令停止违法行为，可以根据情节处以一万元以上二十万元以下的罚款。	第二十一条　经营者违反本法第九条规定侵犯商业秘密的，由监督检查部门责令停止违法行为，处十万元以上五十万元以下的罚款；情节严重的，处五十万元以上三百万元以下的罚款。
第二十六条　经营者违反本法第十三条规定进行有奖销售的，监督检查部门应当责令停止违法行为，可以根据情节处以一万元以上十万元以下的罚款。	第二十二条　经营者违反本法第十条规定进行有奖销售的，由监督检查部门责令停止违法行为，处五万元以上五十万元以下的罚款。
第二十七条　投标者串通投标，抬高标价或者压低标价；投标者和招标者相互勾结，以排挤竞争对手的公平竞争的，其中标无效。监督检查部门可以根据情节处以一万元以上二十万元以下的罚款。	此条款删除
第二十八条　经营者有违反被责令暂停销售，不得转移、隐匿、销毁与不正当竞争行为有关的财物的行为的，监督检查部门可以根据情节处以被销售、转移、隐匿、销毁财物的价款的一倍以上三倍以下的罚款。	此条款删除

（续表）

原条款（1993年12月1日起施行）	新条款（2019年4月23日修正）
第二十九条　当事人对监督检查部门作出的处罚决定不服的，可以自收到处罚决定之日起十五日内向上一级主管机关申请复议；对复议决定不服的，可以自收到复议决定书之日起十五日内向人民法院提起诉讼；也可以直接向人民法院提起诉讼。	此条款删除
第三十条　政府及其所属部门违反本法第七条规定，限定他人购买其指定的经营者的商品、限制其他经营者正当的经营活动，或者限制商品在地区之间正常流通的，由上级机关责令其改正；情节严重的，由同级或者上级机关对直接责任人员给予行政处分。被指定的经营者借此销售质次价高商品或者滥收费用的，监督检查部门应当没收违法所得，可以根据情节处以违法所得一倍以上三倍以下的罚款。	此条款删除
第三十一条　监督检查不正当竞争行为的国家机关工作人员滥用职权、玩忽职守，构成犯罪的，依法追究刑事责任；不构成犯罪的，给予行政处分。	此条款删除
/	第二十三条　经营者违反本法第十一条规定损害竞争对手商业信誉、商品声誉的，由监督检查部门责令停止违法行为、消除影响，处十万元以上五十万元以下的罚款；情节严重的，处五十万元以上三百万元以下的罚款。
/	第二十四条　经营者违反本法第十二条规定妨碍、破坏其他经营者合法提供的网络产品或者服务正常运行的，由监督检查部门责令停止违法行为，处十万元以上五十万元以下的罚款；情节严重的，处五十万元以上三百万元以下的罚款。

(续表)

原条款（1993年12月1日起施行）	新条款（2019年4月23日修正）
/	第二十五条　经营者违反本法规定从事不正当竞争，有主动消除或者减轻违法行为危害后果等法定情形的，依法从轻或者减轻行政处罚；违法行为轻微并及时纠正，没有造成危害后果的，不予行政处罚。
/	第二十六条　经营者违反本法规定从事不正当竞争，受到行政处罚的，由监督检查部门记入信用记录，并依照有关法律、行政法规的规定予以公示。
/	第二十七条　经营者违反本法规定，应当承担民事责任、行政责任和刑事责任，其财产不足以支付的，优先用于承担民事责任。
/	第二十八条　妨害监督检查部门依照本法履行职责，拒绝、阻碍调查的，由监督检查部门责令改正，对个人可以处五千元以下的罚款，对单位可以处五万元以下的罚款，并可以由公安机关依法给予治安管理处罚。
/	第二十九条　当事人对监督检查部门作出的决定不服的，可以依法申请行政复议或者提起行政诉讼。
/	第三十条　监督检查部门的工作人员滥用职权、玩忽职守、徇私舞弊或者泄露调查过程中知悉的商业秘密的，依法给予处分。
第五章　附　则	
第三十三条　本法自1993年12月1日起施行。	第三十二条　本法自2018年1月1日起施行。

《最高人民法院关于审理侵犯专利权纠纷案件应用法律若干问题的解释》法条修订对比

以下为主要法条修订对比，次序不一等多因修订调整之故。

原条款（2010年1月1日起施行）	新条款（2020年12月23日修正）
引言：为正确审理侵犯专利权纠纷案件，根据《中华人民共和国专利法》《中华人民共和国侵权责任法》《中华人民共和国民事诉讼法》等有关法律规定，结合审判实践，制定本解释。	引言：为正确审理侵犯专利权纠纷案件，根据《中华人民共和国民法典》《中华人民共和国专利法》《中华人民共和国民事诉讼法》等有关法律规定，结合审判实践，制定本解释。
第二条第一款　权利人在专利侵权诉讼中主张的权利要求被专利复审委员会宣告无效的，审理侵犯专利权纠纷案件的人民法院可以裁定驳回权利人基于该无效权利要求的起诉。	第二条第一款　权利人在专利侵权诉讼中主张的权利要求被国务院专利行政部门宣告无效的，审理侵犯专利权纠纷案件的人民法院可以裁定驳回权利人基于该无效权利要求的起诉。
第六条第二款　专利审查档案，包括专利审查、复审、无效程序中专利申请人或者专利权人提交的书面材料，国务院专利行政部门及其专利复审委员会制作的审查意见通知书、会晤记录、口头审理记录、生效的专利复审请求审查决定书和专利权无效宣告请求审查决定书等。	第六条第二款　专利审查档案，包括专利审查、复审、无效程序中专利申请人或者专利权人提交的书面材料，国务院专利行政部门制作的审查意见通知书、会晤记录、口头审理记录、生效的专利复审请求审查决定书和专利权无效宣告请求审查决定书等。
第二十一条　明知有关产品系专门用于实施专利的材料、设备、零部件、中间物等，未经专利权人许可，为生产经营目的将该产品提供给他人实施了侵犯专利权的行为，权利人主张该提供者的行为属于侵权责任法第九条规定的帮助他人实施侵权行为的，人民法院应予支持。 明知有关产品、方法被授予专利权，未经专利权人许可，为生产经营目的积极诱导他人实施了侵犯专利权的行为，权利人主张该诱导者的行为属于侵权责任法第九条规定的教唆他人实施侵权行为的，人民法院应予支持。	第二十一条　明知有关产品系专门用于实施专利的材料、设备、零部件、中间物等，未经专利权人许可，为生产经营目的将该产品提供给他人实施了侵犯专利权的行为，权利人主张该提供者的行为属于民法典第一千一百六十九条规定的帮助他人实施侵权行为的，人民法院应予支持。 明知有关产品、方法被授予专利权，未经专利权人许可，为生产经营目的积极诱导他人实施了侵犯专利权的行为，权利人主张该诱导者的行为属于民法典第一千一百六十九条规定的教唆他人实施侵权行为的，人民法院应予支持。

《最高人民法院关于审理专利纠纷案件适用法律问题的若干规定》法条修订对比

以下为主要法条修订对比，前后次序不一等多因修改、删除和调整之故。

原条款（2015年2月1日起施行）	新条款（2020年12月23日修正）
引言：为了正确审理专利纠纷案件，根据《中华人民共和国民法通则》（以下简称民法通则）、《中华人民共和国专利法》（以下简称专利法）、《中华人民共和国民事诉讼法》和《中华人民共和国行政诉讼法》等法律的规定，作如下规定：	引言：为了正确审理专利纠纷案件，根据《中华人民共和国民法典》《中华人民共和国专利法》《中华人民共和国民事诉讼法》和《中华人民共和国行政诉讼法》等法律的规定，作如下规定：
第一条　人民法院受理下列专利纠纷案件： 1. 专利申请权纠纷案件； 2. 专利权权属纠纷案件； 3. 专利权、专利申请权转让合同纠纷案件； 4. 侵犯专利权纠纷案件； 5. 假冒他人专利纠纷案件； 6. 发明专利申请公布后、专利权授予前使用费纠纷案件； 7. 职务发明创造发明人、设计人奖励、报酬纠纷案件； 8. 诉前申请停止侵权、财产保全案件； 9. 发明人、设计人资格纠纷案件； 10. 不服专利复审委员会维持驳回申请复审决定案件； 11. 不服专利复审委员会专利权无效宣告请求决定案件； 12. 不服国务院专利行政部门实施强制许可决定案件；	第一条　人民法院受理下列专利纠纷案件： 1. 专利申请权权属纠纷案件； 2. 专利权权属纠纷案件； 3. 专利合同纠纷案件； 4. 侵害专利权纠纷案件； 5. 假冒他人专利纠纷案件； 6. 发明专利临时保护期使用费纠纷案件； 7. 职务发明创造发明人、设计人奖励、报酬纠纷案件； 8. 诉前申请行为保全纠纷案件； 9. 诉前申请财产保全纠纷案件； 10. 因申请行为保全损害责任纠纷案件； 11. 因申请财产保全损害责任纠纷案件； 12. 发明创造发明人、设计人署名纠纷案件； 13. 确认不侵害专利权纠纷案件；

（续表）

原条款（2015年2月1日起施行）	新条款（2020年12月23日修正）
13. 不服国务院专利行政部门实施强制许可使用费裁决案件； 14. 不服国务院专利行政部门行政复议决定案件； 15. 不服管理专利工作的部门行政决定案件； 16. 其他专利纠纷案件。	14. 专利权宣告无效后返还费用纠纷案件； 15. 因恶意提起专利权诉讼损害责任纠纷案件； 16. 标准必要专利使用费纠纷案件； 17. 不服国务院专利行政部门维持驳回申请复审决定案件； 18. 不服国务院专利行政部门专利权无效宣告请求决定案件； 19. 不服国务院专利行政部门实施强制许可决定案件； 20. 不服国务院专利行政部门实施强制许可使用费裁决案件； 21. 不服国务院专利行政部门行政复议决定案件； 22. 不服国务院专利行政部门作出的其他行政决定案件； 23. 不服管理专利工作的部门行政决定案件； 24. 确认是否落入专利权保护范围纠纷案件； 25. 其他专利纠纷案件。
第二条　专利纠纷第一审案件，由各省、自治区、直辖市人民政府所在地的中级人民法院和最高人民法院指定的中级人民法院管辖。 　　最高人民法院根据实际情况，可以指定基层人民法院管辖第一审专利纠纷案件。	此条款删除
第三条　当事人对专利复审委员会于2001年7月1日以后作出的关于实用新型、外观设计专利权撤销请求复审决定不服向人民法院起诉的，人民法院不予受理。	此条款删除

(续表)

原条款（2015年2月1日起施行）	新条款（2020年12月23日修正）
第四条 当事人对专利复审委员会于2001年7月1日以后作出的关于维持驳回实用新型、外观设计专利申请的复审决定，或者关于实用新型、外观设计专利权无效宣告请求的决定不服向人民法院起诉的，人民法院应当受理。	此条款删除
第七条 原告根据1993年1月1日以前提出的专利申请和根据该申请授予的方法发明专利权提起的侵权诉讼，参照本规定第五条、第六条的规定确定管辖。 人民法院在上述案件实体审理中依法适用方法发明专利权不延及产品的规定。	此条款删除
第十一条 人民法院受理的侵犯发明专利权纠纷案件或者经专利复审委员会审查维持专利权的侵犯实用新型、外观设计专利权纠纷案件，被告在答辩期间内请求宣告该项专利权无效的，人民法院可以不中止诉讼。	第十一条 人民法院受理的侵犯发明专利权纠纷案件或者经国务院专利行政部门审查维持专利权的侵犯实用新型、外观设计专利权纠纷案件，被告在答辩期间内请求宣告该项专利权无效的，人民法院可以不中止诉讼。
第十六条 专利法第二十三条所称的在先取得的合法权利包括：商标权、著作权、企业名称权、肖像权、知名商品特有包装或者装潢使用权等。	第十六条 专利法第二十三条第三款所称的合法权利，包括就作品、商标、地理标志、姓名、企业名称、肖像，以及有一定影响的商品名称、包装、装潢等享有的合法权利或者权益。
第十八条 侵犯专利权行为发生在2001年7月1日以前的，适用修改前专利法的规定确定民事责任；发生在2001年7月1日以后的，适用修改后专利法的规定确定民事责任。	此条款删除
第十九条 假冒他人专利的，人民法院可以依照专利法第六十三条的规定确定其民事责任。管理专利工作的部门未给予行政处罚的，人民法院可以依照民法通则第一百三十四条第三款的规定给予民事制裁，适用民事罚款数额可以参照专利法第六十三条的规定确定。	此条款删除

（续表）

原条款（2015年2月1日起施行）	新条款（2020年12月23日修正）
第二十三条 侵犯专利权的诉讼时效为二年，自专利权人或者利害关系人知道或者应当知道侵权行为之日起计算。权利人超过二年起诉的，如果侵权行为在起诉时仍在继续，在该项专利权有效期内，人民法院应当判决被告停止侵权行为，侵权损害赔偿数额应当自权利人向人民法院起诉之日向前推算二年计算。	第二十三条 侵犯专利权的诉讼时效为三年，自专利权人或者利害关系人知道或者应当知道权利受到损害以及义务人之日起计算。权利人超过三年起诉的，如果侵权行为在起诉时仍在继续，在该项专利权有效期内，人民法院应当判决被告停止侵权行为，侵权损害赔偿数额应当自权利人向人民法院起诉之日向前推算三年计算。

《最高人民法院关于审理商标案件有关管辖和法律适用范围问题的解释》法条修订对比

以下为主要法条修订对比，前后次序不一等多因修改、删除和调整之故。

原条款（2014年2月10日起施行）	新条款（2021年1月1日起施行）
第一条 人民法院受理以下商标案件： 1. 不服国务院工商行政管理部门商标评审委员会（以下简称商标评审委员会）作出的复审决定或者裁定的案件； 2. 不服工商行政管理部门作出的有关商标的具体行政行为的案件； 3. 商标专用权权属纠纷案件； 4. 侵犯商标专用权纠纷案件； 5. 商标专用权转让合同纠纷案件； 6. 商标许可使用合同纠纷案件； 7. 申请诉前停止侵犯商标专用权案件； 8. 申请诉前财产保全案件； 9. 申请诉前证据保全案件； 10. 其他商标案件。	第一条 人民法院受理以下商标案件： 1. 不服国家知识产权局作出的复审决定或者裁定的行政案件； 2. 不服国家知识产权局作出的有关商标的其他行政行为的案件； 3. 商标权权属纠纷案件； 4. 侵害商标权纠纷案件； 5. 确认不侵害商标权纠纷案件； 6. 商标权转让合同纠纷案件； 7. 商标使用许可合同纠纷案件； 8. 商标代理合同纠纷案件； 9. 申请诉前停止侵害注册商标专用权案件； 10. 申请停止侵害注册商标专用权损害责任案件； 11. 申请诉前财产保全案件； 12. 申请诉前证据保全案件； 13. 其他商标案件。
第三条 商标注册人或者利害关系人向工商行政管理部门就侵犯商标专用权行为请求处理，又向人民法院提起侵犯商标专用权诉讼请求损害赔偿的，人民法院应当受理。	第三条 商标注册人或者利害关系人向国家知识产权局就侵犯商标权行为请求处理，又向人民法院提起侵害商标权诉讼请求损害赔偿的，人民法院应当受理。
第四条 商标评审委员会在商标法修改决定施行前受理的案件，于该决定施行后作出复审决定或裁定，当事人对复审决定或裁定不服向人民法院起诉的，人民法院应当受理。	第四条 国家知识产权局在商标法修改决定施行前受理的案件，于该决定施行后作出复审决定或裁定，当事人对复审决定或裁定不服向人民法院起诉的，人民法院应当受理。

（续表）

原条款（2014年2月10日起施行）	新条款（2021年1月1日起施行）
第五条　除本解释另行规定外，对商标法修改决定施行前发生，属于修改后商标法第四条、第五条、第八条、第九条第一款、第十条第一款第（二）、（三）、（四）项、第十条第二款、第十一条、第十二条、第十三条、第十五条、第十六条、第二十四条、第二十五条、第三十一条所列举的情形，商标评审委员会于商标法修改决定施行后作出复审决定或者裁定，当事人不服向人民法院起诉的行政案件，适用修改后商标法的相应规定进行审查；属于其他情形的，适用修改前商标法的相应规定进行审查。	第五条　除本解释另行规定外，对商标法修改决定施行前发生，属于修改后商标法第四条、第五条、第八条、第九条第一款、第十条第一款第（二）、（三）、（四）项、第十条第二款、第十一条、第十二条、第十三条、第十五条、第十六条、第二十四条、第二十五条、第三十一条所列举的情形，国家知识产权局于商标法修改决定施行后作出复审决定或者裁定，当事人不服向人民法院起诉的行政案件，适用修改后商标法的相应规定进行审查；属于其他情形的，适用修改前商标法的相应规定进行审查。
第六条　当事人就商标法修改决定施行时已满一年的注册商标发生争议，不服商标评审委员会作出的裁定向人民法院起诉的，适用修改前商标法第二十七条第二款规定的提出申请的期限处理；商标法修改决定施行时商标注册不满一年的，适用修改后商标法第四十一条第二款、第三款规定的提出申请的期限处理。	第六条　当事人就商标法修改决定施行时已满一年的注册商标发生争议，不服国家知识产权局作出的裁定向人民法院起诉的，适用修改前商标法第二十七条第二款规定的提出申请的期限处理；商标法修改决定施行时商标注册不满一年的，适用修改后商标法第四十一条第二款、第三款规定的提出申请的期限处理。
第十条　人民法院受理的侵犯商标专用权纠纷案件，已经过工商行政管理部门处理的，人民法院仍应当就当事人民事争议的事实进行审查。	第十条　人民法院受理的侵犯商标权纠纷案件，已经过行政管理部门处理的，人民法院仍应当就当事人民事争议的事实进行审查。

《最高人民法院关于审理商标民事纠纷案件适用法律若干问题的解释》法条修订对比

以下为主要法条修订对比，前后次序不一等多因修改、删除和调整之故。

原条款（2002年10月16日起施行）	新条款（2020年12月23日修正）
引言：为了正确审理商标纠纷案件，根据《中华人民共和国民法通则》《中华人民共和国合同法》《中华人民共和国商标法》《中华人民共和国民事诉讼法》等法律的规定，就适用法律若干问题解释如下：	引言：为了正确审理商标纠纷案件，根据《中华人民共和国民法典》《中华人民共和国商标法》《中华人民共和国民事诉讼法》等法律的规定，就适用法律若干问题解释如下：
第一条　下列行为属于商标法第五十二条第（五）项规定的给他人注册商标专用权造成其他损害的行为： （一）将与他人注册商标相同或者相近似的文字作为企业的字号在相同或者类似商品上突出使用，容易使相关公众产生误认的；	第一条　下列行为属于商标法第五十七条第（七）项规定的给他人注册商标专用权造成其他损害的行为： （一）将与他人注册商标相同或者相近似的文字作为企业的字号在相同或者类似商品上突出使用，容易使相关公众产生误认的；
第二条　依据商标法第十三条第一款的规定，复制、摹仿、翻译他人未在中国注册的驰名商标或其主要部分，在相同或者类似商品上作为商标使用，容易导致混淆的，应当承担停止侵害的民事法律责任。	第二条　依据商标法第十三条第二款的规定，复制、摹仿、翻译他人未在中国注册的驰名商标或其主要部分，在相同或者类似商品上作为商标使用，容易导致混淆的，应当承担停止侵害的民事法律责任。
第三条　商标法第四十条规定的商标使用许可包括以下三类： （一）独占使用许可，是指商标注册人在约定的期间、地域和以约定的方式，将该注册商标仅许可一个被许可人使用，商标注册人依约定不得使用该注册商标。	第三条　商标法第四十三条规定的商标使用许可包括以下三类： （一）独占使用许可，是指商标注册人在约定的期间、地域和以约定的方式，将该注册商标仅许可一个被许可人使用，商标注册人依约定不得使用该注册商标。
第四条第一款　商标法第五十三条规定的利害关系人，包括注册商标使用许可合同的被许可人、注册商标财产权利的合法继承人等。	第四条第一款　商标法第六十条第一款规定的利害关系人，包括注册商标使用许可合同的被许可人、注册商标财产权利的合法继承人等。

（续表）

原条款（2002年10月16日起施行）	新条款（2020年12月23日修正）
第六条 因侵犯注册商标专用权行为提起的民事诉讼，由商标法第十三条、第五十二条所规定侵权行为的实施地、侵权商品的储藏地或者查封扣押地、被告住所地人民法院管辖。 前款规定的侵权商品的储藏地，是指大量或者经常性储存、隐匿侵权商品所在地；查封扣押地，是指海关、工商等行政机关依法查封、扣押侵权商品所在地。	第六条 因侵犯注册商标专用权行为提起的民事诉讼，由商标法第十三条、第五十七条所规定侵权行为的实施地、侵权商品的储藏地或者查封扣押地、被告住所地人民法院管辖。 前款规定的侵权商品的储藏地，是指大量或者经常性储存、隐匿侵权商品所在地；查封扣押地，是指海关等行政机关依法查封、扣押侵权商品所在地。
第九条 商标法第五十二条第（一）项规定的商标相同，是指被控侵权的商标与原告的注册商标相比较，二者在视觉上基本无差别。 商标法第五十二条第（一）项规定的商标近似，是指被控侵权的商标与原告的注册商标相比较，其文字的字形、读音、含义或者图形的构图及颜色，或者其各要素组合后的整体结构相似，或者其立体形状、颜色组合近似，易使相关公众对商品的来源产生误认或者认为其来源与原告注册商标的商品有特定的联系。	第九条 商标法第五十七条第（一）（二）项规定的商标相同，是指被控侵权的商标与原告的注册商标相比较，二者在视觉上基本无差别。 商标法第五十七条第（二）项规定的商标近似，是指被控侵权的商标与原告的注册商标相比较，其文字的字形、读音、含义或者图形的构图及颜色，或者其各要素组合后的整体结构相似，或者其立体形状、颜色组合近似，易使相关公众对商品的来源产生误认或者认为其来源与原告注册商标的商品有特定的联系。
第十条 人民法院依据商标法第五十二条第（一）项的规定，认定商标相同或者近似按照以下原则进行： （一）以相关公众的一般注意力为标准；	第十条 人民法院依据商标法第五十七条第（一）（二）项的规定，认定商标相同或者近似按照以下原则进行： （一）以相关公众的一般注意力为标准；
第十一条 商标法第五十二条第（一）项规定的类似商品，是指在功能、用途、生产部门、销售渠道、消费对象等方面相同，或者相关公众一般认为其存在特定联系、容易造成混淆的商品。	第十一条 商标法第五十七条第（二）项规定的类似商品，是指在功能、用途、生产部门、销售渠道、消费对象等方面相同，或者相关公众一般认为其存在特定联系、容易造成混淆的商品。

（续表）

原条款（2002年10月16日起施行）	新条款（2020年12月23日修正）
第十二条　人民法院依据商标法第五十二条第（一）项的规定，认定商品或者服务是否类似，应当以相关公众对商品或者服务的一般认识综合判断；《商标注册用商品和服务国际分类表》、《类似商品和服务区分表》可以作为判断类似商品或者服务的参考。	第十二条　人民法院依据商标法第五十七条第（二）项的规定，认定商品或者服务是否类似，应当以相关公众对商品或者服务的一般认识综合判断；《商标注册用商品和服务国际分类表》《类似商品和服务区分表》可以作为判断类似商品或者服务的参考。
第十三条　人民法院依据商标法第五十六条第一款的规定确定侵权人的赔偿责任时，可以根据权利人选择的计算方法计算赔偿数额。	第十三条　人民法院依据商标法第六十三条第一款的规定确定侵权人的赔偿责任时，可以根据权利人选择的计算方法计算赔偿数额。
第十四条　商标法第五十六条第一款规定的侵权所获得的利益，可以根据侵权商品销售量与该商品单位利润乘积计算；该商品单位利润无法查明的，按照注册商标商品的单位利润计算。	第十四条　商标法第六十三条第一款规定的侵权所获得的利益，可以根据侵权商品销售量与该商品单位利润乘积计算；该商品单位利润无法查明的，按照注册商标商品的单位利润计算。
第十五条　商标法第五十六条第一款规定的因被侵权所受到的损失，可以根据权利人因侵权所造成商品销售减少量或者侵权商品销售量与该注册商标商品的单位利润乘积计算。	第十五条　商标法第六十三条第一款规定的因被侵权所受到的损失，可以根据权利人因侵权所造成商品销售减少量或者侵权商品销售量与该注册商标商品的单位利润乘积计算。
第十六条　侵权人因侵权所获得的利益或者被侵权人因被侵权所受到的损失均难以确定的，人民法院可以根据当事人的请求或者依职权适用商标法第五十六条第二款的规定确定赔偿数额。 人民法院在确定赔偿数额时，应当考虑侵权行为的性质、期间、后果，商标的声誉，商标使用许可费的数额，商标使用许可的种类、时间、范围及制止侵权行为的合理开支等因素综合确定。	第十六条　权利人因被侵权所受到的实际损失、侵权人因侵权所获得的利益、注册商标使用许可费均难以确定的，人民法院可以根据当事人的请求或者依职权适用商标法第六十三条第三款的规定确定赔偿数额。 人民法院在适用商标法第六十三条第三款规定确定赔偿数额时，应当考虑侵权行为的性质、期间、后果，侵权人的主观过错程度，商标的声誉及制止侵权行为的合理开支等因素综合确定。

（续表）

原条款（2002年10月16日起施行）	新条款（2020年12月23日修正）
第十七条　商标法第五十六条第一款规定的制止侵权行为所支付的合理开支，包括权利人或者委托代理人对侵权行为进行调查、取证的合理费用。	第十七条　商标法第六十三条第一款规定的制止侵权行为所支付的合理开支，包括权利人或者委托代理人对侵权行为进行调查、取证的合理费用。
第十八条　侵犯注册商标专用权的诉讼时效为二年，自商标注册人或者利害关系人知道或者应当知道侵权行为之日起计算。商标注册人或者利害关系人超过二年起诉的，如果侵权行为在起诉时仍在持续，在该注册商标专用权有效期限内，人民法院应当判决被告停止侵权行为，侵权损害赔偿数额应当自权利人向人民法院起诉之日向前推算二年计算。	第十八条　侵犯注册商标专用权的诉讼时效为三年，自商标注册人或者利害关系人知道或者应当知道权利受到损害以及义务人之日起计算。商标注册人或者利害关系人超过三年起诉的，如果侵权行为在起诉时仍在持续，在该注册商标专用权有效期限内，人民法院应当判决被告停止侵权行为，侵权损害赔偿数额应当自权利人向人民法院起诉之日向前推算三年计算。
第十九条　商标使用许可合同未经备案的，不影响该许可合同的效力，但当事人另有约定的除外。 商标使用许可合同未在商标局备案的，不得对抗善意第三人。	第十九条　商标使用许可合同未经备案的，不影响该许可合同的效力，但当事人另有约定的除外。
第二十一条　人民法院在审理侵犯注册商标专用权纠纷案件中，依据民法通则第一百三十四条、商标法第五十三条的规定和案件具体情况，可以判决侵权人承担停止侵害、排除妨碍、消除危险、赔偿损失、消除影响等民事责任，还可以作出罚款，收缴侵权商品、伪造的商标标识和专门用于生产侵权商品的材料、工具、设备等财物的民事制裁决定。罚款数额可以参照《中华人民共和国商标法实施条例》的有关规定确定。	第二十一条　人民法院在审理侵犯注册商标专用权纠纷案件中，依据民法典第一百七十九条、商标法第六十条的规定和案件具体情况，可以判决侵权人承担停止侵害、排除妨碍、消除危险、赔偿损失、消除影响等民事责任，还可以作出罚款，收缴侵权商品、伪造的商标标识和主要用于生产侵权商品的材料、工具、设备等财物的民事制裁决定。罚款数额可以参照商标法第六十条第二款的有关规定确定。

《最高人民法院关于审理注册商标、企业名称与在先权利冲突的民事纠纷案件若干问题的规定》法条修订对比

以下为主要法条修订对比，前后次序不一等多因修改、删除和调整之故。

原条款（2008年3月1日期施行）	新条款（2020年12月23日起施行）
引言：为正确审理注册商标、企业名称与在先权利冲突的民事纠纷案件，根据《中华人民共和国民事诉讼法》、《中华人民共和国民法通则》、《中华人民共和国商标法》和《中华人民共和国反不正当竞争法》等法律的规定，结合审判实践，制定本规定。	引言：为正确审理注册商标、企业名称与在先权利冲突的民事纠纷案件，根据《中华人民共和国民法典》《中华人民共和国商标法》《中华人民共和国反不正当竞争法》和《中华人民共和国民事诉讼法》等法律的规定，结合审判实践，制定本规定。
第一条　原告以他人注册商标使用的文字、图形等侵犯其著作权、外观设计专利权、企业名称权等在先权利为由提起诉讼，符合民事诉讼法第一百零八条规定的，人民法院应当受理。 原告以他人使用在核定商品上的注册商标与其在先的注册商标相同或者近似为由提起诉讼的，人民法院应当根据民事诉讼法第一百一十一条第（三）项的规定，告知原告向有关行政主管机关申请解决。但原告以他人超出核定商品的范围或者以改变显著特征、拆分、组合等方式使用的注册商标，与其注册商标相同或者近似为由提起诉讼的，人民法院应当受理。	第一条　原告以他人注册商标使用的文字、图形等侵犯其著作权、外观设计专利权、企业名称权等在先权利为由提起诉讼，符合民事诉讼法第一百一十九条规定的，人民法院应当受理。 原告以他人使用在核定商品上的注册商标与其在先的注册商标相同或者近似为由提起诉讼的，人民法院应当根据民事诉讼法第一百二十四条第（三）项的规定，告知原告向有关行政主管机关申请解决。但原告以他人超出核定商品的范围或者以改变显著特征、拆分、组合等方式使用的注册商标，与其注册商标相同或者近似为由提起诉讼的，人民法院应当受理。
第二条　原告以他人企业名称与其在先的企业名称相同或者近似，足以使相关公众对其商品的来源产生混淆，违反反不正当竞争法第五条第（三）项的规定为由提起诉讼，符合民事诉讼法第一百零八条规定的，人民法院应当受理。	第二条　原告以他人企业名称与其在先的企业名称相同或者近似，足以使相关公众对其商品的来源产生混淆，违反反不正当竞争法第六条第（二）项的规定为由提起诉讼，符合民事诉讼法第一百一十九条规定的，人民法院应当受理。

《最高人民法院关于审理涉及驰名商标保护的民事纠纷案件应用法律若干问题的解释》法条修订对比

以下为主要法条修订对比，前后次序不一等多因修改、删除和调整之故。

原条款（2009年5月1日起施行）	新条款（2020年12月23日修正）
第一条 本解释所称驰名商标，是指在中国境内为相关公众广为知晓的商标。	第一条 本解释所称驰名商标，是指在中国境内为相关公众所熟知的商标。
第四条 人民法院认定商标是否驰名，应当以证明其驰名的事实为依据，综合考虑商标法第十四条规定的各项因素，但是根据案件具体情况无需考虑该条规定的全部因素即足以认定商标驰名的情形除外。	第四条 人民法院认定商标是否驰名，应当以证明其驰名的事实为依据，综合考虑商标法第十四条第一款规定的各项因素，但是根据案件具体情况无需考虑该条规定的全部因素即足以认定商标驰名的情形除外。
第七条 被诉侵犯商标权或者不正当竞争行为发生前，曾被人民法院或者国务院工商行政管理部门认定驰名的商标，被告对该商标驰名的事实不持异议的，人民法院应当予以认定。被告提出异议的，原告仍应对该商标驰名的事实负举证责任。	第七条 被诉侵犯商标权或者不正当竞争行为发生前，曾被人民法院或者行政管理部门认定驰名的商标，被告对该商标驰名的事实不持异议的，人民法院应当予以认定。被告提出异议的，原告仍应对该商标驰名的事实负举证责任。
第八条 对于在中国境内为社会公众广为知晓的商标，原告已提供其商标驰名的基本证据，或者被告不持异议的，人民法院对该商标驰名的事实予以认定。	第八条 对于在中国境内为社会公众所熟知的商标，原告已提供其商标驰名的基本证据，或者被告不持异议的，人民法院对该商标驰名的事实予以认定。
第九条 足以使相关公众对使用驰名商标和被诉商标的商品来源产生误认，或者足以使相关公众认为使用驰名商标和被诉商标的经营者之间具有许可使用、关联企业关系等特定联系的，属于商标法第十三条第一款规定的"容易导致混淆"。	第九条 足以使相关公众对使用驰名商标和被诉商标的商品来源产生误认，或者足以使相关公众认为使用驰名商标和被诉商标的经营者之间具有许可使用、关联企业关系等特定联系的，属于商标法第十三条第二款规定的"容易导致混淆"。

（续表）

原条款（2009年5月1日起施行）	新条款（2020年12月23日修正）
足以使相关公众认为被诉商标与驰名商标具有相当程度的联系，而减弱驰名商标的显著性、贬损驰名商标的市场声誉，或者不正当利用驰名商标的市场声誉的，属于商标法第十三条第二款规定的"误导公众，致使该驰名商标注册人的利益可能受到损害"。	足以使相关公众认为被诉商标与驰名商标具有相当程度的联系，而减弱驰名商标的显著性、贬损驰名商标的市场声誉，或者不正当利用驰名商标的市场声誉的，属于商标法第十三条第三款规定的"误导公众，致使该驰名商标注册人的利益可能受到损害"。
第十一条　被告使用的注册商标违反商标法第十三条的规定，复制、摹仿或者翻译原告驰名商标，构成侵犯商标权的，人民法院应当根据原告的请求，依法判决禁止被告使用该商标，但被告的注册商标有下列情形之一的，人民法院对原告的请求不予支持： （一）已经超过商标法第四十一条第二款规定的请求撤销期限的； （二）被告提出注册申请时，原告的商标并不驰名。	第十一条　被告使用的注册商标违反商标法第十三条的规定，复制、摹仿或者翻译原告驰名商标，构成侵犯商标权的，人民法院应当根据原告的请求，依法判决禁止被告使用该商标，但被告的注册商标有下列情形之一的，人民法院对原告的请求不予支持： （一）已经超过商标法第四十五条第一款规定的请求宣告无效期限的； （二）被告提出注册申请时，原告的商标并不驰名。

《最高人民法院关于商标法修改决定施行后有关商标案件管辖和法律适用问题的解释》法条修订对比

以下为主要法条修订对比，前后次序不一等多因修改、删除和调整之故。

原条款（2014年5月1日期施行）	修改后（2020年12月23日修正）
第一条　人民法院受理以下商标案件： 1. 不服国务院工商行政管理部门商标评审委员会（以下简称商标评审委员会）作出的复审决定或者裁定的行政案件； 2. 不服工商行政管理部门作出的有关商标的其他具体行政行为的案件； 3. 商标权权属纠纷案件； 4. 侵害商标专用权纠纷案件； 5. 确认不侵害商标专用权纠纷案件； 6. 商标权转让合同纠纷案件； 7. 商标使用许可合同纠纷案件； 8. 商标代理合同纠纷案件； 9. 申请诉前停止侵害商标专用权案件； 10. 因申请停止侵害商标专用权损害责任案件； 11. 因商标纠纷申请诉前财产保全案件； 12. 因商标纠纷申请诉前证据保全案件； 13. 其他商标案件。	第一条　人民法院受理以下商标案件： 1. 不服国家知识产权局作出的复审决定或者裁定的行政案件； 2. 不服国家知识产权局作出的有关商标的其他行政行为的案件； 3. 商标权权属纠纷案件； 4. 侵害商标权纠纷案件； 5. 确认不侵害商标权纠纷案件； 6. 商标权转让合同纠纷案件； 7. 商标使用许可合同纠纷案件； 8. 商标代理合同纠纷案件； 9. 申请诉前停止侵害注册商标专用权案件； 10. 申请停止侵害注册商标专用权损害责任案件； 11. 申请诉前财产保全案件； 12. 申请诉前证据保全案件； 13. 其他商标案件。
第二条　不服商标评审委员会作出的复审决定或者裁定的行政案件及国家工商行政管理总局商标局（以下简称商标局）作出的有关商标的具体行政行为案件，由北京市有关中级人民法院管辖。	第二条　不服国家知识产权局作出的复审决定或者裁定的行政案件及国家知识产权局作出的有关商标的行政行为案件，由北京市有关中级人民法院管辖。
第四条　在工商行政管理部门查处侵害商标权行为过程中，当事人就相关商标提起商标权权属或者侵害商标专用权民事诉讼的，人民法院应当受理。	第四条　在行政管理部门查处侵害商标权行为过程中，当事人就相关商标提起商标权权属或者侵害商标权民事诉讼的，人民法院应当受理。

（续表）

原条款（2014年5月1日期施行）	修改后（2020年12月23日修正）
第五条　对于在商标法修改决定施行前提出的商标注册及续展申请，商标局于决定施行后作出对该商标申请不予受理或者不予续展的决定，当事人提起行政诉讼的，人民法院审查时适用修改后的商标法。 对于在商标法修改决定施行前提出的商标异议申请，商标局于决定施行后作出对该异议不予受理的决定，当事人提起行政诉讼的，人民法院审查时适用修改前的商标法。	第五条　对于在商标法修改决定施行前提出的商标注册及续展申请，国家知识产权局于决定施行后作出对该商标申请不予受理或者不予续展的决定，当事人提起行政诉讼的，人民法院审查时适用修改后的商标法。 对于在商标法修改决定施行前提出的商标异议申请，国家知识产权局于决定施行后作出对该异议不予受理的决定，当事人提起行政诉讼的，人民法院审查时适用修改前的商标法。
第六条　对于在商标法修改决定施行前当事人就尚未核准注册的商标申请复审，商标评审委员会于决定施行后作出复审决定或者裁定，当事人提起行政诉讼的，人民法院审查时适用修改后的商标法。 对于在商标法修改决定施行前受理的商标复审申请，商标评审委员会于决定施行后作出核准注册决定，当事人提起行政诉讼的，人民法院不予受理；商标评审委员会于决定施行后作出不予核准注册决定，当事人提起行政诉讼的，人民法院审查相关诉权和主体资格问题时，适用修改前的商标法。	第六条　对于在商标法修改决定施行前当事人就尚未核准注册的商标申请复审，国家知识产权局于决定施行后作出复审决定或者裁定，当事人提起行政诉讼的，人民法院审查时适用修改后的商标法。 对于在商标法修改决定施行前受理的商标复审申请，国家知识产权局于决定施行后作出核准注册决定，当事人提起行政诉讼的，人民法院不予受理；国家知识产权局于决定施行后作出不予核准注册决定，当事人提起行政诉讼的，人民法院审查相关诉权和主体资格问题时，适用修改前的商标法。
第七条　对于在商标法修改决定施行前已经核准注册的商标，商标评审委员会于决定施行前受理、在决定施行后作出复审决定或者裁定，当事人提起行政诉讼的，人民法院审查相关程序问题适用修改后的商标法，审查实体问题适用修改前的商标法。	第七条　对于在商标法修改决定施行前已经核准注册的商标，国家知识产权局于决定施行前受理、在决定施行后作出复审决定或者裁定，当事人提起行政诉讼的，人民法院审查相关程序问题适用修改后的商标法，审查实体问题适用修改前的商标法。
第八条　对于在商标法修改决定施行前受理的相关商标案件，商标局、商标评审委员会于决定施行后作出决定或者裁定，当事人提起行政诉讼的，人民法院认定该决定或者裁定是否符合商标法有关审查时限规定时，应当从修改决定施行之日起计算该审查时限。	第八条　对于在商标法修改决定施行前受理的相关商标案件，国家知识产权局于决定施行后作出决定或者裁定，当事人提起行政诉讼的，人民法院认定该决定或者裁定是否符合商标法有关审查时限规定时，应当从修改决定施行之日起计算该审查时限。

《最高人民法院关于审理商标授权确权行政案件若干问题的规定》法条修订对比

以下为主要法条修订对比，前后次序不一等多因修改、删除和调整之故。

原条款（2017年3月1日起施行）	新条款（2020年12月23日修正）
第一条　本规定所称商标授权确权行政案件，是指相对人或者利害关系人因不服国务院工商行政管理部门商标评审委员会（以下简称商标评审委员会）作出的商标驳回复审、商标不予注册复审、商标撤销复审、商标无效宣告及无效宣告复审等行政行为，向人民法院提起诉讼的案件。	第一条　本规定所称商标授权确权行政案件，是指相对人或者利害关系人因不服国家知识产权局作出的商标驳回复审、商标不予注册复审、商标撤销复审、商标无效宣告及无效宣告复审等行政行为，向人民法院提起诉讼的案件。
第二条　人民法院对商标授权确权行政行为进行审查的范围，一般应根据原告的诉讼请求及理由确定。原告在诉讼中未提出主张，但商标评审委员会相关认定存在明显不当的，人民法院在各方当事人陈述意见后，可以对相关事由进行审查并做出裁判。	第二条　人民法院对商标授权确权行政行为进行审查的范围，一般应根据原告的诉讼请求及理由确定。原告在诉讼中未提出主张，但国家知识产权局相关认定存在明显不当的，人民法院在各方当事人陈述意见后，可以对相关事由进行审查并作出裁判。
第四条　商标标志或者其构成要素带有欺骗性，容易使公众对商品的质量等特点或者产地产生误认，商标评审委员会认定其属于2001年修正的商标法第十条第一款第（七）项规定情形的，人民法院予以支持。	第四条　商标标志或者其构成要素带有欺骗性，容易使公众对商品的质量等特点或者产地产生误认，国家知识产权局认定其属于2001年修正的商标法第十条第一款第（七）项规定情形的，人民法院予以支持。
第十四条　当事人主张诉争商标构成对其已注册的驰名商标的复制、摹仿或者翻译而不应予以注册或者应予无效，商标评审委员会依据商标法第三十条规定裁决支持其主张的，如果诉争商标注册未满五年，人民法院在当事人陈述意见之后，可以按照商标法第三十条规定进行审理；如果诉争商标注册已满五年，应当适用商标法第十三条第三款进行审理。	第十四条　当事人主张诉争商标构成对其已注册的驰名商标的复制、摹仿或者翻译而不应予以注册或者应予无效，国家知识产权局依据商标法第三十条规定裁决支持其主张的，如果诉争商标注册未满五年，人民法院在当事人陈述意见之后，可以按照商标法第三十条规定进行审理；如果诉争商标注册已满五年，应当适用商标法第十三条第三款进行审理。

（续表）

原条款（2017年3月1日起施行）	新条款（2020年12月23日修正）
第二十七条　当事人主张商标评审委员会下列情形属于行政诉讼法第七十条第（三）项规定的"违反法定程序"的，人民法院予以支持： （一）遗漏当事人提出的评审理由，对当事人权利产生实际影响的；	第二十七条　当事人主张国家知识产权局下列情形属于行政诉讼法第七十条第（三）项规定的"违反法定程序"的，人民法院予以支持： （一）遗漏当事人提出的评审理由，对当事人权利产生实际影响的；
第二十八条　人民法院审理商标授权确权行政案件的过程中，商标评审委员会对诉争商标予以驳回、不予核准注册或者予以无效宣告的事由不存在的，人民法院可以依据新的事实撤销商标评审委员会相关裁决，并判令其根据变更后的事实重新作出裁决。	第二十八条　人民法院审理商标授权确权行政案件的过程中，国家知识产权局对诉争商标予以驳回、不予核准注册或者予以无效宣告的事由不存在的，人民法院可以依据新的事实撤销国家知识产权局相关裁决，并判令其根据变更后的事实重新作出裁决。
第二十九条第二款　在商标驳回复审程序中，商标评审委员会以申请商标与引证商标不构成使用在同一种或者类似商品上的相同或者近似商标为由准予申请商标初步审定公告后，以下情形不视为"以相同的事实和理由"再次提出评审申请： （一）引证商标所有人或者利害关系人依据该引证商标提出异议，国务院工商行政管理部门商标局予以支持，被异议商标申请人申请复审的； （二）引证商标所有人或者利害关系人在申请商标获准注册后依据该引证商标申请宣告其无效的。	第二十九条第二款　在商标驳回复审程序中，国家知识产权局以申请商标与引证商标不构成使用在同一种或者类似商品上的相同或者近似商标为由准予申请商标初步审定公告后，以下情形不视为"以相同的事实和理由"再次提出评审申请： （一）引证商标所有人或者利害关系人依据该引证商标提出异议，国家知识产权局予以支持，被异议商标申请人申请复审的； （二）引证商标所有人或者利害关系人在申请商标获准注册后依据该引证商标申请宣告其无效的。
第三十条　人民法院生效裁判对于相关事实和法律适用已作出明确认定，相对人或者利害关系人对于商标评审委员会依据该生效裁判重新作出的裁决提起诉讼的，人民法院依法裁定不予受理；已经受理的，裁定驳回起诉。	第三十条　人民法院生效裁判对于相关事实和法律适用已作出明确认定，相对人或者利害关系人对于国家知识产权局依据该生效裁判重新作出的裁决提起诉讼的，人民法院依法裁定不予受理；已经受理的，裁定驳回起诉。

《最高人民法院关于人民法院对注册商标权进行财产保全的解释》法条修订对比

以下为主要法条修订对比,前后次序不一等多因修改、删除和调整之故。

原条款(2001年1月21日起施行)	新条款(2020年12月23日修正)
第一条 人民法院根据民事诉讼法有关规定采取财产保全措施时,需要对注册商标权进行保全的,应当向国家工商行政管理局商标局(以下简称商标局)发出协助执行通知书,载明要求商标局协助保全的注册商标的名称、注册人、注册证号码、保全期限以及协助执行保全的内容,包括禁止转让、注销注册商标、变更注册事项和办理商标权质押登记等事项。	第一条 人民法院根据民事诉讼法有关规定采取财产保全措施时,需要对注册商标权进行保全的,应当向国家知识产权局商标局(以下简称商标局)发出协助执行通知书,载明要求商标局协助保全的注册商标的名称、注册人、注册证号码、保全期限以及协助执行保全的内容,包括禁止转让、注销注册商标、变更注册事项和办理商标权质押登记等事项。
第二条 对注册商标权保全的期限一次不得超过六个月,自商标局收到协助执行通知书之日起计算。如果仍然需要对该注册商标权继续采取保全措施的,人民法院应当在保全期限届满前向商标局重新发出协助执行通知书,要求继续保全。否则,视为自动解除对该注册商标权的财产保全。	第二条 对注册商标权保全的期限一次不得超过一年,自商标局收到协助执行通知书之日起计算。如果仍然需要对该注册商标权继续采取保全措施的,人民法院应当在保全期限届满前向商标局重新发出协助执行通知书,要求继续保全。否则,视为自动解除对该注册商标权的财产保全。

《最高人民法院关于审理著作权民事纠纷案件适用法律若干问题的解释》法条修订对比

以下为主要法条修订对比,前后次序不一等多因修改、删除和调整之故。

原条款(2002年10月15日起施行)	新条款(2020年12月23日起施行)
引言:为了正确审理著作权民事纠纷案件,根据《中华人民共和国民法通则》、《中华人民共和国合同法》、《中华人民共和国著作权法》、《中华人民共和国民事诉讼法》等法律的规定,就适用法律若干问题解释如下:	引言:为了正确审理著作权民事纠纷案件,根据《中华人民共和国民法典》《中华人民共和国著作权法》《中华人民共和国民事诉讼法》等法律的规定,就适用法律若干问题解释如下:
第一条 人民法院受理以下著作权民事纠纷案件:(一)著作权及与著作权有关权益权属、侵权、合同纠纷案件;(二)申请诉前停止侵犯著作权、与著作权有关权益行为,申请诉前财产保全、诉前证据保全案件;(三)其他著作权、与著作权有关权益纠纷案件。	第一条 人民法院受理以下著作权民事纠纷案件:(一)著作权及与著作权有关权益权属、侵权、合同纠纷案件;(二)申请诉前停止侵害著作权、与著作权有关权益行为,申请诉前财产保全、诉前证据保全案件;(三)其他著作权、与著作权有关权益纠纷案件。
第二条 著作权民事纠纷案件,由中级以上人民法院管辖。 各高级人民法院根据本辖区的实际情况,可以确定若干基层人民法院管辖第一审著作权民事纠纷案件。	第二条 著作权民事纠纷案件,由中级以上人民法院管辖。 各高级人民法院根据本辖区的实际情况,可以报请最高人民法院批准,由若干基层人民法院管辖第一审著作权民事纠纷案件。
第三条 对著作权行政管理部门查处的侵犯著作权行为,当事人向人民法院提起诉讼追究该行为人民事责任的,人民法院应当受理。 人民法院审理已经过著作权行政管理部门处理的侵犯著作权行为的民事纠纷案件,应当对案件事实进行全面审查。	第三条 对著作权行政管理部门查处的侵害著作权行为,当事人向人民法院提起诉讼追究该行为人民事责任的,人民法院应当受理。 人民法院审理已经过著作权行政管理部门处理的侵害著作权行为的民事纠纷案件,应当对案件事实进行全面审查。

（续表）

原条款（2002年10月15日起施行）	新条款（2020年12月23日起施行）
第四条　因侵犯著作权行为提起的民事诉讼，由著作权法第四十六条、第四十七条所规定侵权行为的实施地、侵权复制品储藏地或者查封扣押地、被告住所地人民法院管辖。 前款规定的侵权复制品储藏地，是指大量或者经常性储存、隐匿侵权复制品所在地；查封扣押地，是指海关、版权、工商等行政机关依法查封、扣押侵权复制品所在地。	第四条　因侵害著作权行为提起的民事诉讼，由著作权法第四十七条、第四十八条所规定侵权行为的实施地、侵权复制品储藏地或者查封扣押地、被告住所地人民法院管辖。 前款规定的侵权复制品储藏地，是指大量或者经常性储存、隐匿侵权复制品所在地；查封扣押地，是指海关、版权等行政机关依法查封、扣押侵权复制品所在地。
第五条　对涉及不同侵权行为实施地的多个被告提起的共同诉讼，原告可以选择其中一个被告的侵权行为实施地人民法院管辖；仅对其中某一被告提起的诉讼，该被告侵权行为实施地的人民法院有管辖权。	第五条　对涉及不同侵权行为实施地的多个被告提起的共同诉讼，原告可以选择向其中一个被告的侵权行为实施地人民法院提起诉讼；仅对其中某一被告提起的诉讼，该被告侵权行为实施地的人民法院有管辖权。
第七条　当事人提供的涉及著作权的底稿、原件、合法出版物、著作权登记证书、认证机构出具的证明、取得权利的合同等，可以作为证据。 在作品或者制品上署名的自然人、法人或者其他组织视为著作权、与著作权有关权益的权利人，但有相反证明的除外。	第七条　当事人提供的涉及著作权的底稿、原件、合法出版物、著作权登记证书、认证机构出具的证明、取得权利的合同等，可以作为证据。 在作品或制品上署名的自然人、法人或者非法人组织视为著作权、与著作权有关权益的权利人，但有相反证明的除外。
第十条　著作权法第十五条第二款所指的作品，著作权人是自然人的，其保护期适用著作权法第二十一条第一款的规定；著作权人是法人或其他组织的，其保护期适用著作权法第二十一条第二款的规定。	第十条　著作权法第十五条第二款所指的作品，著作权人是自然人的，其保护期适用著作权法第二十一条第一款的规定；著作权人是法人或非法人组织的，其保护期适用著作权法第二十一条第二款的规定。
第十七条　著作权法第三十二条第二款规定的转载，是指报纸、期刊登载其他报刊已发表作品的行为。转载未注明被转载作品的作者和最初登载的报刊出处的，应当承担消除影响、赔礼道歉等民事责任。	第十七条　著作权法第三十三条第二款规定的转载，是指报纸、期刊登载其他报刊已发表作品的行为。转载未注明被转载作品的作者和最初登载的报刊出处的，应当承担消除影响、赔礼道歉等民事责任。

（续表）

原条款（2002 年 10 月 15 日起施行）	新条款（2020 年 12 月 23 日起施行）
第十九条　出版者、制作者应当对其出版、制作有合法授权承担举证责任，发行者、出租者应当对其发行或者出租的复制品有合法来源承担举证责任。举证不能的，依据著作权法第四十六条、第四十七条的相应规定承担法律责任。	第十九条　出版者、制作者应当对其出版、制作有合法授权承担举证责任，发行者、出租者应当对其发行或者出租的复制品有合法来源承担举证责任。举证不能的，依据著作权法第四十七条、第四十八条的相应规定承担法律责任。
第二十条　出版物侵犯他人著作权的，出版者应当根据其过错、侵权程度及损害后果等承担民事赔偿责任。 出版者对其出版行为的授权、稿件来源和署名、所编辑出版物的内容等未尽到合理注意义务的，依据著作权法第四十八条的规定，承担赔偿责任。 出版者尽了合理注意义务，著作权人也无证据证明出版者应当知道其出版涉及侵权的，依据民法通则第一百一十七条第一款的规定，出版者承担停止侵权、返还其侵权所得利润的民事责任。 出版者所尽合理注意义务情况，由出版者承担举证责任。	第二十条　出版物侵害他人著作权的，出版者应当根据其过错、侵权程度及损害后果等承担赔偿损失的责任。 出版者对其出版行为的授权、稿件来源和署名、所编辑出版物的内容等未尽到合理注意义务的，依据著作权法第四十九条的规定，承担赔偿损失的责任。 出版者应对其已尽合理注意义务承担举证责任。
第二十一条　计算机软件用户未经许可或者超过许可范围商业使用计算机软件的，依据著作权法第四十七条第（一）项、《计算机软件保护条例》第二十四条第（一）项的规定承担民事责任。	第二十一条　计算机软件用户未经许可或者超过许可范围商业使用计算机软件的，依据著作权法第四十八条第（一）项、《计算机软件保护条例》第二十四条第（一）项的规定承担民事责任。
第二十二条　著作权转让合同未采取书面形式的，人民法院依据合同法第三十六条、第三十七条的规定审查合同是否成立。	第二十二条　著作权转让合同未采取书面形式的，人民法院依据民法典第四百九十条的规定审查合同是否成立。
第二十三条　出版者将著作权人交付出版的作品丢失、毁损致使出版合同不能履行的，依据著作权法第五十三条、民法通则第一百一十七条以及合同法第一百二十二条的规定追究出版者的民事责任。	第二十三条　出版者将著作权人交付出版的作品丢失、毁损致使出版合同不能履行的，著作权人有权依据民法典第一百八十六条、第二百三十八条、第一千一百八十四条等规定要求出版者承担相应的民事责任。

(续表)

原条款（2002年10月15日起施行）	新条款（2020年12月23日起施行）
第二十五条　权利人的实际损失或者侵权人的违法所得无法确定的，人民法院根据当事人的请求或者依职权适用著作权法第四十八条第二款的规定确定赔偿数额。 人民法院在确定赔偿数额时，应当考虑作品类型、合理使用费、侵权行为性质、后果等情节综合确定。 当事人按照本条第一款的规定就赔偿数额达成协议的，应当准许。	第二十五条　权利人的实际损失或者侵权人的违法所得无法确定的，人民法院根据当事人的请求或者依职权适用著作权法第四十九条第二款的规定确定赔偿数额。 人民法院在确定赔偿数额时，应当考虑作品类型、合理使用费、侵权行为性质、后果等情节综合确定。 当事人按照本条第一款的规定就赔偿数额达成协议的，应当准许。
第二十六条第一款　著作权法第四十八条第一款规定的制止侵权行为所支付的合理开支，包括权利人或者委托代理人对侵权行为进行调查、取证的合理费用。	第二十六条第一款　著作权法第四十九条第一款规定的制止侵权行为所支付的合理开支，包括权利人或者委托代理人对侵权行为进行调查、取证的合理费用。
第二十七条　在著作权法修改决定施行前发生的侵犯著作权行为起诉的案件，人民法院于该决定施行后做出判决的，可以参照适用著作权法第四十八条的规定。	此条款删除
第二十八条　侵犯著作权的诉讼时效为二年，自著作权人知道或者应当知道侵权行为之日起计算。权利人超过二年起诉的，如果侵权行为在起诉时仍在持续，在该著作权保护期内，人民法院应当判决被告停止侵权行为；侵权损害赔偿数额应当自权利人向人民法院起诉之日起向前推算二年计算。	第二十八条　侵害著作权的诉讼时效为三年，自著作权人知道或者应当知道权利受到损害以及义务人之日起计算。权利人超过三年起诉的，如果侵权行为在起诉时仍在持续，在该著作权保护期内，人民法院应当判决被告停止侵权行为；侵权损害赔偿数额应当自权利人向人民法院起诉之日起向前推算三年计算。
第二十九条　对著作权法第四十七条规定的侵权行为，人民法院根据当事人的请求除追究行为人民事责任外，还可以依据民法通则第一百三十四条第三款的规定给予民事制裁，罚款数额可以参照《中华人民共和国著作权法实施条例》的有关规定确定。 著作权行政管理部门对相同的侵权行为已经给予行政处罚的，人民法院不再予以民事制裁。	此条款删除

(续表)

原条款（2002年10月15日起施行）	新条款（2020年12月23日起施行）
第三十条　对2001年10月27日前发生的侵犯著作权行为，当事人于2001年10月27日后向人民法院提出申请采取责令停止侵权行为或者证据保全措施的，适用著作权法第四十九条、第五十条的规定。 人民法院采取诉前措施，参照《最高人民法院关于诉前停止侵犯注册商标专用权行为和保全证据适用法律问题的解释》的规定办理。	第三十条　人民法院采取保全措施的，依据民事诉讼法及《最高人民法院关于审查知识产权纠纷行为保全案件适用法律若干问题的规定》的有关规定办理。
第三十一条　除本解释另行规定外，2001年10月27日以后人民法院受理的著作权民事纠纷案件，涉及2001年10月27日前发生的民事行为的，适用修改前著作权法的规定；涉及该日期以后发生的民事行为的，适用修改后著作权法的规定；涉及该日期前发生，持续到该日期后的民事行为的，适用修改后著作权法的规定。	第三十一条　除本解释另行规定外，人民法院受理的著作权民事纠纷案件，涉及著作权法修改前发生的民事行为的，适用修改前著作权法的规定；涉及著作权法修改以后发生的民事行为的，适用修改后著作权法的规定；涉及著作权法修改前发生，持续到著作权法修改后的民事行为的，适用修改后著作权法的规定。

《最高人民法院关于审理侵害信息网络传播权民事纠纷案件适用法律若干问题的规定》法条修订对比

以下为主要法条修订对比，前后次序不一等多因修改、删除和调整之故。

原条款（2013年1月1日起施行）	新条款（2020年12月23日修正）
引言：为正确审理侵害信息网络传播权民事纠纷案件，依法保护信息网络传播权，促进信息网络产业健康发展，维护公共利益，根据《中华人民共和国民法通则》《中华人民共和国侵权责任法》《中华人民共和国著作权法》《中华人民共和国民事诉讼法》等有关法律规定，结合审判实际，制定本规定。	引言：为正确审理侵害信息网络传播权民事纠纷案件，依法保护信息网络传播权，促进信息网络产业健康发展，维护公共利益，根据《中华人民共和国民法典》《中华人民共和国著作权法》《中华人民共和国民事诉讼法》等有关法律规定，结合审判实际，制定本规定。
第十三条 网络服务提供者接到权利人以书信、传真、电子邮件等方式提交的通知，未及时采取删除、屏蔽、断开链接等必要措施的，人民法院应当认定其明知相关侵害信息网络传播权行为。	第十三条 网络服务提供者接到权利人以书信、传真、电子邮件等方式提交的通知及构成侵权的初步证据，未及时根据初步证据和服务类型采取必要措施的，人民法院应当认定其明知相关侵害信息网络传播权行为。
第十四条 人民法院认定网络服务提供者采取的删除、屏蔽、断开链接等必要措施是否及时，应当根据权利人提交通知的形式，通知的准确程度，采取措施的难易程度，网络服务的性质，所涉作品、表演、录音录像制品的类型、知名度、数量等因素综合判断。	第十四条 人民法院认定网络服务提供者转送通知、采取必要措施是否及时，应当根据权利人提交通知的形式，通知的准确程度，采取措施的难易程度，网络服务的性质，所涉作品、表演、录音录像制品的类型、知名度、数量等因素综合判断。

《最高人民法院关于审理植物新品种纠纷案件若干问题的解释》法条修订对比

以下为主要法条修订对比,前后次序不一等多因修改、删除和调整之故。

原条款(2001年2月14日起施行)	新条款(2020年12月23日修正)
引言:为依法受理和审判植物新品种纠纷案件,根据《中华人民共和国民事诉讼法》《中华人民共和国行政诉讼法》的有关规定,现就有关问题解释如下:	引言:为依法受理和审判植物新品种纠纷案件,根据《中华人民共和国民法典》《中华人民共和国种子法》《中华人民共和国民事诉讼法》《中华人民共和国行政诉讼法》《全国人民代表大会常务委员会关于在北京、上海、广州设立知识产权法院的决定》和《全国人民代表大会常务委员会关于专利等知识产权案件诉讼程序若干问题的决定》的有关规定,现就有关问题解释如下:
第一条 人民法院受理的植物新品种纠纷案件主要包括以下几类: (一)是否应当授予植物新品种权纠纷案件; (二)宣告授予的植物新品种权无效或者维持植物新品种权的纠纷案件; (三)授予品种权的植物新品种更名的纠纷案件; (四)实施强制许可的纠纷案件; (五)实施强制许可使用费的纠纷案件; (六)植物新品种申请权纠纷案件; (七)植物新品种权权利归属纠纷案件; (八)转让植物新品种申请权和转让植物新品种权的纠纷案件; (九)侵犯植物新品种权的纠纷案件; (十)不服省级以上农业、林业行政管理部门依据职权对侵犯植物新品种权处罚的纠纷案件;	第一条 人民法院受理的植物新品种纠纷案件主要包括以下几类: (一)植物新品种申请驳回复审行政纠纷案件; (二)植物新品种权无效行政纠纷案件; (三)植物新品种权更名行政纠纷案件; (四)植物新品种权强制许可纠纷案件; (五)植物新品种权实施强制许可使用费纠纷案件; (六)植物新品种申请权权属纠纷案件; (七)植物新品种权权属纠纷案件; (八)植物新品种申请权转让合同纠纷案件; (九)植物新品种权转让合同纠纷案件; (十)侵害植物新品种权纠纷案件; (十一)假冒他人植物新品种权纠纷案件;

（续表）

原条款（2001年2月14日起施行）	新条款（2020年12月23日修正）
（十一）不服县级以上农业、林业行政管理部门依据职权对假冒授权品种处罚的纠纷案件。	（十二）植物新品种培育人署名权纠纷案件； （十三）植物新品种临时保护期使用费纠纷案件； （十四）植物新品种行政处罚纠纷案件； （十五）植物新品种行政复议纠纷案件； （十六）植物新品种行政赔偿纠纷案件； （十七）植物新品种行政奖励纠纷案件； （十八）其他植物新品种权纠纷案件。
第二条 人民法院在依法审查当事人涉及植物新品种权的起诉时，只要符合《中华人民共和国民事诉讼法》第一百零八条、《中华人民共和国行政诉讼法》第四十一条规定的民事案件或者行政案件的起诉条件，均应当依法予以受理。	第二条 人民法院在依法审查当事人涉及植物新品种权的起诉时，只要符合《中华人民共和国民事诉讼法》第一百一十九条、《中华人民共和国行政诉讼法》第四十九条规定的民事案件或者行政案件的起诉条件，均应当依法予以受理。
第三条 本解释第一条所列第（一）至（五）类案件，由北京市第二中级人民法院作为第一审人民法院审理；第（六）至（十一）类案件，由各省、自治区、直辖市人民政府所在地和最高人民法院指定的中级人民法院作为第一审人民法院审理。	第三条 本解释第一条所列第一至五类案件，由北京知识产权法院作为第一审人民法院审理；第六至十八类案件，由知识产权法院，各省、自治区、直辖市人民政府所在地和最高人民法院指定的中级人民法院作为第一审人民法院审理。 当事人对植物新品种纠纷民事、行政案件第一审判决、裁定不服，提起上诉的，由最高人民法院审理。
第四条 以侵权行为地确定人民法院管辖的侵犯植物新品种权的民事案件，其所称的侵权行为地，是指未经品种权所有人许可，以商业目的生产、销售该授权植物新品种的繁殖材料的所在地，或者将授权品种的繁殖材料重复使用于生产另一品种的繁殖材料的所在地。	第四条 以侵权行为地确定人民法院管辖的侵害植物新品种权的民事案件，其所称的侵权行为地，是指未经品种权所有人许可，生产、繁殖或者销售该授权植物新品种的繁殖材料的所在地，或者为商业目的将该授权品种的繁殖材料重复使用于生产另一品种的繁殖材料的所在地。

（续表）

原条款（2001年2月14日起施行）	新条款（2020年12月23日修正）
第五条　关于是否应当授予植物新品种权的纠纷案件、宣告授予的植物新品种权无效或者维持植物新品种权的纠纷案件、授予品种权的植物新品种更名的纠纷案件，应当以行政主管机关植物新品种复审委员会为被告；关于实施强制许可的纠纷案件，应当以植物新品种审批机关为被告；关于强制许可使用费纠纷案件，应当根据原告所请求的事项和所起诉的当事人确定被告。	第五条　关于植物新品种申请驳回复审行政纠纷案件、植物新品种权无效或者更名行政纠纷案件，应当以植物新品种审批机关为被告；关于植物新品种强制许可纠纷案件，应当以植物新品种审批机关为被告；关于实施强制许可使用费纠纷案件，应当根据原告所请求的事项和所起诉的当事人确定被告。
第六条　人民法院审理侵犯植物新品种权纠纷案件，被告在答辩期间内向行政主管机关植物新品种复审委员会请求宣告该植物新品种权无效的，人民法院一般不中止诉讼。	第六条　人民法院审理侵害植物新品种权纠纷案件，被告在答辩期间内向植物新品种审批机关请求宣告该植物新品种权无效的，人民法院一般不中止诉讼。

《最高人民法院关于审理侵犯植物新品种权纠纷案件具体应用法律问题的若干规定》法条修订对比

以下为主要法条修订对比,前后次序不一等多因修改、删除和调整之故。

原条款(2007年2月1日起施行)	新条款(2021年7月7日起施行)
名称:《最高人民法院关于审理侵犯植物新品种权纠纷案件具体应用法律问题的若干规定》	名称:《最高人民法院关于审理侵害植物新品种权纠纷案件具体应用法律问题的若干规定》
引言:为正确处理侵犯植物新品种权纠纷案件,根据《中华人民共和国民法通则》、《中华人民共和国民事诉讼法》等有关规定,结合侵犯植物新品种权纠纷案件的审判经验和实际情况,就具体应用法律的若干问题规定如下:	引言:为正确处理侵害植物新品种权纠纷案件,根据《中华人民共和国民法典》《中华人民共和国种子法》《中华人民共和国民事诉讼法》《全国人民代表大会常务委员会关于在北京、上海、广州设立知识产权法院的决定》和《全国人民代表大会常务委员会关于专利等知识产权案件诉讼程序若干问题的决定》等有关规定,结合侵害植物新品种权纠纷案件的审判经验和实际情况,就具体应用法律的若干问题规定如下:
第一条第一款 植物新品种权所有人(以下称品种权人)或者利害关系人认为植物新品种权受到侵犯的,可以依法向人民法院提起诉讼。	第一条第一款 植物新品种权所有人(以下称品种权人)或者利害关系人认为植物新品种权受到侵害的,可以依法向人民法院提起诉讼。
第二条 未经品种权人许可,为商业目的生产或销售授权品种的繁殖材料,或者为商业目的将授权品种的繁殖材料重复使用于生产另一品种的繁殖材料的,人民法院应当认定为侵犯植物新品种权。 被控侵权物的特征、特性与授权品种的特征、特性相同,或者特征、特性的不同是因非遗传变异所致的,人民法院一般应当认定被控侵权物属于商业目的生产或者销售授权品种的繁殖材料。	第二条 未经品种权人许可,生产、繁殖或者销售授权品种的繁殖材料,或者为商业目的将授权品种的繁殖材料重复使用于生产另一品种的繁殖材料的,人民法院应当认定为侵害植物新品种权。 被诉侵权物的特征、特性与授权品种的特征、特性相同,或者特征、特性的不同是因非遗传变异所致的,人民法院一般应当认定被诉侵权物属于生产、繁殖或者销售授权品种的繁殖材料。

（续表）

原条款（2007年2月1日起施行）	新条款（2021年7月7日起施行）
被控侵权人重复以授权品种的繁殖材料为亲本与其他亲本另行繁殖的，人民法院一般应当认定属于商业目的将授权品种的繁殖材料重复使用于生产另一品种的繁殖材料。	被诉侵权人重复以授权品种的繁殖材料为亲本与其他亲本另行繁殖的，人民法院一般应当认定属于为商业目的将授权品种的繁殖材料重复使用于生产另一品种的繁殖材料。
第三条 侵犯植物新品种权纠纷案件涉及的专门性问题需要鉴定的，由双方当事人协商确定的有鉴定资格的鉴定机构、鉴定人鉴定；协商不成的，由人民法院指定的有鉴定资格的鉴定机构、鉴定人鉴定。	第三条 侵害植物新品种权纠纷案件涉及的专门性问题需要鉴定的，由双方当事人协商确定的有鉴定资格的鉴定机构、鉴定人鉴定；协商不成的，由人民法院指定的有鉴定资格的鉴定机构、鉴定人鉴定。
第四条 对于侵犯植物新品种权纠纷案件涉及的专门性问题可以采取田间观察检测、基因指纹图谱检测等方法鉴定。 对采取前款规定方法作出的鉴定结论，人民法院应当依法质证，认定其证明力。	第四条 对于侵害植物新品种权纠纷案件涉及的专门性问题可以采取田间观察检测、基因指纹图谱检测等方法鉴定。 对采取前款规定方法作出的鉴定意见，人民法院应当依法质证，认定其证明力。
第五条 品种权人或者利害关系人向人民法院提起侵犯植物新品种权诉讼时，同时提出先行停止侵犯植物新品种权行为或者保全证据请求的，人民法院经审查可以先行作出裁定。	第五条 品种权人或者利害关系人向人民法院提起侵害植物新品种权诉讼前，可以提出行为保全或者证据保全请求，人民法院经审查作出裁定。
第六条 人民法院审理侵犯植物新品种权纠纷案件，应当依照民法通则第一百三十四条的规定，结合案件具体情况，判决侵权人承担停止侵害、赔偿损失等民事责任。 人民法院可以根据被侵权人的请求，按照被侵权人因侵权所受损失或者侵权人因侵权所得利益确定赔偿数额。被侵权人请求按照植物新品种实施许可费确定赔偿数额的，人民法院可以根据植物新品种实施许可的种类、时间、范围等因素，参照该植物新品种实施许可费合理确定赔偿数额。	第六条 人民法院审理侵害植物新品种权纠纷案件，应当依照民法典第一百七十九条、第一千一百八十五条、种子法第七十三条的规定，结合案件具体情况，判决侵权人承担停止侵害、赔偿损失等民事责任。 人民法院可以根据权利人的请求，按照权利人因侵权所受实际损失或者侵权人因侵权所得利益确定赔偿数额。权利人的损失或者侵权人获得的利益难以确定的，可以参照该植物新品种许可使用费的倍数合理确定。权利人为制止侵权行为所支付的合理开支应当另行计算。

（续表）

原条款（2007年2月1日起施行）	新条款（2021年7月7日起施行）
依照前款规定难以确定赔偿数额的，人民法院可以综合考虑侵权的性质、期间、后果，植物新品种实施许可费的数额，植物新品种实施许可的种类、时间、范围及被侵权人调查、制止侵权所支付的合理费用等因素，在50万元以下确定赔偿数额。	依照前款规定难以确定赔偿数额的，人民法院可以综合考虑侵权的性质、期间、后果，植物新品种权许可使用费的数额，植物新品种实施许可的种类、时间、范围及权利人调查、制止侵权所支付的合理费用等因素，在300万元以下确定赔偿数额。 故意侵害他人植物新品种权，情节严重的，可以按照第二款确定数额的一倍以上三倍以下确定赔偿数额。
第七条 被侵权人和侵权人均同意将侵权物折价抵扣被侵权人所受损失的，人民法院应当准许。被侵权人或者侵权人不同意折价抵扣的，人民法院依照当事人的请求，责令侵权人对侵权物作消灭活性等使其不能再被用作繁殖材料的处理。 侵权物正处于生长期或者销毁侵权物将导致重大不利后果的，人民法院可以不采取责令销毁侵权物的方法，但法律、行政法规另有规定的除外。	第七条 权利人和侵权人均同意将侵权物折价抵扣权利人所受损失的，人民法院应当准许。权利人或者侵权人不同意折价抵扣的，人民法院依照当事人的请求，责令侵权人对侵权物作消灭活性等使其不能再被用作繁殖材料的处理。 侵权物正处于生长期或者销毁侵权物将导致重大不利后果的，人民法院可以不采取责令销毁侵权物的方法，而判令其支付相应的合理费用。但法律、行政法规另有规定的除外。
第八条 以农业或者林业种植为业的个人、农村承包经营户接受他人委托代为繁殖侵犯品种权的繁殖材料，不知道代繁物是侵犯品种权的繁殖材料并说明委托人的，不承担赔偿责任。	第八条 以农业或者林业种植为业的个人、农村承包经营户接受他人委托代为繁殖侵害品种权的繁殖材料，不知道代繁物是侵犯品种权的繁殖材料并说明委托人的，不承担赔偿责任。

《最高人民法院关于审理因垄断行为引发的民事纠纷案件应用法律若干问题的规定》法条修订对比

以下为主要法条修订对比，前后次序不一等多因修改、删除和调整之故。

原条款（2012年6月1日起施行）	新条款（2020年12月23日修正）
引言：为正确审理因垄断行为引发的民事纠纷案件，制止垄断行为，保护和促进市场公平竞争，维护消费者利益和社会公共利益，根据《中华人民共和国反垄断法》、《中华人民共和国侵权责任法》、《中华人民共和国合同法》和《中华人民共和国民事诉讼法》等法律的相关规定，制定本规定。	引言：为正确审理因垄断行为引发的民事纠纷案件，制止垄断行为，保护和促进市场公平竞争，维护消费者利益和社会公共利益，根据《中华人民共和国民法典》《中华人民共和国反垄断法》和《中华人民共和国民事诉讼法》等法律的相关规定，制定本规定。
第一条 本规定所称因垄断行为引发的民事纠纷案件（以下简称垄断民事纠纷案件），是指因垄断行为受到损失以及因合同内容、行业协会的章程等违反反垄断法而发生争议的自然人、法人或者其他组织，向人民法院提起的民事诉讼案件。	第一条 本规定所称因垄断行为引发的民事纠纷案件（以下简称垄断民事纠纷案件），是指因垄断行为受到损失以及因合同内容、行业协会的章程等违反反垄断法而发生争议的自然人、法人或者非法人组织，向人民法院提起的民事诉讼案件。
第三条 第一审垄断民事纠纷案件，由省、自治区、直辖市人民政府所在地的市、计划单列市中级人民法院以及最高人民法院指定的中级人民法院管辖。 经最高人民法院批准，基层人民法院可以管辖第一审垄断民事纠纷案件。	第三条 第一审垄断民事纠纷案件，由知识产权法院，省、自治区、直辖市人民政府所在地的市、计划单列市中级人民法院以及最高人民法院指定的中级人民法院管辖。 第二款删除
第十三条第二款 人民法院可以参照民事诉讼法及相关司法解释有关鉴定结论的规定，对前款规定的市场调查或者经济分析报告进行审查判断。	第十三条第二款 人民法院可以参照民事诉讼法及相关司法解释有关鉴定意见的规定，对前款规定的市场调查或者经济分析报告进行审查判断。
第十五条 被诉合同内容、行业协会的章程等违反反垄断法或者其他法律、行政法规的强制性规定的，人民法院应当依法认定其无效。	第十五条 被诉合同内容、行业协会的章程等违反反垄断法或者其他法律、行政法规的强制性规定的，人民法院应当依法认定其无效。但是，该强制性规定不导致该民事法律行为无效的除外。

（续表）

原条款（2012年6月1日起施行）	新条款（2020年12月23日修正）
第十六条　因垄断行为产生的损害赔偿请求权诉讼时效期间，从原告知道或者应当知道权益受侵害之日起计算。 　　原告向反垄断执法机构举报被诉垄断行为的，诉讼时效从其举报之日起中断。反垄断执法机构决定不立案、撤销案件或者决定终止调查的，诉讼时效期间从原告知道或者应当知道不立案、撤销案件或终止调查之日起重新计算。反垄断执法机构调查后认定构成垄断行为的，诉讼时效期间从原告知道或者应当知道反垄断执法机构认定构成垄断行为的处理决定发生法律效力之日起重新计算。 　　原告起诉时被诉垄断行为已经持续超过二年，被告提出诉讼时效抗辩的，损害赔偿应当自原告向人民法院起诉之日起向前推算二年计算。	第十六条　因垄断行为产生的损害赔偿请求权诉讼时效期间，从原告知道或者应当知道权益受到损害以及义务人之日起计算。 　　原告向反垄断执法机构举报被诉垄断行为的，诉讼时效从其举报之日起中断。反垄断执法机构决定不立案、撤销案件或者决定终止调查的，诉讼时效期间从原告知道或者应当知道不立案、撤销案件或终止调查之日起重新计算。反垄断执法机构调查后认定构成垄断行为的，诉讼时效期间从原告知道或者应当知道反垄断执法机构认定构成垄断行为的处理决定发生法律效力之日起重新计算。 　　原告知道或者应当知道权益受到损害以及义务人之日起超过三年，如果起诉时被诉垄断行为仍然持续，被告提出诉讼时效抗辩的，损害赔偿应当自原告向人民法院起诉之日起向前推算三年计算。自权利受到损害之日起超过二十年的，人民法院不予保护，有特殊情况的，人民法院可以根据权利人的申请决定延长。

《最高人民法院关于审理涉及计算机网络域名民事纠纷案件适用法律若干问题的解释》法条修订对比

以下为主要法条修订对比,前后次序不一等多因修改、删除和调整之故。

原条款(2001年7月24日起施行)	新条款(2020年12月23日修正)
引言:为了正确审理涉及计算机网络域名注册、使用等行为的民事纠纷案件(以下简称域名纠纷案件),根据《中华人民共和国民法通则》(以下简称民法通则)、《中华人民共和国反不正当竞争法》(以下简称反不正当竞争法)和《中华人民共和国民事诉讼法》(以下简称民事诉讼法)等法律的规定,作如下解释:	引言:为了正确审理涉及计算机网络域名注册、使用等行为的民事纠纷案件(以下简称域名纠纷案件),根据《中华人民共和国民法典》《中华人民共和国反不正当竞争法》和《中华人民共和国民事诉讼法》(以下简称民事诉讼法)等法律的规定,作如下解释:
第一条 对于涉及计算机网络域名注册、使用等行为的民事纠纷,当事人向人民法院提起诉讼,经审查符合民事诉讼法第一百零八条规定的,人民法院应当受理。	第一条 对于涉及计算机网络域名注册、使用等行为的民事纠纷,当事人向人民法院提起诉讼,经审查符合民事诉讼法第一百一十九条规定的,人民法院应当受理。
第七条 人民法院在审理域名纠纷案件中,对符合本解释第四条规定的情形,依照有关法律规定构成侵权的,应当适用相应的法律规定;构成不正当竞争的,可以适用民法通则第四条、反不正当竞争法第二条第一款的规定。 涉外域名纠纷案件,依照民法通则第八章的有关规定处理。	此条款删除
第八条 人民法院认定域名注册、使用等行为构成侵权或者不正当竞争的,可以判令被告停止侵权、注销域名,或者依原告的请求判令由原告注册使用该域名;给权利人造成实际损害的,可以判令被告赔偿损失。	第八条 人民法院认定域名注册、使用等行为构成侵权或者不正当竞争的,可以判令被告停止侵权、注销域名,或者依原告的请求判令由原告注册使用该域名;给权利人造成实际损害的,可以判令被告赔偿损失。 侵权人故意侵权且情节严重,原告有权向人民法院请求惩罚性赔偿。

《最高人民法院关于审理技术合同纠纷案件适用法律若干问题的解释》法条修订对比

以下为主要法条修订对比,前后次序不一等多因修改、删除和调整之故。

原条款（2005 年 1 月 1 日起施行）	新条款（2020 年 12 月 23 日修正）
引言：为了正确审理技术合同纠纷案件，根据《中华人民共和国合同法》、《中华人民共和国专利法》和《中华人民共和国民事诉讼法》等法律的有关规定，结合审判实践，现就有关问题作出以下解释。	引言：为了正确审理技术合同纠纷案件，根据《中华人民共和国民法典》《中华人民共和国专利法》和《中华人民共和国民事诉讼法》等法律的有关规定，结合审判实践，现就有关问题作出以下解释。
第一条第二款　技术秘密，是指不为公众所知悉、具有商业价值并经权利人采取保密措施的技术信息。	第一条第二款　技术秘密，是指不为公众所知悉、具有商业价值并经权利人采取相应保密措施的技术信息。
第二条　合同法第三百二十六条第二款所称"执行法人或者其他组织的工作任务"，包括： （一）履行法人或者其他组织的岗位职责或者承担其交付的其他技术开发任务； （二）离职后一年内继续从事与其原所在法人或者其他组织的岗位职责或交付的任务有关的技术开发工作，但法律、行政法规另有规定的除外。 法人或者其他组织与其职工就职工在职期间或者离职以后所完成的技术成果的权益有约定的，人民法院应当依约定确认。	第二条　民法典第八百四十七条第二款所称"执行法人或者非法人组织的工作任务"，包括： （一）履行法人或者非法人组织的岗位职责或者承担其交付的其他技术开发任务； （二）离职后一年内继续从事与其原所在法人或者非法人组织的岗位职责或交付的任务有关的技术开发工作，但法律、行政法规另有规定的除外。 法人或者非法人组织与其职工就职工在职期间或者离职以后所完成的技术成果的权益有约定的，人民法院应当依约定确认。
第三条　合同法第三百二十六条第二款所称"物质技术条件"，包括资金、设备、器材、原材料、未公开的技术信息和资料等。	第三条　民法典第八百四十七条第二款所称"物质技术条件"，包括资金、设备、器材、原材料、未公开的技术信息和资料等。

（续表）

原条款（2005年1月1日起施行）	新条款（2020年12月23日修正）
第四条　合同法第三百二十六条第二款所称"主要利用法人或者其他组织的物质技术条件"，包括职工在技术成果的研究开发过程中，全部或者大部分利用了法人或者其他组织的资金、设备、器材或者原材料等物质条件，并且这些物质条件对形成该技术成果具有实质性的影响；还包括该技术成果实质性内容是在法人或者其他组织尚未公开的技术成果、阶段性技术成果基础上完成的情形。但下列情况除外： （一）对利用法人或者其他组织提供的物质技术条件，约定返还资金或者交纳使用费的； （二）在技术成果完成后利用法人或者其他组织的物质技术条件对技术方案进行验证、测试的。	第四条　民法典第八百四十七条第二款所称"主要是利用法人或者非法人组织的物质技术条件"，包括职工在技术成果的研究开发过程中，全部或者大部分利用了法人或者非法人组织的资金、设备、器材或者原材料等物质条件，并且这些物质条件对形成该技术成果具有实质性的影响；还包括该技术成果实质性内容是在法人或者非法人组织尚未公开的技术成果、阶段性技术成果基础上完成的情形。但下列情况除外： （一）对利用法人或者非法人组织提供的物质技术条件，约定返还资金或者交纳使用费的； （二）在技术成果完成后利用法人或者非法人组织的物质技术条件对技术方案进行验证、测试的。
第五条　个人完成的技术成果，属于执行原所在法人或者其他组织的工作任务，又主要利用了现所在法人或者其他组织的物质技术条件的，应当按照该自然人原所在和现所在法人或者其他组织达成的协议确认权益。不能达成协议的，根据对完成该项技术成果的贡献大小由双方合理分享。	第五条　个人完成的技术成果，属于执行原所在法人或者非法人组织的工作任务，又主要利用了现所在法人或者非法人组织的物质技术条件的，应当按照该自然人原所在和现所在法人或者非法人组织达成的协议确认权益。不能达成协议的，根据对完成该项技术成果的贡献大小由双方合理分享。
第六条　合同法第三百二十六条、三百二十七条所称完成技术成果的"个人"，包括对技术成果单独或者共同作出创造性贡献的人，也即技术成果的发明人或者设计人。人民法院在对创造性贡献进行认定时，应当分解所涉及技术成果的实质性技术构成。提出实质性技术构成并由此实现技术方案的人，是作出创造性贡献的人。 提供资金、设备、材料、试验条件，进行组织管理，协助绘制图纸、整理资料、翻译文献等人员，不属于完成技术成果的个人。	第六条　民法典第八百四十七条所称"职务技术成果的完成人"、第八百四十八条所称"完成技术成果的个人"，包括对技术成果单独或者共同作出创造性贡献的人，也即技术成果的发明人或者设计人。人民法院在对创造性贡献进行认定时，应当分解所涉及技术成果的实质性技术构成。提出实质性技术构成并由此实现技术方案的人，是作出创造性贡献的人。 提供资金、设备、材料、试验条件，进行组织管理，协助绘制图纸、整理资料、翻译文献等人员，不属于职务技术成果的完成人、完成技术成果的个人。

（续表）

原条款（2005年1月1日起施行）	新条款（2020年12月23日修正）
第七条　不具有民事主体资格的科研组织订立的技术合同，经法人或者其他组织授权或者认可的，视为法人或者其他组织订立的合同，由法人或者其他组织承担责任；未经法人或者其他组织授权或者认可的，由该科研组织成员共同承担责任，但法人或者其他组织因该合同受益的，应当在其受益范围内承担相应责任。 　　前款所称不具有民事主体资格的科研组织，包括法人或者其他组织设立的从事技术研究开发、转让等活动的课题组、工作室等。	第七条　不具有民事主体资格的科研组织订立的技术合同，经法人或者非法人组织授权或者认可的，视为法人或者非法人组织订立的合同，由法人或者非法人组织承担责任；未经法人或者非法人组织授权或者认可的，由该科研组织成员共同承担责任，但法人或者非法人组织因该合同受益的，应当在其受益范围内承担相应责任。 　　前款所称不具有民事主体资格的科研组织，包括法人或者非法人组织设立的从事技术研究开发、转让等活动的课题组、工作室等。
第九条　当事人一方采取欺诈手段，就其现有技术成果作为研究开发标的与他人订立委托开发合同收取研究开发费用，或者就同一研究开发课题先后与两个或者两个以上的委托人分别订立委托开发合同重复收取研究开发费用的，受损害方依照合同法第五十四条第二款规定请求变更或者撤销合同的，人民法院应当予以支持。	第九条　当事人一方采取欺诈手段，就其现有技术成果作为研究开发标的与他人订立委托开发合同收取研究开发费用，或者就同一研究开发课题先后与两个或者两个以上的委托人分别订立委托开发合同重复收取研究开发费用，使对方在违背真实意思的情况下订立的合同，受损害方依照民法典第一百四十八条规定请求撤销合同的，人民法院应当予以支持。
第十条　下列情形，属于合同法第三百二十九条所称的"非法垄断技术、妨碍技术进步"： 　　（一）限制当事人一方在合同标的技术基础上进行新的研究开发或者限制其使用所改进的技术，或者双方交换改进技术的条件不对等，包括要求一方将其自行改进的技术无偿提供给对方、非互惠性转让给对方、无偿独占或者共享该改进技术的知识产权；	第十条　下列情形，属于民法典第八百五十条所称的"非法垄断技术"： 　　（一）限制当事人一方在合同标的技术基础上进行新的研究开发或者限制其使用所改进的技术，或者双方交换改进技术的条件不对等，包括要求一方将其自行改进的技术无偿提供给对方、非互惠性转让给对方、无偿独占或者共享该改进技术的知识产权；

(续表)

原条款（2005年1月1日起施行）	新条款（2020年12月23日修正）
第十一条　技术合同无效或者被撤销后，技术开发合同研究开发人、技术转让合同让与人、技术咨询合同和技术服务合同的受托人已经履行或者部分履行了约定的义务，并且造成合同无效或者被撤销的过错在对方的，对其已履行部分应当收取的研究开发经费、技术使用费、提供咨询服务的报酬，人民法院可以认定为因对方原因导致合同无效或者被撤销给其造成的损失。	第十一条　技术合同无效或者被撤销后，技术开发合同研究开发人、技术转让合同让与人、技术许可合同许可人、技术咨询合同和技术服务合同的受托人已经履行或者部分履行了约定的义务，并且造成合同无效或者被撤销的过错在对方的，对其已履行部分应当收取的研究开发经费、技术使用费、提供咨询服务的报酬，人民法院可以认定为因对方原因导致合同无效或者被撤销给其造成的损失。
第十二条　根据合同法第三百二十九条的规定，侵害他人技术秘密的技术合同被确认无效后，除法律、行政法规另有规定的以外，善意取得该技术秘密的一方当事人可以在其取得时的范围内继续使用该技术秘密，但应当向权利人支付合理的使用费并承担保密义务。	第十二条　根据民法典第八百五十条的规定，侵害他人技术秘密的技术合同被确认无效后，除法律、行政法规另有规定的以外，善意取得该技术秘密的一方当事人可以在其取得时的范围内继续使用该技术秘密，但应当向权利人支付合理的使用费并承担保密义务。
第十三条第三款　不论使用人是否继续使用技术秘密，人民法院均应当判令其向权利人支付已使用期间的使用费。使用人已向无效合同的让与人支付的使用费应当由让与人负责返还。	第十三条第三款　不论使用人是否继续使用技术秘密，人民法院均应当判令其向权利人支付已使用期间的使用费。使用人已向无效合同的让与人或者许可人支付的使用费应当由让与人或者许可人负责返还。
第十四条　对技术合同的价款、报酬和使用费，当事人没有约定或者约定不明确的，人民法院可以按照以下原则处理： （一）对于技术开发合同和技术转让合同，根据有关技术成果的研究开发成本、先进性、实施转化和应用的程度，当事人享有的权益和承担的责任，以及技术成果的经济效益等合理确定；	第十四条　对技术合同的价款、报酬和使用费，当事人没有约定或者约定不明确的，人民法院可以按照以下原则处理： （一）对于技术开发合同和技术转让合同、技术许可合同，根据有关技术成果的研究开发成本、先进性、实施转化和应用的程度，当事人享有的权益和承担的责任，以及技术成果的经济效益等合理确定；
第十五条　技术合同当事人一方迟延履行主要债务，经催告后在30日内仍未履行，另一方依据合同法第九十四条第（三）项的规定主张解除合同的，人民法院应当予以支持。	第十五条　技术合同当事人一方迟延履行主要债务，经催告后在30日内仍未履行，另一方依民法典第五百六十三条第一款第（三）项的规定主张解除合同的，人民法院应当予以支持。

(续表)

原条款（2005年1月1日起施行）	新条款（2020年12月23日修正）
当事人在催告通知中附有履行期限且该期限超过30日的，人民法院应当认定该履行期限为合同法第九十四条第（三）项规定的合理期限。	当事人在催告通知中附有履行期限且该期限超过30日的，人民法院应当认定该履行期限为民法典第五百六十三条第一款第（三）项规定的合理期限。
第十七条　合同法第三百三十条所称"新技术、新产品、新工艺、新材料及其系统"，包括当事人在订立技术合同时尚未掌握的产品、工艺、材料及其系统等技术方案，但对技术上没有创新的现有产品的改型、工艺变更、材料配方调整以及对技术成果的验证、测试和使用除外。	第十七条　民法典第八百五十一条第一款所称"新技术、新产品、新工艺、新品种或者新材料及其系统"，包括当事人在订立技术合同时尚未掌握的产品、工艺、材料及其系统等技术方案，但对技术上没有创新的现有产品的改型、工艺变更、材料配方调整以及对技术成果的验证、测试和使用除外。
第十八条　合同法第三百三十条第四款规定的"当事人之间就具有产业应用价值的科技成果实施转化订立的"技术转化合同，是指当事人之间就具有实用价值但尚未实现工业化应用的科技成果包括阶段性技术成果，以实现该科技成果工业化应用为目标，约定后续试验、开发和应用等内容的合同。	第十八条　民法典第八百五十一条第四款规定的"当事人之间就具有实用价值的科技成果实施转化订立的"技术转化合同，是指当事人之间就具有实用价值但尚未实现工业化应用的科技成果包括阶段性技术成果，以实现该科技成果工业化应用为目标，约定后续试验、开发和应用等内容的合同。
第十九条第一款　合同法第三百三十五条所称"分工参与研究开发工作"，包括当事人按照约定的计划和分工，共同或者分别承担设计、工艺、试验、试制等工作。	第十九条第一款　民法典第八百五十五条所称"分工参与研究开发工作"，包括当事人按照约定的计划和分工，共同或者分别承担设计、工艺、试验、试制等工作。
第二十条　合同法第三百四十一条所称"当事人均有使用和转让的权利"，包括当事人均有不经对方同意而自己使用或者以普通使用许可的方式许可他人使用技术秘密，并独占由此所获利益的权利。当事人一方将技术秘密成果的转让权让与他人，或者以独占或者排他使用许可的方式许可他人使用技术秘密，未经对方当事人同意或者追认的，应当认定该让与或者许可行为无效。	第二十条　民法典第八百六十一条所称"当事人均有使用和转让的权利"，包括当事人均有不经对方同意而自己使用或者以普通使用许可的方式许可他人使用技术秘密，并独占由此所获利益的权利。当事人一方将技术秘密成果的转让权让与他人，或者以独占或者排他使用许可的方式许可他人使用技术秘密，未经对方当事人同意或者追认的，应当认定该让与或者许可行为无效。

(续表)

原条款（2005年1月1日起施行）	新条款（2020年12月23日修正）
第二十一条　技术开发合同当事人依照合同法的规定或者约定自行实施专利或使用技术秘密，但因其不具备独立实施专利或者使用技术秘密的条件，以一个普通许可方式许可他人实施或者使用的，可以准许。	第二十一条　技术开发合同当事人依照民法典的规定或者约定自行实施专利或使用技术秘密，但因其不具备独立实施专利或者使用技术秘密的条件，以一个普通许可方式许可他人实施或者使用的，可以准许。
三、技术转让合同	三、技术转让合同和技术许可合同
第二十二条　合同法第三百四十二条规定的"技术转让合同"，是指合法拥有技术的权利人，包括其他有权对外转让技术的人，将现有特定的专利、专利申请、技术秘密的相关权利让与他人，或者许可他人实施、使用所订立的合同。但就尚待研究开发的技术成果或不涉及专利、专利申请或者技术秘密的知识、技术、经验和信息所订立的合同除外。 当事人以技术入股方式订立联营合同，但技术入股人不参与联营体的经营管理，并且以保底条款形式约定联营体或者联营对方支付其技术价款或者使用费的，视为技术转让合同。	第二十二条　就尚待研究开发的技术成果或者不涉及专利、专利申请或者技术秘密的知识、技术、经验和信息所订立的合同，不属于民法典第八百六十二条规定的技术转让合同或者技术许可合同。 当事人以技术入股方式订立联营合同，但技术入股人不参与联营体的经营管理，并且以保底条款形式约定联营体或者联营对方支付其技术价款或者使用费的，视为技术转让合同或者技术许可合同。
第二十三条第二款　专利申请因专利申请权转让合同成立时即存在尚未公开的同样发明创造的在先专利申请被驳回，当事人依据合同法第五十四条第一款第（二）项的规定请求予以变更或者撤销合同的，人民法院应当予以支持。	第二十三条第二款　专利申请因专利申请权转让合同成立时即存在尚未公开的同样发明创造的在先专利申请被驳回，当事人依据民法典第五百六十三条第一款第（四）项的规定请求解除合同的，人民法院应当予以支持。
第二十五条　专利实施许可包括以下方式： （一）独占实施许可，是指让与人在约定许可实施专利的范围内，将该专利仅许可一个受让人实施，让与人依约定不得实施该专利；	第二十五条　专利实施许可包括以下方式： （一）独占实施许可，是指许可人在约定许可实施专利的范围内，将该专利仅许可一个被许可人实施，许可人依约定不得实施该专利；

(续表)

原条款（2005年1月1日起施行）	新条款（2020年12月23日修正）
（二）排他实施许可，是指让与人在约定许可实施专利的范围内，将该专利仅许可一个受让人实施，但让与人依约定可以自行实施该专利； （三）普通实施许可，是指让与人在约定许可实施专利的范围内许可他人实施该专利，并且可以自行实施该专利。 当事人对专利实施许可方式没有约定或者约定不明确的，认定为普通实施许可。专利实施许可合同约定受让人可以再许可他人实施专利的，认定该再许可为普通实施许可，但当事人另有约定的除外。 技术秘密的许可使用方式，参照本条第一、二款的规定确定。	（二）排他实施许可，是指许可人在约定许可实施专利的范围内，将该专利仅许可一个被许可人实施，但许可人依约定可以自行实施该专利； （三）普通实施许可，是指许可人在约定许可实施专利的范围内许可他人实施该专利，并且可以自行实施该专利。 当事人对专利实施许可方式没有约定或者约定不明确的，认定为普通实施许可。专利实施许可合同约定被许可人可以再许可他人实施专利的，认定该再许可为普通实施许可，但当事人另有约定的除外。 技术秘密的许可使用方式，参照本条第一、二款的规定确定。
第二十六条 专利实施许可合同让与人负有在合同有效期内维持专利权有效的义务，包括依法缴纳专利年费和积极应对他人提出宣告专利权无效的请求，但当事人另有约定的除外。	第二十六条 专利实施许可合同许可人负有在合同有效期内维持专利权有效的义务，包括依法缴纳专利年费和积极应对他人提出宣告专利权无效的请求，但当事人另有约定的除外。
第二十七条 排他实施许可合同让与人不具备独立实施其专利的条件，以一个普通许可的方式许可他人实施专利的，人民法院可以认定为让与人自己实施专利，但当事人另有约定的除外。	第二十七条 排他实施许可合同许可人不具备独立实施其专利的条件，以一个普通许可的方式许可他人实施专利的，人民法院可以认定为许可人自己实施专利，但当事人另有约定的除外。
第二十八条 合同法第三百四十三条所称"实施专利或者使用技术秘密的范围"，包括实施专利或者使用技术秘密的期限、地域、方式以及接触技术秘密的人员等。 当事人对实施专利或者使用技术秘密的期限没有约定或者约定不明确的，受让人实施专利或者使用技术秘密不受期限限制。	第二十八条 民法典第八百六十四条所称"实施专利或者使用技术秘密的范围"，包括实施专利或者使用技术秘密的期限、地域、方式以及接触技术秘密的人员等。 当事人对实施专利或者使用技术秘密的期限没有约定或者约定不明确的，受让人、被许可人实施专利或者使用技术秘密不受期限限制。

（续表）

原条款（2005年1月1日起施行）	新条款（2020年12月23日修正）
第二十九条 合同法第三百四十七条规定技术秘密转让合同让与人承担的"保密义务"，不限制其申请专利，但当事人约定让与人不得申请专利的除外。 当事人之间就申请专利的技术成果所订立的许可使用合同，专利申请公开以前，适用技术秘密转让合同的有关规定；发明专利申请公开以后、授权以前，参照适用专利实施许可合同的有关规定；授权以后，原合同即为专利实施许可合同，适用专利实施许可合同的有关规定。	第二十九条 当事人之间就申请专利的技术成果所订立的许可使用合同，专利申请公开以前，适用技术秘密许可合同的有关规定；发明专利申请公开以后、授权以前，参照适用专利实施许可合同的有关规定；授权以后，原合同即为专利实施许可合同，适用专利实施许可合同的有关规定。
第三十条 合同法第三百五十六条第一款所称"特定技术项目"，包括有关科学技术与经济社会协调发展的软科学研究项目，促进科技进步和管理现代化、提高经济效益和社会效益等运用科学知识和技术手段进行调查、分析、论证、评价、预测的专业性技术项目。	第三十条 民法典第八百七十八条第一款所称"特定技术项目"，包括有关科学技术与经济社会协调发展的软科学研究项目，促进科技进步和管理现代化、提高经济效益和社会效益等运用科学知识和技术手段进行调查、分析、论证、评价、预测的专业性技术项目。
第三十一条第一款 当事人对技术咨询合同受托人进行调查研究、分析论证、试验测定等所需费用的负担没有约定或者约定不明确的，由受托人承担。	此条款删除
第三十三条 合同法第三百五十六条第二款所称"特定技术问题"，包括需要运用专业技术知识、经验和信息解决的有关改进产品结构、改良工艺流程、提高产品质量、降低产品成本、节约资源能耗、保护资源环境、实现安全操作、提高经济效益和社会效益等专业技术问题。	第三十三条 民法典第八百七十八条第二款所称"特定技术问题"，包括需要运用专业技术知识、经验和信息解决的有关改进产品结构、改良工艺流程、提高产品质量、降低产品成本、节约资源能耗、保护资源环境、实现安全操作、提高经济效益和社会效益等专业技术问题。

（续表）

原条款（2005年1月1日起施行）	新条款（2020年12月23日修正）
第三十四条 当事人一方以技术转让的名义提供已进入公有领域的技术，或者在技术转让合同履行过程中合同标的技术进入公有领域，但是技术提供方进行技术指导、传授技术知识，为对方解决特定技术问题符合约定条件的，按照技术服务合同处理，约定的技术转让费可以视为提供技术服务的报酬和费用，但是法律、行政法规另有规定的除外。 依照前款规定，技术转让费视为提供技术服务的报酬和费用明显不合理的，人民法院可以根据当事人的请求合理确定。	第三十四条 当事人一方以技术转让或者技术许可的名义提供已进入公有领域的技术，或者在技术转让合同、技术许可合同履行过程中合同标的技术进入公有领域，但是技术提供方进行技术指导、传授技术知识，为对方解决特定技术问题符合约定条件的，按照技术服务合同处理，约定的技术转让费、使用费可以视为提供技术服务的报酬和费用，但是法律、行政法规另有规定的除外。 依照前款规定，技术转让费或者使用费视为提供技术服务的报酬和费用明显不合理的，人民法院可以根据当事人的请求合理确定。
第三十五条 当事人对技术服务合同受托人提供服务所需费用的负担没有约定或者约定不明确的，由受托人承担。	此条款删除
第三十六条 合同法第三百六十四条规定的"技术培训合同"，是指当事人一方委托另一方对指定的学员进行特定项目的专业技术训练和技术指导所订立的合同，不包括职业培训、文化学习和按照行业、法人或者其他组织的计划进行的职工业余教育。	第三十六条 民法典第八百八十七条规定的"技术培训合同"，是指当事人一方委托另一方对指定的学员进行特定项目的专业技术训练和技术指导所订立的合同，不包括职业培训、文化学习和按照行业、法人或者非法人组织的计划进行的职工业余教育。
第三十八条 合同法第三百六十四条规定的"技术中介合同"，是指当事人一方以知识、技术、经验和信息为另一方与第三人订立技术合同进行联系、介绍以及对履行合同提供专门服务所订立的合同。	第三十八条 民法典第八百八十七条规定的"技术中介合同"，是指当事人一方以知识、技术、经验和信息为另一方与第三人订立技术合同进行联系、介绍以及对履行合同提供专门服务所订立的合同。

(续表)

原条款（2005年1月1日起施行）	新条款（2020年12月23日修正）
第四十二条第三款　技术转让合同中约定让与人负责包销或者回购受让人实施合同标的技术制造的产品，仅因让与人不履行或者不能全部履行包销或者回购义务引起纠纷，不涉及技术问题的，应当按照包销或者回购条款约定的权利义务内容确定案由。	第四十二条第三款　技术转让合同或者技术许可合同中约定让与人或者许可人负责包销或者回购受让人、被许可人实施合同标的技术制造的产品，仅因让与人或者许可人不履行或者不能全部履行包销或者回购义务引起纠纷，不涉及技术问题的，应当按照包销或者回购条款约定的权利义务内容确定案由。
第四十五条第二款　专利实施许可合同诉讼中，受让人或者第三人向专利复审委员会请求宣告专利权无效的，人民法院可以不中止诉讼。在案件审理过程中专利权被宣告无效的，按照专利法第四十七条第二款和第三款的规定处理。	第四十五条第二款　专利实施许可合同诉讼中，被许可人或者第三人向国家知识产权局请求宣告专利权无效的，人民法院可以不中止诉讼。在案件审理过程中专利权被宣告无效的，按照专利法第四十七条第二款和第三款的规定处理。
第四十六条　集成电路布图设计、植物新品种许可使用和转让等合同争议，相关行政法规另有规定的，适用其规定；没有规定的，适用合同法总则的规定，并可以参照合同法第十八章和本解释的有关规定处理。 计算机软件开发、许可使用和转让等合同争议，著作权法以及其他法律、行政法规另有规定的，依照其规定；没有规定的，适用合同法总则的规定，并可以参照合同法第十八章和本解释的有关规定处理。	第四十六条　计算机软件开发等合同争议，著作权法以及其他法律、行政法规另有规定的，依照其规定；没有规定的，适用民法典第三编第一分编的规定，并可以参照民法典第三编第二分编第二十章和本解释的有关规定处理。

主要缩略语简称、全称对照

简称	全称
《专利法》	《中华人民共和国专利法》
《商标法》	《中华人民共和国商标法》
《著作权法》	《中华人民共和国著作权法》
《植物新品种保护条例》	《中华人民共和国植物新品种保护条例》
《反不正当竞争法》	《中华人民共和国反不正当竞争法》
《民法典》	《中华人民共和国民法典》
《刑法》	《中华人民共和国刑法》
《公司法》	《中华人民共和国公司法》
《合伙企业法》	《中华人民共和国合伙企业法》
《个人独资法》	《中华人民共和国个人独资法》
《劳动合同法》	《中华人民共和国劳动合同法》
《国有资产评估管理办法实施细则》	《中华人民共和国国有资产评估管理办法实施细则》
《促进科技成果转化法》	《中华人民共和国促进科技成果转化法》
《促进科技成果转移转化行动实施方案》	《中华人民共和国促进科技成果转移转化行动实施方案》
《专利法实施细则》	《中华人民共和国专利法实施细则》
农业农村部	中华人民共和国农业农村部
《实施〈促进科技成果转化法〉若干规定》	《实施〈中华人民共和国促进科技成果转化法〉若干规定》

图书在版编目(CIP)数据

知识产权通识教程 / 张维等编著 .— 上海 ：上海社会科学院出版社，2024
ISBN 978-7-5520-4107-1

Ⅰ. ①知… Ⅱ. ①张… Ⅲ. ①知识产权法—中国—教材 Ⅳ. ①D923.4

中国国家版本馆 CIP 数据核字(2023)第 058457 号

知识产权通识教程

编　　著：张　维　李丽辉　郭继勇　常　冬　等
责任编辑：王　勤
封面设计：朱忠诚
出版发行：上海社会科学院出版社
　　　　　上海顺昌路 622 号　邮编 200025
　　　　　电话总机 021-63315947　销售热线 021-53063735
　　　　　https://cbs.sass.org.cn　E-mail: sassp@sassp.cn
照　　排：南京理工出版信息技术有限公司
印　　刷：上海新文印刷厂有限公司
开　　本：890 毫米×1240 毫米　1/32
印　　张：9.5
字　　数：210 千
版　　次：2024 年 3 月第 1 版　2024 年 3 月第 1 次印刷

ISBN 978-7-5520-4107-1/D·680　　　　　　　　　　定价：88.00 元

版权所有　翻印必究